BRIEFE

TUSCULUM STUDIENAUSGABEN
Wissenschaftliche Beratung:
Niklas Holzberg, Rainer Nickel, Karl-Wilhelm Weeber,
Bernhard Zimmermann

GAIUS PLINIUS CAECILIUS SECUNDUS

# BRIEFE

# EPISTULARUM LIBRI

AUSWAHLAUSGABE

Lateinisch-deutsch

Ausgewählt und auf der Grundlage der Ausgabe
von Helmut Kasten neu übersetzt und herausgegeben von
Rainer Nickel

2. Auflage 2011

AKADEMIE VERLAG

Bibliographische Information der Deutschen Nationalbibliothek

Die Deutsche Nationalbibliothek verzeichnet diese Publikation in der Deutschen Nationalbibliographie; detaillierte bibliographische Daten sind im Internet über http://dnb.d-nb.de abrufbar.

© 2011 Akademie Verlag GmbH, Berlin
Ein Wissenschaftsverlag der Oldenbourg Gruppe

www.akademie-verlag.de

Das Werk einschließlich aller Abbildungen ist urheberrechtlich geschützt. Jede Verwertung außerhalb der Grenzen des Urheberrechtsgesetzes ist ohne Zustimmung des Verlages unzulässig und strafbar. Das gilt insbesondere für Vervielfältigungen, Übersetzungen, Mikroverfilmungen und die Einspeicherung und Bearbeitung in elektronischen Systemen.

Umschlaggestaltung: Gabriele Burde, Berlin
Satz: Fotosatz Moers, Viersen
Druck und Bindung: Offizin Andersen Nexö Leipzig GmbH, Spenglerallee 26–30, 04442 Zwenkau

Dieses Papier ist alterungsbeständig nach DIN/ISO 9706.

ISBN 978-3-05-005271-7

# INHALT

## Text und Übersetzung

1. Über die Entstehung der Briefsammlung . . . . .   6
2. Wohnen und Umwelt . . . . . . . . . . . . . . .   8
3. Charakterbilder . . . . . . . . . . . . . . . . .  36
4. Literatur und Leben . . . . . . . . . . . . . . .  78
5. Lebensqualität und Lebensstil . . . . . . . . . .  96
6. Freundschaft und Menschlichkeit . . . . . . . . 110
7. Partnerschaft und Liebe . . . . . . . . . . . . . 130
8. Vergangenheitsbewältigung . . . . . . . . . . . 138
9. Verantwortung für die Jugend . . . . . . . . . . 148
10. Ungewöhnliches Handeln und Verhalten,
    seltsame Erscheinungen . . . . . . . . . . . . . 156
11. Bemerkenswerte Naturerscheinungen . . . . . . 178
12. Vergänglichkeit und Unsterblichkeit . . . . . . . 202

## Anhang

Einführung . . . . . . . . . . . . . . . . . . . . . 215
Erläuterungen . . . . . . . . . . . . . . . . . . . 223
Literaturhinweise . . . . . . . . . . . . . . . . . 241

## I. I
### C. PLINIVS SEPTICIO SVO S.

Frequenter hortatus es, ut epistulas, si quas paulo curatius scripsissem, colligerem publicaremque. collegi non servato temporis ordine (neque enim historiam componebam), sed ut quaeque in manus venerat. superest, ut nec te consilii nec me paeniteat obsequii. ita enim fiet, ut eas, quae adhuc neglectae iacent, requiram et, si quas addidero, non supprimam.

Vale.

# 1. ÜBER DIE ENTSTEHUNG DER BRIEFSAMMLUNG

I, 1
Plinius grüßt seinen Septicius
Immer wieder hast du mich aufgefordert, meine Briefe – jedenfalls diejenigen, die ich etwas sorgfältiger verfaßt hatte – zu sammeln und zu veröffentlichen. Nun habe ich sie gesammelt – allerdings ohne Rücksicht auf ihre zeitliche Reihenfolge (denn ich hatte nicht die Absicht, ein Geschichtswerk zu verfassen), sondern wie mir jedes einzelne Stück zufällig in die Hände gefallen war. Jetzt kommt es nur noch darauf an, daß du deinen Rat nicht bereust und ich nicht bereue, daß ich ihn befolgte. In diesem Fall wird es möglich sein, daß ich noch weitere Briefe, die bisher unbeachtet blieben, heraussuche, und auch die Briefe, die ich gegebenenfalls noch schreibe, nicht zurückhalte.
Leb' wohl!

## I. III
### C. PLINIVS CANINIO SVO S.

Quid agit Comum, tuae meaeque deliciae? quid suburbanum amoenissimum? quid illa porticus verna semper? quid platanon opacissimus? quid euripus viridis et gemmeus? quid subiectus et serviens lacus? quid illa mollis et tamen solida gestatio? quid balineum illud, quod plurimus sol implet et circumit? quid triclinia illa popularia, illa paucorum? quid cubicula diurna, nocturna? possident te et per vices partiuntur? an, ut solebas, intentione rei familiaris obeundae crebris excursionibus avocaris? si possident, felix beatusque es, si minus, 'unus ex multis'.

Quin tu (tempus enim) humiles et sordidas curas aliis mandas et ipse te in alto isto pinguique secessu studiis adseris? hoc sit negotium tuum, hoc otium, hic labor, haec quies; in his vigilia, in his etiam somnus reponatur. effinge aliquid et excude, quod sit perpetuo tuum! nam reliqua rerum tuarum post te alium atque alium dominum sortientur; hoc numquam tuum desinet esse, si semel coeperit.

Scio, quem animum, quod horter ingenium; tu modo enitere, ut tibi ipse tanti, quanti videberis aliis, si tibi fueris!

Vale.

## I. XXIV
### C. PLINIVS HISPANO SVO S.

Tranquillus, contubernalis meus, vult emere agellum, quem venditare amicus tuus dicitur. rogo cures, quanti

## 2. WOHNEN UND UMWELT

### 1, 3
### Plinius grüßt seinen Caninius

Was macht Comum, Dein und mein Ort der Freude? Dein überaus reizendes Landhaus vor der Stadt? Die immer frühlingshafte Säulenhalle? Der reichlich Schatten spendende Platanenhain? Der grün schimmernde Wassergraben? Der angrenzende, zweckmäßige See? Der weiche, aber feste Spazierweg? Das Bad, das innen und außen vom hellem Licht der Sonne voll erstrahlt? Die Speisesäle für große und kleine Gesellschaften? Die Wohnräume und die Schlafzimmer? Halten sie Dich fest und nehmen Dich abwechselnd in Besitz? Oder läßt Du Dich wie gewöhnlich immer wieder zu Ausflügen aus dem Haus rufen, um draußen Verwaltungsangelegenheiten zu erledigen? Wenn sie Dich in Besitz nehmen, bist Du reich und glücklich, wenn nicht, dann bist Du „einer von vielen".

Warum überläßt Du die kleinen alltäglichen Sorgen nicht anderen und widmest Dich in Deiner tiefen und behaglichen Abgeschiedenheit nur Deiner geistigen Arbeit? Sie soll Deine Beschäftigung, Deine Entspannung, Deine Anstrengung, Deine Ruhe sein; sie soll Dich bei Tag und bei Nacht beschäftigen! Forme und schmiede etwas, das Dir auf ewig gehört! Denn Dein sonstiger Besitz wird nach Dir immer wieder einen anderen Herrn bekommen; Deine geistige Leistung wird niemals aufhören, Dein Eigentum zu sein, wenn es einmal begonnen hat, dies zu sein.

Ich weiß, welchen Geist, welches Talent ich auffordere; Du mußt Dich nur anstrengen, Dir selbst so wertvoll zu sein, wie Du es in den Augen der anderen sein wirst, wenn Du es erst einmal Dir selbst gewesen bist.

Leb' wohl!

### 1, 24
### Plinius grüßt seinen Hispanus

Mein Freund Tranquillus will das kleine Gut kaufen, das – wie es heißt – einer Deiner Freunde zum Verkauf anbietet. Sorge bitte

aequom est, emat; ita enim delectabit emisse. nam mala emptio semper ingrata, eo maxime, quod exprobrare stultitiam domino videtur.

In hoc autem agello, si modo adriserit pretium, Tranquilli mei stomachum multa sollicitant, vicinitas urbis, opportunitas viae, mediocritas villae, modus ruris, qui avocet magis quam distringat. scholasticis porro dominis, ut hic est, sufficit abunde tantum soli, ut relevare caput, reficere oculos, reptare per limitem unamque semitam terere omnisque viticulas suas nosse et numerare arbusculas possint.

Haec tibi exposui, quo magis scires, quantum esset ille mihi, ego tibi debiturus, si praediolum istud, quod commendatur his dotibus, tam salubriter emerit, ut paenitentiae locum non relinquat.

Vale.

## II. XVII
## C. PLINIVS GALLO SVO S.

Miraris, cur me Laurentinum vel, si ita mavis, Laurens meum tanto opere delectet; desines mirari, cum cognoveris gratiam villae, opportunitatem loci, litoris spatium.

Decem septem milibus passuum ab urbe secessit, ut peractis, quae agenda fuerint, salvo iam et composito die possis ibi manere. aditur non una via; nam et Laurentina et Ostiensis eodem ferunt, sed Laurentina a quarto decimo lapide, Ostiensis ab undecimo relinquenda est. utrimque excipit iter aliqua ex parte harenosum, iunctis paulo gravius et longius, equo breve et molle. varia hinc atque inde facies; nam modo occurrentibus silvis via coartatur, modo latissimis pratis diffunditur et patescit; multi greges ovium, multa ibi equorum, boum armenta, quae montibus hieme depulsa herbis et tepore verno nitescunt.

dafür, daß er es für einen angemessenen Preis kaufen kann; nur dann wird er nämlich Freude haben an seinem Kauf. Denn ein schlechter Kauf ist immer unangenehm, vor allem deshalb, weil er dem neuen Eigentümer offensichtlich Dummheit bescheinigt.

Bei diesem kleinen Gut aber reizt vieles die Lust meines Tranquillus, wenn nur der Preis günstig ist: die Nähe zur Stadt, der bequeme Weg, die überschaubare Wohnfläche, das nicht allzu große Grundstück, das eher Erholung bietet als Anstrengung verlangt. Außerdem genügt gelehrten Herren, wie er einer ist, so viel Grund und Boden völlig, daß sie ihren Kopf entspannen, ihre Augen erholen, an der Grenze entlang schleichen und einen einzigen Pfad begehen, alle ihre Weinstöcke kennen und ihre Bäumchen zählen können.

Ich habe Dir dies dargelegt, damit Du noch besser weißt, wieviel er mir, wieviel ich Dir verdanken werde, wenn er dieses kleine Landgut, das diese empfehlenswerten Vorzüge aufweist, so preiswert erwirbt, daß er es wirklich nicht bereut.

Leb' wohl!

## 2, 17
### Plinius grüßt seinen Gallus

Du fragst dich, warum mir mein Laurentinum oder, wenn es dir so lieber ist, mein Laurentisches Landgut so viel Freude macht; du wirst dich nicht mehr fragen, wenn du die Anmut der Villa, die günstige Lage und die Weitläufigkeit des Strandes kennengelernt hast.

Es ist 17 Meilen von Rom entfernt, so daß man sich, wenn man die täglichen Pflichten erledigt und den Tag glücklich überstanden hat, dort aufhalten kann. Es gibt nicht nur einen Weg dorthin; denn die Via Laurentina und die Via Ostiensis führen dorthin, allerdings muß man die Laurentina beim 14., die Ostiensis beim 11. Meilenstein verlassen. Aus beiden Richtungen gelangt man auf einen teilweise sandigen Weg, der mit dem Gespann ein wenig beschwerlicher und länger, mit dem Pferd kurz und bequem ist. Auf beiden Seiten zeigt sich eine abwechslungsreiche Landschaft; denn bald wird der Weg durch vorspringende Wälder eng, bald führt er durch weite Wiesen und wird breiter und offener; es sind dort viele Schafherden, viele Pferde- und Rinderherden, die im Winter von den Bergen herabgetrieben werden und im fetten Gras und in der milden Frühlingsluft gedeihen können.

Villa usibus capax, non sumptuosa tutela. cuius in 4
prima parte atrium frugi nec tamen sordidum, deinde porticus in D litterae similitudinem circumactae, quibus parvola sed festiva area includitur. egregium hae adversus tempestates receptaculum; nam specularibus ac multo magis imminentibus tectis muniuntur. est contra medias 5
cavaedium hilare, mox triclinium satis pulchrum, quod in litus excurrit ac, si quando Africo mare impulsum est, fractis iam et novissimis fluctibus leviter adluitur. undique valvas aut fenestras non minores valvis habet atque ita a lateribus, a fronte quasi tria maria prospectat; a tergo cavaedium, porticum, aream, porticum rursus, mox atrium, silvas et longinquos respicit montes.

Huius a laeva retractius paulo cubiculum est amplum, 6
deinde aliud minus, quod altera fenestra admittit orientem, occidentem altera retinet, hac et subiacens mare longius quidem, sed securius intuetur. huius cubiculi et tri- 7
clinii illius obiectu includitur angulus, qui purissimum solem continet et accendit. hoc hibernaculum, hoc etiam gymnasium meorum est, ibi omnes silent venti exceptis, qui nubilum inducunt et serenum ante quam usum loci eripiunt. adnectitur angulo cubiculum in hapsida curva- 8
tum, quod ambitum solis fenestris omnibus sequitur. parieti eius in bybliothecae speciem armarium insertum est, quod non legendos libros, sed lectitandos capit. ad- 9
haeret dormitorium membrum transitu interiacente, qui suspensus et tubulatus conceptum vaporem salubri temperamento huc illuc digerit et ministrat. reliqua pars lateris huius servorum libertorumque usibus detinetur plerisque tam mundis, ut accipere hospites possint.

Das Landhaus ist so geräumig, daß es seinen Zweck erfüllt, und in der Unterhaltung nicht aufwendig. In seinem vorderen Teil befindet sich ein zwar einfaches, aber nicht ärmliches Atrium, daran schließen sich Arkaden an, die in der Form des Buchstaben D angeordnet sind und einen recht kleinen, aber niedlichen Hof einrahmen. Sie bilden bei schlechtem Wetter einen vorzüglichen Zufluchtsort; denn sie werden durch Glasfenster und viel mehr noch durch ein vorspringendes Dach geschützt. Direkt gegenüber in der Mitte befindet sich ein freundlicher Innenhof, dann kommt ein ziemlich schönes Eßzimmer, das bis an den Strand reicht und, wenn das Meer vom Südwestwind aufgewühlt ist, von den Ausläufern der bereits gebrochenen Wellen leicht bespült wird. Auf allen Seiten hat das Zimmer Flügeltüren oder ebenso hohe Fenster und ermöglicht so von den Seiten her und von vorn gleichsam die Aussicht auf drei Meere; nach hinten sieht man den Innenhof, die Arkaden, den kleinen Hof, dann wieder die Arkaden, darauf das Atrium, die Wälder und die Berge in der Ferne.

Links von diesem Speiseraum, ein wenig zurücktretend, ist ein geräumiges Wohnzimmer, daran anschließend ein zweites kleineres, das durch das eine Fenster die Morgensonne hereinläßt, mit dem andern das Abendrot festhält. Auf dieser Seite schaut man auch auf das Meer zu seinen Füßen, zwar aus größerer Entfernung, dafür aber ungestörter. Dieses Wohnzimmer bildet mit dem vorspringenden Speiseraum einen Winkel, der die direkten Sonnenstrahlen wie in einem Brennspiegel auffängt. Dies ist der Winteraufenthalt, dies auch der Turnplatz für meine Leute; hier schweigen alle Winde außer denen, die Regenwolken herauführen und den heiteren Himmel beziehen, ehe sie dem Aufenthalt dort ein Ende machen. An diesen Winkel grenzt ein Zimmer in Form einer Apsis, das mit allen seinen Fenstern dem Lauf der Sonne folgt. In seine Wand ist ein Schrank, eine Art Bücherregal eingelassen, das Bücher enthält, die nicht oberflächlicher Lektüre, sondern ernstem Studium dienen sollen. Diesem Zimmer ist eine Schlafkammer angegliedert, durch einen Korridor von ihm getrennt, der, unterkellert und mit Heizraum versehen, die zuströmende Heißluft wohl temperiert hierhin und dorthin verteilt und weiterleitet. Die übrigen Räume dieses Traktes sind der Benutzung durch die Sklaven und Freigelassenen vorbehalten, meist so sauber gehalten, daß man dort Gäste empfangen könnte.

Ex alio latere cubiculum est politissimum; deinde vel 10
cubiculum grande vel modica cenatio, quae plurimo sole,
plurimo mari lucet; post hanc cubiculum cum procoetone, altitudine aestivum, munimentis hibernum, est enim
subductum omnibus ventis. huic cubiculo aliud et procoeton communi pariete iunguntur.

Inde balinei cella frigidaria spatiosa et effusa, cuius in 11
contrariis parietibus duo baptisteria velut eiecta sinuantur, abunde capacia, si mare in proximo cogites. adiacet
unctorium, hypocauston, adiacet propnigeon balinei,
mox duae cellae magis elegantes quam sumptuosae; cohaeret calida piscina mirifica, ex qua natantes mare adspiciunt; nec procul sphaeristerium, quod calidissimo soli in- 12
clinato iam die occurrit. hic turris erigitur, sub qua diaetae
duae, totidem in ipsa, praeterea cenatio, quae latissimum
mare, longissimum litus, villas amoenissimas possidet.

Est et alia turris, in hac cubiculum, in quo sol nascitur 13
conditurque; lata post apotheca et horreum, sub hoc triclinium, quod turbati maris non nisi fragorem et sonum
patitur eumque iam languidum ac desinentem; hortum et
gestationem videt, qua hortus includitur.

Gestatio buxo aut rore marino, ubi deficit buxus, ambi- 14
tur (nam buxus, qua parte defenditur tectis, abunde viret;
aperto caelo apertoque vento et quamquam longinqua
aspergine maris inarescit); adiacet gestationi interiore cir- 15
cumitu vinea tenera et umbrosa nudisque etiam pedibus
mollis et cedens. hortum morus et ficus frequens vestit,
quarum arborum illa vel maxime ferax terra est, malignior
ceteris. hac non deteriore quam maris facie cenatio remota a mari fruitur; cingitur diaetis duabus a tergo, quarum

Auf der anderen Seite ist ein sehr geschmackvoll eingerichtetes Zimmer, sodann ein großes Schlaf- oder kleines Speisezimmer, wie man will, das im hellen Glanz der Sonne und des Meeres strahlt; dahinter ein Raum mit einem Vorzimmer, dank seiner Höhe für den Sommer, dank seiner geschützten Lage für den Winter geeignet; es ist nämlich allen Winden entzogen. Mit diesem Raum ist ein weiterer, ebenfalls mit einem Vorzimmer, durch eine gemeinsame Wand verbunden.

Es folgt das weite, geräumige Kaltwasserbad, aus dessen einander gegenüberliegenden Wänden zwei Becken im Bogen herausspringen, völlig ausreichend, wenn man bedenkt, daß das Meer in der Nähe ist. Anschließend das Salbzimmer, die Zentralheizung, der Heizraum für das Bad, dann zwei Kabinen, eher geschmackvoll als luxuriös eingerichtet; damit verbunden ein herrliches Warmbad, aus dem man beim Baden aufs Meer blickt; nicht weit davon ein Ballspielplatz, der im Hochsommer erst Sonne erhält, wenn der Tag schon zur Neige geht. Hier erhebt sich ein Turm, mit zwei Zimmern im Erdgeschoß und ebenso vielen im Obergeschoß; außerdem birgt er ein Speisezimmer mit Ausblick auf das weite Meer, den langgestreckten Strand und reizende Landhäuser.

Da ist auch noch ein zweiter Turm. Darin befindet sich ein Wohnzimmer, in welchem die Sonne auf- und untergeht, dahinter eine geräumige Weinkammer und ein Speicher, darunter ein Speisezimmer, das, auch wenn das Meer außer Rand und Band ist, nur sein Tosen und Brausen hören läßt, und auch dies nur gedämpft und sich verlierend. Es blickt auf einen Garten und eine diesen Garten begrenzende Promenade.

Die Promenade ist mit Buchsbaum oder, wo der Buchsbaum nicht anwächst, mit Rosmarin eingefaßt, denn Buchsbaum gedeiht prächtig nur im Schutze von Gebäuden; unter freiem Himmel, dem Winde ausgesetzt und unter den wenn auch weit herkommenden Spritzern des Meeres verdorrt er. Längs der Innenseite der Promenade läuft ein junger, schattiger Weinlaubengang, auch für bloße Füße weich und nachgebend. Der Garten ist dicht bepflanzt mit Maulbeerbäumen und Feigen, Gewächse, die auf dem Boden dort besonders gut gedeihen, während er für andere ziemlich ungünstig ist. Dieses Panorama, das das dem Meere abgewandte Speisezimmer genießt, ist nicht weniger reizvoll als der Blick auf das Meer. Nach hinten schließen

fenestris subiacet vestibulum villae et hortus alius pinguis et rusticus.

Hinc cryptoporticus prope publici operis extenditur. utrimque fenestrae, a mari plures, ab horto singulae et alternis pauciores. hae, cum serenus dies et immotus, omnes, cum hinc vel inde ventis inquietus, qua venti quiescunt, sine iniuria patent.

Ante cryptoporticum xystus violis odoratus. teporem solis infusi repercussu cryptoporticus auget, quae, ut tenet solem, sic aquilonem inhibet summovetque, quantumque caloris ante, tantum retro frigoris. similiter Africum sistit atque ita diversissimos ventos alium alio latere frangit et finit.

Haec iucunditas eius hieme, maior aestate. nam ante meridiem xystum, post meridiem gestationis hortique proximam partem umbra sua temperat, quae, ut dies crevit decrevitve, modo brevior, modo longior hac vel illa cadit. ipsa vero cryptoporticus tum maxime caret sole, cum ardentissimus culmini eius insistit. ad hoc patentibus fenestris favonios accipit transmittitque nec umquam aëre pigro et manente ingravescit.

In capite xysti, deinceps cryptoporticus, horti, diaeta est, amores mei, re vera amores. ipse posui. in hac heliocaminus quidem alia xystum, alia mare, utraque solem, cubiculum autem valvis cryptoporticum, fenestra prospicit mare. contra parietem medium zotheca perquam eleganter recedit, quae specularibus et velis obductis reductisve modo adicitur cubiculo, modo aufertur. lectum et duas cathedras capit; a pedibus mare, a tergo villae, a capite silvae; tot facies locorum totidem fenestris et distinguit

sich zwei Zimmer an, unter deren Fenstern die Vorhalle des Landhauses und ein weiterer üppiger Küchengarten liegt.

Von diesem Gebäudekomplex ausgehend, erstreckt sich eine gedeckte Wandelhalle, die beinahe die Ausmaße eines städtischen Bauwerks hat. Fenster auf beiden Seiten, nach dem Meer hin mehr, auf der Gartenseite weniger, immer eins gegenüber zwei anderen. Diese stehen bei heiterem, windstillem Wetter ohne Schaden offen, wenn es von links oder rechts weht, nur auf der windgeschützten Seite.

Vor der Wandelhalle ist eine von Veilchen duftende Terrasse. Die Wandelhalle reflektiert und steigert so die Wärme der einfallenden Sonnenstrahlen, und wie sie die Sonne auffängt, so hemmt und vertreibt sie den Nordwind, und so warm es an der Vorderseite ist, so frisch ist es hinten. Ebenso gebietet sie dem Südwest Einhalt und bricht und schwächt somit die Winde aus entgegengesetzten Richtungen, den einen auf dieser, den andern auf jener Seite.

Diese Annehmlichkeit gewährt sie im Winter, noch größere im Sommer, denn dann legt sie vormittags auf die Terrasse, nachmittags auf den nächstgelegenen Teil der Promenade und des Gartens wohltuenden Schatten, der, je nachdem der Tag zu- oder abnimmt, bald länger, bald kürzer hier- und dorthin fällt. Die Wandelhalle selbst hat dann am wenigsten Sonne, wenn diese am heißesten auf ihrem Dach liegt. Überdies läßt sie, wenn die Fenster geöffnet sind, die lauen Westwinde ein und gewährt ihnen Durchzug, so daß sie nie lästig wird durch dumpfe, stehende Luft.

Am oberen Ende der Terrasse und weiterhin der Wandelhalle und des Gartens steht ein Gartenpavillon, meine stille Liebe, ja, wirklich Liebe! Ich selbst habe ihn gebaut. In ihm befindet sich ein Sonnenbad mit Ausblick hier auf die Terrasse, dort aufs Meer und beiderseits auf die Sonne, sodann ein Wohnraum, aus dem man durch die Flügeltüren in die Wandelhalle, durchs Fenster aufs Meer blickt. In der Mitte der gegenüberliegenden Wand springt sehr hübsch eine Veranda vor, die sich durch Vor- und Zurückschieben von Glaswänden und Vorhängen mit dem Wohnraum verbinden oder sich von ihm trennen läßt. Sie enthält ein Sofa und zwei Sessel; zu Füßen hat man das Meer, im Rücken Landhäuser, in Kopfhöhe vor sich den Wald; diese drei Landschaftsbilder trennt und vereinigt sie mit ihren drei Fenstern.

et miscet. iunctum est cubiculum noctis et somni. non 22
illud voces servolorum, non maris murmur, non tempestatum motus, non fulgurum lumen ac ne diem quidem sentit nisi fenestris apertis. tam alti abditique secreti illa ratio, quod interiacens andron parietem cubiculi hortique distinguit atque ita omnem sonum media inanitate consumit. adplicitum est cubiculo hypocauston perexiguum, 23 quod angusta fenestra suppositum calorem, ut ratio exigit, aut effundit aut retinet. procoeton inde et cubiculum porrigitur in solem, quem orientem statim exceptum ultra meridiem oblicum quidem, sed tamen servat.

In hanc ego diaetam cum me recepi, abesse mihi etiam a 24 villa mea videor magnamque eius voluptatem praecipue Saturnalibus capio, cum reliqua pars tecti licentia dierum festisque clamoribus personat; nam nec ipse meorum lusibus nec illi studiis meis obstrepunt.

Haec utilitas, haec amoenitas deficitur aqua salienti, sed 25 puteos ac potius fontes habet; sunt enim in summo. et omnino litoris illius mira natura; quocumque loco moveris humum, obvius et paratus umor occurrit, isque sincerus ac ne leviter quidem tanta maris vicinitate corruptus.

Suggerunt adfatim ligna proximae silvae; ceteras copias 26 Ostiensis colonia ministrat. frugi quidem homini sufficit etiam vicus, quem una villa discernit. in hoc balinea meritoria tria, magna commoditas, si forte balineum domi vel subitus adventus vel brevior mora calfacere dissuadeat.

Litus ornant varietate gratissima nunc continua, nunc 27 intermissa tecta villarum, quae praestant multarum urbium faciem, sive mari sive ipso litore utare; quod non numquam longa tranquillitas mollit, saepius frequens et contrarius fluctus indurat. mare non sane pretiosis piscibus 28 abundat, soleas tamen et squillas optimas egerit. villa vero

Anschließend ein Raum für die Nacht und den Schlaf. Hier merkt man nichts von den Stimmen der Dienerschaft, nichts vom Rauschen des Meeres, nichts vom Toben der Stürme, sieht nicht das Leuchten der Blitze, nicht einmal das Tageslicht, außer wenn man die Fenster öffnet. Diese tiefe, heimliche Stille erklärt sich daraus, daß ein dazwischen liegender Korridor die Wände des Schlafzimmers vom Garten trennt und mit seinem Leerraum jeden Laut verschluckt. Angefügt an den Schlafraum ist ein winziger Heizraum, der vermittels einer schmalen Klappe die aufsteigende Wärme je nach Bedarf ausstrahlt oder zurückhält. Dahinter ein Zimmer mit einem Vorraum, das nach der Sonne zu liegt und diese gleich bei ihrem Aufgang einfängt und über den Mittag hinaus zwar schräg einfallend, aber eben doch behält.

Wenn ich mich in diesen Pavillon zurückgezogen habe, meine ich sogar von meinem Landhaus weit entfernt zu sein, und habe besonders während der Saturnalien rechte Freude an ihm, wenn die übrigen Teile des Hauses von der Ungebundenheit der Tage und dem Festtrubel widerhallen, denn weder störe ich die Belustigungen meiner Leute noch sie meine Studien.

All diesen Vorzügen, diesen Annehmlichkeiten fehlt nur eins: ein Springbrunnen. Brunnen oder vielmehr Quellen gibt es, denn das Grundwasser steht sehr hoch. Überhaupt ist es sonderbar mit der Beschaffenheit dieser Uferlandschaft: wo immer man den Boden aufgräbt, ist das Wasser da und quillt einem entgegen, und zwar reines, trotz der Nähe des Meeres nicht einmal leicht brackiges Wasser.

Holz liefert der nahe Wald in ausreichender Menge, den sonstigen Bedarf deckt die Kolonie Ostia. Einem anspruchslosen Mann genügt auch das Dorf, von dem mich nur ein Landsitz trennt. Dort gibt es drei öffentliche Badeanstalten, eine große Annehmlichkeit, falls etwa überraschendes Eintreffen oder nur kurzes Verweilen das Anheizen des Bades im Hause nicht angebracht erscheinen läßt.

Die Küste schmücken in lieblicher Abwechslung die Baulichkeiten von Landhäusern, hier zusammenhängend, dort einzeln stehend, die wie viele Städte aussehen, magst Du Dich auf dem Meere oder unmittelbar am Ufer befinden. Am Strand ist es bei anhaltender Windstille bisweilen ganz angenehm, öfter aber bei starker Brandung auch recht ungemütlich. Das Meer ist nicht eben reich an kostbaren Fischen, bietet aber immerhin Schollen und vorzügliche Krabben.

nostra etiam mediterraneas copias praestat, lac in primis; nam illuc e pascuis pecora conveniunt, si quando aquam umbramve sectantur.

Iustisne de causis iam tibi videor incolere, inhabitare, 29 diligere secessum? quem tu nimis urbanus es nisi concupiscis. atque utinam concupiscas, ut tot tantisque dotibus villulae nostrae maxima commendatio ex tuo contubernio accedat!

Vale.

## V. VI
### C. PLINIVS APOLLINARI SVO S.

Amavi curam et sollicitudinem tuam, quod, cum audisses me aestate Tuscos meos petiturum, ne facerem, suasisti, dum putas insalubres. 1

Est sane gravis et pestilens ora Tuscorum, quae per litus 2 extenditur; sed hi procul a mari recesserunt, quin etiam Appennino, saluberrimo montium, subiacent. atque adeo 3 ut omnem pro me metum ponas, accipe temperiem caeli, regionis situm, villae amoenitatem; quae et tibi auditu et mihi relatu iucunda erunt.

Caelum est hieme frigidum et gelidum: myrtos, oleas, 4 quaeque alia adsiduo tepore laetantur, aspernatur ac respuit; laurum tamen patitur atque etiam nitidissimam profert, interdum, sed non saepius quam sub urbe nostra, necat. aestatis mira clementia. semper aer spiritu aliquo 5 movetur, frequentius tamen auras quam ventos habet. hinc senes multi; videas avos proavosque iam iuvenum, 6 audias fabulas veteres sermonesque maiorum, cumque veneris illo, putes alio te saeculo natum.

Regionis forma pulcherrima. imaginare amphitheatrum 7 aliquod inmensum et quale sola rerum natura possit effingere. lata et diffusa planities montibus cingitur, montes

Mein Gut liefert jedoch auch binnenländische Erzeugnisse, besonders Milch, denn dort sammelt sich das Vieh von den Weiden, wenn es Wasser und Schatten sucht.

Glaubst Du jetzt, daß ich guten Grund habe, diese Abgeschiedenheit zu hegen, zu pflegen und zu lieben? Du bist und bleibst ein unverbesserlicher Städter, wenn Dich jetzt nicht danach verlangt. Ach, wäre es doch so, damit all diesen schönen Gaben meines kleinen Anwesens das Zusammensein mit Dir den größten Reiz verliehe!

Leb' wohl!

5, 6
C. Plinius grüßt seinen Apollinaris

Ich bin gerührt von Deiner Besorgnis und Aufregung, daß Du mir auf die Nachricht hin, ich wolle mich im Sommer zu meinen Tuscern aufmachen, geraten hast, es nicht zu tun, solange es dort, wie Du meinst, ungesund ist.

Gewiß, der Landstrich von Tuscien, der sich an der Küste hinstreckt, hat eine bedrückende Atmosphäre und ist fieberverseucht, aber mein Landgut ist weit vom Meer entfernt, liegt vielmehr am Fuße des Apennin, des gesundesten aller Gebirge. Aber gut! Damit Du alle Deine Sorgen um mich ablegst, laß Dir das Klima, die Landschaft und die Anmut meines Landsitzes beschreiben! Dir wird es Freude machen, davon zu hören, und mir, davon zu erzählen.

Im Winter ist es kalt, und wir haben häufig Frost; Myrte und Ölbaum und was sonst anhaltende Wärme liebt, läßt das Klima nicht wachsen und gedeihen, doch den Lorbeer duldet es und bringt ihn sogar üppig hervor. Bisweilen, aber nicht öfter als in der Umgebung unsrer Stadt, vernichtet es ihn. Der Sommer ist erstaunlich mild; stets ist die Luft in Bewegung, zeigt jedoch häufiger eine leichte Brise als eigentlichen Wind. Daher denn auch viele alte Leute; man findet Großväter und Urgroßväter von Männern in den besten Jahren, hört uralte Geschichten und Erzählungen aus Urvätterzeiten; kommt man dorthin, hat man beinahe das Gefühl, in einem andern Jahrhundert geboren zu sein.

Die Landschaft ist ganz herrlich. Stell Dir ein riesiges Amphitheater vor, wie es nur die schöpferische Natur hervorbringen kann. Eine ausgedehnte Ebene wird rings von Bergen umschlossen, die

summa sui parte procera nemora et antiqua habent; frequens ibi et varia venatio. inde caeduae silvae cum ipso 8
monte descendunt. has inter pingues terrenique colles
(neque enim facile usquam saxum, etiam si quaeratur,
occurrit) planissimis campis fertilitate non cedunt opimamque messem serius tantum, sed non minus percoquunt. sub his per latus omne vineae porriguntur 9
unamque faciem longe lateque contexunt; quarum a fine
imoque quasi margine arbusta nascuntur. prata inde cam- 10
pique, campi, quos non nisi ingentes boves et fortissima
aratra perfringunt; tantis glaebis tenacissimum solum,
cum primum prosecatur, adsurgit, ut nono demum sulco
perdometur. prata florida et gemmea trifolium aliasque 11
herbas teneras semper et molles et quasi novas alunt;
cuncta enim perennibus rivis nutriuntur. sed, ubi aquae
plurimum, palus nulla, quia devexa terra, quidquid liquoris accepit nec absorbuit, effundit in Tiberim. medios ille 12
agros secat, navium patiens, omnisque fruges devehit in
urbem, hieme dumtaxat et vere; aestate summittitur
immensique fluminis nomen arenti alveo deserit, autumno resumit.

Magnam capies voluptatem, si hunc regionis situm ex 13
monte prospexeris. neque enim terras tibi, sed formam
aliquam ad eximiam pulchritudinem pictam videberis cernere; ea varietate, ea descriptione, quocumque inciderint
oculi, reficientur.

Villa in colle imo sita prospicit quasi ex summo; ita levi- 14
ter et sensim clivo fallente consurgit, ut, cum ascendere te
non putes, sentias ascendisse. a tergo Appenninum, sed
longius habet; accipit ab hoc auras quamlibet sereno et
placido die, non tamen acres et immodicas, sed spatio ipso
lassas et infractas. magna sui parte meridiem spectat aesti- 15

Berge zeigen um ihre Gipfel hochgewachsenen, alten Baumbestand; dort zahlreicher, mannigfaltiger Wildbestand. Alsdann senken sich schlagbare Waldungen zugleich mit dem Gebirge zu Tal. In sie eingestreut ergiebige, erdige Erhebungen – schwerlich trifft man irgendwo, auch wenn man sie sucht, auf Felsen –, die den Feldern in der Ebene an Fruchtbarkeit in nichts nachstehen und eine fette Ernte nur erst ziemlich spät, aber doch nicht weniger zu voller Reife bringen. Unterhalb der Waldungen breiten sich, wohin man blickt, Weingärten aus und geben der Landschaft weit und breit ein gleichförmiges Gepräge; an ihrer Grenze, sozusagen am unteren Rand, stehen Büsche. Dann Wiesen und Felder, Felder, die nur gewaltige Stiere und ganz feste Pflüge umbrechen; so große Schollen wirft der ausgesprochen dichte Boden auf, wenn er zum ersten Male gepflügt wird, daß er erst beim neunten Durchpflügen gebändigt wird. Die Wiesen, mit Blumen übersät und wie mit Edelsteinen bestickt, lassen Klee und andre Kräuter sprießen, immer zart und weich und wie neu. Denn alles wird von nie versiegenden Bächen genährt; aber auch wo viel Wasser steht, bildet sich kein Sumpf, weil der Boden sich senkt und alle Feuchtigkeit, die er empfängt und nicht aufsaugt, in den Tiber strömen läßt. Dieser durchschneidet die Felder in der Mitte, ist schiffbar und trägt alle Feldfrüchte in die Stadt, jedenfalls im Winter und Frühjahr; im Sommer trocknet sein Bett aus, und er legt die Bezeichnung „großer Fluß" ab, um sie im Herbst wieder anzunehmen.

Es wird für Dich ein großer Genuß sein, wenn Du von einem Berg aus auf diese Landschaft hinunterblickst. Denn es wird Dir so vorkommen, als sähest Du nicht Ländereien, sondern ein in außergewöhnlicher Schönheit gemaltes Landschaftsbild, an dessen Buntheit und Gliederung Deine Augen sich erquicken werden, wohin auch immer sie blicken.

Das Landhaus liegt am Fuß eines Hügels und schaut doch gleichsam von oben auf die Welt; so sanft und gemächlich geht es bergan in unmerklicher Steigung, daß man nicht zu steigen meint und es erst merkt, wenn man oben ist. Im Rücken hat es den Apennin, aber doch in ziemlicher Entfernung; von ihm erhält es selbst bei heiterstem, ruhigstem Wetter frischen, doch nicht scharfen, ungestümen, sondern eben durch die Entfernung geschwächten, gemilderten Wind. Es ist

vumque solem ab hora sexta, hibernum aliquanto maturius quasi invitat in porticum latam et prominulam. multa in hac membra, atrium etiam ex more veterum.

Ante porticum xystus in plurimas species distinctus 16 concisusque buxo; demissus inde pronusque pulvinus, cui bestiarum effigies invicem adversas buxus inscripsit; acanthus in plano mollis et paene dixerim liquidus. ambit 17 hunc ambulatio pressis varieque tonsis viridibus inclusa; ab his gestatio in modum circi, quae buxum multiformem humilesque et retentas manu arbusculas circumit. omnia maceria muniuntur; hanc gradata buxus operit et subtrahit. pratum inde non minus natura quam superiora illa 18 arte visendum; campi deinde porro multaque alia prata et arbusta.

A capite porticus triclinium excurrit; valvis xystum 19 desinentem et protinus pratum multumque ruris videt, fenestris hac latus xysti et quod prosilit villae, hac adiacentis hippodromi nemus comasque prospectat. contra 20 mediam fere porticum diaeta paulum recedit, cingit areolam, quae quattuor platanis inumbratur. inter has marmoreo labro aqua exundat circumiectasque platanos et subiecta platanis leni aspergine fovet. est in hac diaeta 21 dormitorium cubiculum, quod diem, clamorem, sonum excludit, iunctaque ei cottidiana amicorumque cenatio; areolam illam, porticum aliam eademque omnia quae porticus adspicit. est et aliud cubiculum a proxima platano 22 viride et umbrosum, marmore excultum podio tenus, nec cedit gratiae marmoris ramos insidentesque ramis aves imitata pictura. fonticulus in hoc, in fonte crater, circa 23 sipunculi plures miscent iucundissimum murmur.

hauptsächlich nach Süden hin ausgerichtet und lockt gleichsam die Sonne in die breiten, vorgelagerten Arkaden, im Sommer von der sechsten Stunde an, im Winter wesentlich früher. Diese haben vielerlei Anbauten, auch ein Atrium, wie es bei den Alten üblich war.

Vor den Arkaden eine Terrasse, in Blumenbeete von vielerlei Gestalt aufgeteilt, von Buchsbaumhecken eingefaßt; weiterhin ein sanft abfallender Rasenteppich, in den der Buchsbaum paarweise einander gegenüberstehende Tiergestalten eingezeichnet hat; auf einer ebenen Fläche geschmeidiger, beinahe möchte ich sagen: wogender Akanthus. Den Rasenteppich umzieht eine von niedrigem, mannigfach zugestutztem Buschwerk eingefaßte Promenade; zur Seite eine zirkusförmige Allee, die um vielgestaltigen Buchsbaum und künstlich niedrig gehaltene Bäumchen herumführt. Das Ganze ist von einer Lehmmauer eingefriedet, die von einer treppenförmigen Buchshaumhecke verdeckt und den Blicken entzogen wird. Dahinter eine Wiese, nicht weniger sehenswert in ihrem urwüchsigen Zustand als das oben Erwähnte in seiner Künstlichkeit; dann, weiter weg, Felder, wieder viele Wiesen und Büsche.

Am Ende der Arkaden ragt ein Speisesaal heraus; aus der Flügeltür blickt man auf das Ende der Terrasse und weiterhin auf Wiesen und viel bebautes Land, aus den Fenstern auf die Langseite der Terrasse und den Erker des Gutshauses und andererseits auf die dichtbelaubten Wipfel der Reitbahn. Etwa in der Mitte der Arkaden liegt etwas zurück ein Pavillon; er umkränzt ein Plätzchen, das von vier Platanen beschattet wird. Zwischen ihnen sprudelt Wasser aus einem marmornen Becken und erquickt die umstehenden Platanen und den Boden unter ihnen mit feinem Sprühregen. In diesem Pavillon befindet sich ein Schlafzimmer, das kein Tageslicht, keinen Lärm, kein Geräusch einläßt, und mit ihm verbunden ein Speiseraum zum täglichen Gebrauch und zur Bewirtung von Freunden; er gibt den Blick frei auf jenes Plätzchen, auf andere Arkaden und alles, was man von dort aus sieht. Da ist auch noch ein weiteres Zimmer, von der nächststehenden Platane umgrünt und beschattet, mit Marmor bekleidet bis zum Paneel, und der Anmut des Marmors entspricht ein Gemälde, das Zweige und auf den Zweigen sitzende Vögel darstellt. In diesem Zimmer befindet sich ein kleiner Quell, in dem Quell ein Becken, und mehrere Röhrchen ringsum erzeugen ein liebliches Plätschern.

In cornu porticus amplissimum cubiculum triclinio occurrit; aliis fenestris xystum, aliis despicit pratum, sed ante piscinam, quae fenestris servit ac subiacet, strepitu visuque iucundam; nam ex edito desiliens aqua suscepta marmore albescit. idem cubiculum hieme tepidissimum, quia plurimo sole perfunditur. cohaeret hypocauston et, si dies nubilus, immisso vapore solis vicem supplet. inde apodyterium balinei laxum et hilare excipit cella frigidaria, in qua baptisterium amplum atque opacum. si natare latius aut tepidius velis, in area piscina est, in proximo puteus, ex quo possis rursus adstringi, si paeniteat teporis. frigidariae cellae conectitur media, cui sol benignissime praesto est; caldariae magis, prominet enim. in hac tres descensiones, duae in sole, tertia a sole longius, a luce non longius. apodyterio superpositum est sphaeristerium, quod plura genera exercitationis pluresque circulos capit. non procul a balineo scalae, quae in cryptoporticum ferunt, prius ad diaetas tres. harum alia areolae illi, in qua platani quattuor, alia prato, alia vineis imminet diversasque caeli partes ut prospectus habet.

In summa cryptoporticu cubiculum ex ipsa cryptoporticu excisum, quod hippodromum, vineas, montes intuetur. iungitur cubiculum obvium soli, maxime hiberno. hinc oritur diaeta, quae villae hippodromum adnectit.

Haec facies, hic usus a fronte. a latere aestiva cryptoporticus in edito posita, quae non adspicere vineas, sed tangere videtur. in media triclinium saluberrimum adflatum ex Appenninis vallibus recipit; post latissimis fenestris vineas, valvis aeque vineas, sed per cryptoporticum, quasi admittit. a latere triclinii, quod fenestris caret, scalae

Am Ende der Arkaden ist ein geräumiges Schlafzimmer, ein Pendant zu dem Speisesaal; aus dem einen Fenster blickt man auf die Terrasse, aus dem andern auf eine Wiese, vorher aber auf einen Fischteich, der unter dem Fenster liegt und ihm zugute kommt, angenehm für Auge und Ohr; denn von oben einfallendes Wasser wird in einem Marmorbecken aufgefangen und schäumt dort. Dieses Zimmer ist im Winter angenehm warm, weil es reichlich Sonne erhält. Angeschlossen ist ein Heizgewölbe, und wenn trübes Wetter ist, vertritt es durch Abblasen von Dampf die Sonne. Sodann führt ein geräumiges, freundliches Auskleidezimmer für das Bad in den Kühlraum, in welchem sich ein weites, schattiges Schwimmbecken befindet. Will man ausgiebiger oder wärmer schwimmen, ist da im Hofraum ein Bassin, in nächster Nähe ein Brunnen, an dem man sich wieder abkühlen kann, wenn man von dem lauen Wasser genug hat. An den Kühlraum schließt sich ein mäßig temperierter an, dem sich die Sonne freigebig zur Verfügung stellt; mehr noch dem Warmbad, denn es springt vor. Dort findet man drei Wannen, zwei in der Sonne, eine dritte ein wenig weiter von der Sonne ab, aber nicht weniger hell. Oberhalb des Auskleidezimmers ist ein Spielplatz, der für mehrere Arten von Spielen und mehrere Gruppen von Spielern Raum hat. Nicht weit von dem Bad führt eine Treppe in eine gedeckte Wandelhalle, vorher aber noch zu drei Zimmern. Von diesen geht eines auf das genannte Plätzchen mit den vier Platanen, ein zweites auf die Wiese, das dritte auf Weingärten und hat verschiedene Teile des Horizonts als Hintergrund.

Am Ende der Wandelhalle ist ein aus ihr herausgeschnittenes Zimmer, das auf die Reitbahn, auf Weingärten und Berge schaut, anschließend ein der Sonne ausgesetzter Raum, besonders im Winter. Hier beginnt ein Trakt, der die Reitbahn mit dem Gutshaus verbindet.

Dies ist die Ansicht des Landhauses von vorn, und so wird es genutzt. An der Seite befindet sich ein wenig erhöht eine gedeckte Wandelhalle für den Sommer, die die Weingärten nicht anzublicken, sondern zu berühren scheint. In ihrer Mitte befindet sich ein Speisezimmer, in das die besonders gesunde Luft aus den Tälern des Apennin strömt; hinten geben sehr breite Fenster den Blick auf Weingärten frei, die Flügeltür ebenfalls auf Weingärten, aber durch die Halle hindurch. Auf der fensterlosen Seite des Speisezimmers schafft eine ver-

convivio utilia secretiore ambitu suggerunt, in fine cubiculum, cui non minus iucundum prospectum cryptoporticus ipsa quam vineae praebent. subest cryptoporticus subterraneae similis; aestate incluso frigore riget contentaque aere suo nec desiderat auras nec admittit. post 31 utramque cryptoporticum, unde triclinium desinit, incipit porticus ante medium diem hiberna, inclinato die aestiva. hac adeuntur diaetae duae, quarum in altera cubicula quattuor, altera tria, ut circumit sol, aut sole utuntur aut umbra.

Hanc dispositionem amoenitatemque tectorum longe 32 praecedit hippodromus. medius patescit statimque intrantium oculis totus offertur. platanis circumitur; illae hedera vestiuntur utque summae suis ita imae alienis frondibus virent. hedera truncum et ramos pererrat vicinasque platanos transitu suo copulat. has buxus interiacet; exteriores buxos circumvenit laurus umbraeque platanorum suam confert.

Rectus hic hippodromi limes in extrema parte hemi- 33 cyclio frangitur mutatque faciem; cupressis ambitur et tegitur, densiore umbra opacior nigriorque; interioribus circulis (sunt enim plures) purissimum diem recipit. inde 34 etiam rosas effert umbrarumque frigus non ingrato sole distinguit. finito vario illo multiplicique curvamine recto limiti redditur, nec huic uni; nam viae plures intercedentibus buxis dividuntur. alibi pratulum, alibi ipsa buxus 35 intervenit in formas mille discripta, litteras interdum, quae modo nomen domini dicunt, modo artificis; alternis metulae surgunt, alternis inserta sunt poma, et in opere urbanissimo subita velut inlati ruris imitatio. medium spatium brevioribus utrimque platanis adornatur. post 36

steckte Stiege herbei, was zum Mahle benötigt wird. Am vorderen Ende der Wandelhalle ein Gelaß, dem die Halle selbst einen nicht weniger reizvollen Anblick bietet als die Weingärten. Unter der Wandelhalle befindet sich ein kellerartiges Gewölbe, im Sommer eisig infolge der eingeschlossenen Kaltluft; mit seiner eigenen Atmosphäre zufrieden, vermißt es keinen Luftzug und läßt auch keinen herein. Am andern Ende dieser beiden Hallen, dort, wo das Speisezimmer endet, beginnen Arkaden, vormittags winterlich kalt, sommerlich warm, wenn der Tag sich neigt. Von ihnen aus betritt man zwei Pavillons; in dem einen genießen vier, in dem andern drei Zimmer dem Lauf der Sonne folgend entweder Sonnenschein oder Schatten.

Vor diesen reizvoll angeordneten Baulichkeiten erstreckt sich weithin die Reitbahn. Sie ist in der Mitte offen und bietet sich sogleich beim Eintreten den Augen in ihrer ganzen Ausdehnung dar. Sie ist von Platanen eingefaßt; diese sind mit Efeu bewachsen und grünen oben mit ihrem eigenen, unten mit fremdem Laub. Der Efeu überwuchert Stamm und Äste und verkettet mit seinen Ranken die benachbarten Platanen miteinander. In den Zwischenräumen steht Buchsbaum; die äußeren Buchsbaumstauden flankiert Lorbeer und vereinigt seinen Schatten mit dem der Platanen.

Diese gerade verlaufende Umrandung der Reitbahn biegt gegen ihr Ende hin in einen Halbkreis ein und verändert auch ihr Aussehen. Sie wird hier von Zypressen eingefaßt und bedeckt, wegen des dichteren Laubes schattiger und dunkler; an den inneren Baumreihen – es sind nämlich mehrere – empfängt sie reinstes Tageslicht. Daher läßt sie hier sogar Rosen gedeihen und vertauscht schattige Kühle mit wohltuendem Sonnenschein. Am Ende dieser bunten, abwechslungsreichen Krümmung wird sie wieder schnurgerade, ist aber jetzt kein einfacher Pfad, denn sie teilt sich hier in mehrere Pfade, die durch dazwischen stehenden Buchsbaum voneinander getrennt sind. Hier und da tritt eine kleine Rasenfläche dazwischen, dann wieder Buchsbaum allein, zu tausenderlei Gestalten geschnitten, manchmal zu Buchstaben, die bald den Namen des Herrn, bald den des Gartenkünstlers nennen; abwechselnd erheben sich kleine Pyramiden und fügen sich Obstbäume ein, inmitten städtischer Verfeinerung unversehens gleichsam eine Anspielung auf unverfälschtes Landleben. Der Mittelraum ist auf beiden Seiten mit niedrig gehaltenen Pla-

has acanthus hinc inde lubricus et flexuosus, deinde plures figurae pluraque nomina.

In capite stibadium candido marmore vite protegitur; vitem quattuor columellae Carystiae subeunt. ex stibadio aqua velut expressa cubantium pondere sipunculis effluit, cavato lapide suscipitur, gracili marmore continetur atque ita occulte temperatur, ut impleat nec redundet. gustatorium graviorque cena margini imponitur, levior nauacularum et avium figuris innatans circumit. contra fons egerit aquam et recipit; nam expulsa in altum in se cadit iunctisque hiatibus et absorbetur et tollitur. e regione stibadii adversum cubiculum tantum stibadio reddit ornatus, quantum accipit ab illo. marmore splendet, valvis in viridia prominet et exit, alia viridia superioribus inferioribusque fenestris suspicit despicitque. mox zothecula refugit quasi in cubiculum idem atque aliud. lectus hic et undique fenestrae, et tamen lumen obscurum umbra premente. nam laetissima vitis per omne tectum in culmen nititur et adscendit. non secus ibi quam in nemore iaceas, imbrem tantum tamquam in nemore non sentias. hic quoque fons nascitur simulque subducitur. sunt locis pluribus disposita sedilia e marmore, quae ambulatione fessos ut cubiculum ipsum iuvant. fonticuli sedilibus adiacent; per totum hippodromum inducti fistulis strepunt rivi et, qua manus duxit, sequuntur; his nunc illa viridia, nunc haec, interdum simul omnia lavantur.

Vitassem iam dudum, ne viderer argutior, nisi proposuissem omnes angulos tecum epistula circumire. neque enim verebar, ne laboriosum esset legenti tibi, quod visenti non fuisset, praesertim cum interquiescere, si liberet,

tanen geziert. Dahinter hier und da glatter, geschmeidiger Akanthus, dann weitere Figuren und Namen.

Am Kopfende wird eine Rundbank aus weißem Marmor von einem Weinstock beschattet, den vier karystische Säulchen stützen. Unter der Rundbank heraus, als würde es durch das Gewicht der darauf Liegenden herausgedrückt, fließt Wasser in Röhrchen; es fällt in eine Steinmulde, sammelt sich in einer zierlichen Marmorschale und wird auf geheimnisvolle Weise so reguliert, daß es die Schale füllt, aber nicht überläuft. Vorgericht und schwerere Schüsseln werden auf den Rand gestellt, leichtere schwimmen auf Schiffchen und künstlichen Vögeln umher. Gegenüber speit ein Springbrunnen Wasser und fängt es wieder auf, denn in die Höhe gestoßen, fällt der Strahl wieder in sich zusammen und wird durch nebeneinander liegende Öffnungen aufgesogen und empor geschleudert. Der Rundbank gerade gegenüber gibt ein kleines Gartenhaus der Rundbank das reizvolle Spiegelbild zurück, das es von ihr empfängt. Es schimmert von Marmor; mit seinen Flügeltüren öffnet es sich und führt hinaus ins Grüne; auf anderes Grün gibt es aus seinen Fenstern oben und unten den Blick frei hinauf und hinab. Dann springt eine kleine Veranda vor, sozusagen ein Teil des Zimmers und doch ein besonderer Raum. Sie enthält ein Ruhebett und hat auf allen Seiten Fenster und doch gedämpftes Licht, da Schatten auf ihr liegt. Denn ein üppiger Rebstock strebt über das ganze Gebäude hin zum First und erklettert ihn. Man liegt dort nicht anders als im Walde, nur den Regen spürt man nicht wie im Walde. Bei diesem Häuschen entspringt auch eine Quelle und verliert sich gleich wieder unter der Erde. An mehreren Stellen stehen Marmorsessel, die den vom Spaziergang Ermüdeten wie das Häuschen selbst erfreuen. Neben den Sesseln sind kleine Brunnen; überhaupt plätschert über die ganze Reitbahn hin in Röhren herangeführtes Wasser und folgt der Hand, wie sie es leitet; damit werden die Rasenflächen bald hier, bald dort gesprengt, bisweilen alle zugleich.

Ich hätte schon längst innegehalten, um nicht allzu pedantisch zu erscheinen, hätte ich mir nicht vorgenommen, brieflich mit Dir in jedem Winkel herumzukriechen. Ich brauche ja nicht zu befürchten, Dir könnte beim Lesen beschwerlich sein, was es beim Anschauen nicht gewesen wäre, zumal Du Dich doch, wenn Du Lust hast, aus-

depositaque epistula quasi residere saepius posses. praeterea indulsi amori meo; amo enim, quae maxima ex parte ipse incohavi aut incohata percolui. in summa (cur enim non aperiam tibi vel iudicium meum vel errorem?) primum ego officium scriptoris existimo, titulum suum legat atque identidem interroget se, quid coeperit scribere, sciatque, si materiae immoratur, non esse longum, longissimum, si aliquid accersit atque attrahit. vides, quot versibus Homerus, quot Vergilius arma, hic Aeneae, Achillis ille, describat; brevis tamen uterque est, quia facit, quod instituit. vides, ut Aratus minutissima etiam sidera consectetur et colligat; modum tamen servat; non enim excursus hic eius, sed opus ipsum est. similiter nos, ut parva magnis, cum totam villam oculis tuis subicere conamur, si nihil inductum et quasi devium loquimur, non epistula, quae describit, sed villa, quae describitur, magna est.

Verum illuc, unde coepi, ne secundum legem meam iure reprehendar, si longior fuero in hoc, in quod excessi. habes causas, cur ego Tuscos meos Tusculanis, Tiburtinis Praenestinisque praeponam. nam super illa, quae rettuli, altius ibi otium et pinguius eoque securius; nulla necessitas togae, nemo accersitor ex proximo; placida omnia et quiescentia, quod ipsum salubritati regionis ut purius caelum, ut aer liquidior accedit. ibi animo, ibi corpore maxime valeo. nam studiis animum, venatu corpus exerceo. mei quoque nusquam salubrius degunt; usque adhuc certe neminem ex iis, quos eduxeram mecum, (venia sit dicto), ibi amisi. di modo in posterum hoc mihi gaudium, hanc gloriam loco servent.

Vale.

ruhen, den Brief aus der Hand legen und ab und zu gleichsam rasten kannst. Außerdem habe ich meiner Liebe freien Lauf gelassen, denn ich liebe, was ich größtenteils selbst in Angriff genommen oder, wenn es schon begonnen war, zu Ende geführt habe. Im übrigen – warum soll ich Dir gegenüber mit meiner vielleicht irrigen Ansicht hinter dem Berge halten – ist es doch wohl oberste Pflicht eines Schriftstellers, sein Thema im Auge zu behalten, sich immer wieder zu fragen, was er zu schreiben unternommen hat, und sich darüber klar zu sein, daß es nicht langatmig ist, wenn er bei seinem Gegenstand verweilt, aber überlang, wenn er etwas an den Haaren herbeizieht. Sieh nur, wie viele Verse Homer, wie viele Vergil auf die Beschreibung der Waffen verwendet, dieser auf die des Aeneas, jener auf die des Achill; trotzdem sind beide kurz, weil sie ausführen, was sie sich vorgenommen haben. Sich, wie Arat selbst die winzigsten Gestirne verfolgt und aufzählt, und doch hält er das rechte Maß, denn das ist bei ihm keine ungehörige Abschweifung, sondern eben sein Thema. Ebenso ich – um „Kleines mit Großem" zu vergleichen; wenn ich bei dem Versuch, Dir das ganze Anwesen vor Augen zu führen, nichts Gesuchtes und gleichsam Abwegiges einfließen lasse, so ist es nicht der beschreibende Brief, der umfangreich ist, sondern das beschriebene Anwesen.

Aber zurück zu dem, wovon ich ausgegangen bin! Sonst tadelt man mich womöglich mit Recht auf Grund meiner eigenen Regel, wenn ich mich bei dieser Abschweifung noch länger aufhalte. Du weißt jetzt, weshalb ich meine Tuscer einem Tusculanum, Tiburtinum und Praenestinum vorziehe. Denn abgesehen von allem Drum und Dran herrscht dort tiefere, behaglichere und darum ungestörtere Ruhe. Kein Zwang, die Toga anzulegen, kein Störenfried in der Nähe; alles still und friedlich, was wie der reinere Himmel und die klarere Luft die Heilkraft der dortigen Gegend noch erhöht. Ich fühle mich dort besonders wohl an Geist und Körper, denn den Geist trainiere ich durch Studieren, den Körper durch die Jagd. Auch meine Leute leben nirgends gesünder; bis jetzt jedenfalls habe ich – unberufen! – niemanden von denen, die ich mit hinausgenommen hatte, verloren. Möchten nur die Götter mir auch in Zukunft diese Freude und dem Plätzchen diesen Ruhm erhalten!

Leb' wohl!

## IX. VII
## C. PLINIVS ROMANO SVO S.

Aedificare te scribis. bene est, inveni patrocinium; aedi- 1
fico enim iam ratione, quia tecum. nam hoc quoque non
dissimile, quod ad mare tu, ego ad Larium lacum.

Huius in litore plures villae meae, sed duae maxime ut 2
delectant, ita exercent. altera imposita saxis more Baiano 3
lacum prospicit, altera aequa more Baiano lacum tangit.
itaque illam tragoediam, hanc appellare comoediam soleo,
illam, quod quasi cothurnis, hanc, quod quasi socculis
sustinetur. sua utrique amoenitas, et utraque possidenti
ipsa diversitate iucundior. haec lacu propius, illa latius uti- 4
tur; haec unum sinum molli curvamine amplectitur, illa
editissimo dorso duos dirimit; illic recta gestatio longo
limite super litus extenditur, hic spatiosissimo xysto leviter inflectitur; illa fluctus non sentit, haec frangit; ex illa
possis despicere piscantes, ex hac ipse piscari hamumque
de cubiculo ac paene etiam de lectulo ut e naucula iacere.

Hae mihi causae utrique, quae desunt, adstruendi ob ea, 5
quae supersunt. etsi quid ego rationem tibi, apud quem
pro ratione erit idem facere?

Vale.

## 9, 7
C. Plinius grüßt seinen Romanus

Du schreibst, daß Du baust! Wie schön! Nun habe ich jedenfalls einen Anwalt gefunden, denn jetzt baue ich mit gutem Grund, weil Du es auch tust. Auch darin ähneln wir uns ja, daß Du am Meere, ich am Lariner See baue.

An seinem Ufer habe ich mehrere Villen, aber zwei von ihnen machen mir besondere Freude, freilich auch die meiste Mühe. Die eine liegt hoch auf Felsen, wie in Baiae, und schaut auf den See, die andre, ebenfalls wie in Baiae, berührt ihn. Deshalb pflege ich jene „Tragödie", diese „Komödie" zu nennen, weil die gleichsam auf Kothurnen, die andere gleichsam auf Sandalen steht. Jede hat ihren eigenen Reiz, und beide sind ihrem Besitzer eben wegen ihrer Gegensätzlichkeit besonders lieb. Die eine genießt den See aus größerer Nähe, die andre in weiterer Entfernung; die eine umfaßt eine einzige Bucht in leichtem Bogen, die andere trennt mit ihrem steilen Felsrücken zwei Buchten; dort verläuft eine lange Promenade schnurgerade oberhalb des Seeufers, hier führt sie in sanfter Biegung um eine ausgedehnte Terrasse herum; jene spürt die Wellen nicht, an dieser brechen sie sich; von jener aus kann man auf die Fischer hinunterblicken, von dieser aus selbst fischen und die Angel aus dem Schlafzimmer, ja, beinahe aus dem Bett auswerfen wie aus einem Kahn.

Das alles bestimmt mich, in Anbetracht ihrer großen Vorzüge an beide anzubauen, was ihnen noch fehlt. Aber wozu versuche ich eigentlich, mich vor Dir zu rechtfertigen, vor dem die Tatsache als Rechtfertigung gelten wird, daß Du es nicht anders machst?

Leb' wohl!

## I. V
## C. PLINIVS ROMANO SVO S.

Vidistine quemquam M. Regulo timidiorem, humi- 1
liorem post Domitiani mortem, sub quo non minora fla-
gitia commiserat quam sub Nerone, sed tectiora? coepit
vereri, ne sibi irascerer; nec fallebatur, irascebar.

Rustici Aruleni periculum foverat, exsultaverat morte, 2
adeo ut librum recitaret publicaretque, in quo Rusticum
insectatur atque etiam 'Stoicorum simiam' appellat; adicit
'Vitelliana cicatrice stigmosum'. agnoscis eloquentiam 3
Reguli. lacerat Herennium Senecionem, tam intemperan-
ter quidem, ut dixerit ei Mettius Carus: 'quid tibi cum
meis mortuis? numquid ego Crasso aut Camerino moles-
tus sum?' quos ille sub Nerone accusaverat. haec me 4
Regulus dolenter tulisse credebat ideoque etiam, cum
recitaret librum, non adhibuerat.

Praeterea reminiscebatur, quam capitaliter ipsum me
apud centumviros lacessisset. aderam Arrionillae, Timo- 5
nis uxori, rogatu Aruleni Rustici; Regulus contra. nitebā-
mur nos in parte causae sententia Metti Modesti, optimi
viri: is tunc in exilio erat, a Domitiano relegatus. ecce tibi
Regulus: 'quaero' inquit, 'Secunde, quid de Modesto sentias.' vides, quod periculum, si respondissem 'bene', quod
flagitium, si 'male'. non possum dicere aliud tunc mihi
quam deos adfuisse. 'respondebo' inquam, 'si de hoc centumviri iudicaturi sunt.' rursus ille: 'quaero, quid de
Modesto sentias.' iterum ego: 'solebant testes in reos, non 6
in damnatos interrogari.' tertio ille: 'non iam, quid de
Modesto, sed quid de pietate Modesti sentias quaero.' –

# 3. CHARAKTERBILDER

1, 5

C. Plinius grüßt seinen Romanus

Hast Du je einen größeren Feigling und Kriecher gesehen als M. Regulus seit dem Tode Domitians, unter dem er keine geringeren Schandtaten begangen hatte als unter Nero, nur heimlicher? Er bekam es mit der Angst, ich könnte ihm böse sein, und darin täuschte er sich auch nicht; ich war ihm wirklich böse.

Er hatte bei der Verurteilung des Rusticus Arulenus das Feuer geschürt, hatte über seinen Tod gejubelt, so unbändig, daß er ein Pamphlet vortrug und danach publizierte, in welchem er Rusticus verunglimpft, ihn gar einen „Affen der Stoiker" nennt mit dem Zusatz: „gebrandmarkt mit dem Brenneisen des Vitellius". Du kennst ja Regulus' Redegewandtheit. Herennius Senecio beschimpft er so maßlos, daß Mettius Carus zu ihm sagen konnte: „Was gehen dich meine Toten an? Mache ich mich denn über Crassus oder Camerinus her?" Diese beiden hatte er unter Nero angeklagt. Das alles, glaubte Regulus, müsse mich empört haben; deshalb hatte er mich auch nicht zur Rezitation seines Pamphlets eingeladen.

Außerdem wußte er ganz genau, welch tödlicher Gefahr er mich persönlich vor den Zentumvirn ausgesetzt hatte. Auf Bitten des Arulenus Rusticus vertrat ich Arrionilla, Timos Frau; Regulus war mein Prozeßgegner. Ich stützte mich bei einem Teil meines Plädoyers auf einen Ausspruch des Mettius Modestus; der befand sich damals, von Domitian relegiert, in der Verbannung. Da hakt dir doch der Regulus gleich ein: „Ich frage dich, Secundus, wie du über Modestus denkst." Du siehst, wie gefährlich es gewesen wäre, hätte ich „gut", wie schändlich, hätte ich „schlecht" geantwortet. Ich kann nur sagen, in diesem Augenblick haben mir die Götter beigestanden. „Ich werde dir antworten" erwiderte ich, „falls die Zentumvirn sich dazu äußern wollen." Er nochmals: „Ich frage dich, wie du über Modestus denkst!" Meine Antwort: „Zeugen pflegt man sonst nur gegen Angeklagte, nicht gegen Verurteilte zu verhören." Und er zum dritten Male: „Mir geht es nicht um Modestus im allgemeinen; ich möchte

'quaeris' inquam, 'quid sentiam; at ego ne interrogare qui- 7
dem fas puto, de quo pronuntiatum est.' conticuit; me
laus et gratulatio secuta est, quod nec famam meam aliquo
responso utili fortasse, inhonesto tamen laeseram nec me
laqueis tam insidiosae interrogationis involveram.

Nunc ergo conscientia exterritus apprehendit Caeci- 8
lium Celerem, mox Fabium Iustum, rogat, ut me sibi
reconcilient, nec contentus pervenit ad Spurinnam; huic
suppliciter, ut est, cum timet, abiectissimus: 'rogo mane
videas Plinium domi, sed plane mane (neque enim diutius
ferre sollicitudinem possum), et quoquo modo efficias, ne
mihi irascatur.' evigilaveram; nuntius a Spurinna: 'venio 9
ad te.' – 'immo ego ad te.' coimus in porticum Liviae, cum
alter ad alterum tenderemus. exponit Reguli mandata,
addit preces suas, ut decebat optimum virum pro dissi-
millimo, parce. cui ego: 'dispicies ipse, quid renuntian- 10
dum Regulo putes. te decipi a me non oportet. exspecto
Mauricum' (nondum ab exilio venerat): 'ideo nihil alter-
utram in partem respondere tibi possum facturus, quidquid ille decreverit; illum enim esse huius consilii ducem,
me comitem decet.'

Paucos post dies ipse me Regulus convenit in praetoris 11
officio; illuc persecutus secretum petit; ait timere se, ne
animo meo penitus haereret, quod in centumvirali iudicio
aliquando dixisset, cum responderet mihi et Satrio Rufo:
'Satrius Rufus, cui non est cum Cicerone aemulatio, et qui
contentus est eloquentia saeculi nostri.' respondi nunc me 12
intellegere maligne dictum, quia ipse confiteretur; ceter-
um potuisse honorificum existimari. 'est enim' inquam
'mihi cum Cicerone aemulatio, nec sum contentus eloquentia saeculi nostri, nam stultissimum credo ad imitan- 13
dum non optima quaeque proponere. sed tu, qui huius

wissen, wie du über seine Loyalität denkst!" – „Du fragst mich, wie ich darüber denke", erwiderte ich, „aber ich meine, daß es überhaupt nicht statthaft ist, nach etwas zu fragen, worüber bereits ein Urteil vorliegt." Da hielt er den Mund; ich erntete Anerkennung und Glückwünsche, daß ich weder meinen Ruf durch eine vielleicht vorteilhafte, aber eben unehrenhafte Antwort geschädigt noch mich in den Schlingen seiner hinterhältigen Frage verfangen hatte.

Daraufhin macht er sich also, vom bösen Gewissen getrieben, an Caecilius Celer und dann an Fabius Iustus heran, bittet sie, mich mit ihm zu versöhnen, und damit nicht genug, geht er auch noch zu Spurinna. Den fleht er an, kriecherisch wie immer, wenn er Angst hat: „Such' doch bitte morgen früh Plinius in seinem Hause auf, aber ganz früh – ich kann nämlich die Unruhe nicht länger ertragen – und sieh zu, daß er mir nicht länger böse ist!" Ich war gerade eben wach; ein Bote von Spurinna: „Ich komme zu dir!" – „Nein, ich zu dir!" Auf dem Wege zueinander begegneten wir uns in der Halle der Livia. Er berichtet mir von Regulus' Wunsch, setzt sich selbst dafür ein, mit Zurückhaltung, wie es sich für einen Ehrenmann gehört, wenn er sich für jemanden verwendet, mit dem er nichts gemein hat. Meine Antwort: „Entscheide selbst, was du Regulus ausrichten zu müssen meinst. Ich will dir offen sagen, wie es ist. Ich warte auf Mauricus" – er war noch nicht aus der Verbannung zurück –, „darum kann ich dir weder mit ja noch mit nein antworten; ich werde tun, was er für richtig hält, denn ihm gebührt bei dieser Affäre die Führung, mir die Gefolgschaft."

Nach ein paar Tagen traf ich Regulus selbst beim Amtsantritt des Prätors; er war mir dorthin nachgegangen und bat mich also um ein Gespräch unter vier Augen. Vermutlich, meinte er, ärgerte ich mich immer noch über das, was er einst vor dem Zentumviralgericht gesagt habe, als er gegen mich und Satrius Rufus plädierte: „Satrius Rufus, der sich nicht mit Cicero messen will, und der sich mit der modernen Redekunst begnügt." Ich antwortete, jetzt, wo er es selbst eingestehe, verstünde ich, daß es eine Bosheit gewesen sei, sonst hätte man es auch für ein Kompliment halten können. „Ich messe mich nämlich tatsächlich mit Cicero", sagte ich, „und begnüge mich nicht mit der modernen Redekunst; denn ich halte es für die größte Dummheit, sich nicht immer das Beste zum Vorbild zu nehmen.

iudicii meministi, cur illius oblitus es, in quo me interrogasti, quid de Metti Modesti pietate sentirem?' expalluit notabiliter, quamvis palleat semper, et haesitabundus: 'interrogavi, non ut tibi nocerem, sed ut Modesto.' vide hominis crudelitatem, qui se non dissimulet exuli nocere voluisse. subiunxit egregiam causam: 'scripsit' inquit 'in epistula quadam, quae apud Domitianum recitata est: "Regulus, omnium bipedum nequissimus"'. quod quidem Modestus verissime scripserat.

Hic fere nobis sermonis terminus, neque enim volui progredi longius, ut mihi omnia libera servarem, dum Mauricus venit. nec me praeterit esse Regulum δυσκαθαίρετον; est enim locuples, factiosus, curatur a multis, timetur a pluribus, quod plerumque fortius amore est. potest tamen fieri, ut haec concussa labantur. nam gratia malorum tam infida est quam ipsi.

Verum, ut idem saepius dicam, exspecto Mauricum. vir est gravis, prudens, multis experimentis eruditus, et qui futura possit ex praeteritis providere. mihi et temptandi aliquid et quiescendi illo auctore ratio constabit.

Haec tibi scripsi, quia aequum erat te pro amore mutuo non solum omnia mea facta dictaque, verum etiam consilia cognoscere.
Vale.

## I. X
### C. PLINIVS CLEMENTI SVO S.
Siquando urbs nostra liberalibus studiis floruit, nunc maxime floret. multa claraque exempla sunt, sufficeret unum, Euphrates philosophus.

Hunc ego, in Syria cum adulescentulus militarem, penitus et domi inspexi amarique ab eo laboravi, etsi non erat

Aber wenn du dich schon an diesen Prozeß erinnerst, warum hast du den anderen vergessen, bei dem du mich fragtest, wie ich über Mettius Modestus' Loyalität dächte?" Er wurde merklich blasser, obwohl er immer blaß ist, und stotterte heraus: „Mit dieser Frage habe ich nicht dir schaden wollen, sondern Modestus!" Sieh Dir diesen Halsabschneider an, der unumwunden zugibt, er habe einem Verbannten schaden wollen! Er hatte dafür auch eine großartige Begründung: „In einem seiner Briefe, der vor Domitian verlesen wurde, stand geschrieben: ‚Regulus, der größte Lump unter allen Zweibeinern'" – womit Modestus den Nagel auf den Kopf getroffen hatte.

So etwa endete unser Gespräch; weiter wollte ich nicht gehen, um ganz freie Hand zu behalten, bis Mauricus zurückkehrte, und ich weiß ja auch, daß Regulus schwer beizukommen ist; denn er hat Geld, hat seine Anhängerschaft, wird von vielen hofiert, noch mehr gefürchtet, was meist ein stärkeres Band als Liebe ist; immerhin könnte es geschehen, daß das alles ins Wanken gerät und zusammenbricht; denn die Gunst der Lumpen ist genauso unzuverlässig wie diese Leute selbst.

Doch um es noch einmal zu sagen: ich warte auf Mauricus. Er ist ein gesetzter, kluger, durch reiche Erfahrungen gewitzter Mann, der aus dem Vergangenen auf das Kommende zu schließen vermag. Ob ich noch etwas unternehme oder die Sache auf sich beruhen lasse, hängt ganz von seiner Entscheidung ab.

Dir schreibe ich dies, weil es nur recht und billig ist, daß Du angesichts unsrer gegenseitigen Liebe nicht nur von all meinen Taten und Worten, sondern auch von meinen Entschlüssen hörst.

Leb' wohl!

I, 10
Plinius grüßt seinen Attius Clemens

Wenn unsere Hauptstadt jemals auf Wissenschaften und Künste stolz sein konnte, dann ist sie jetzt ganz besonders stolz. Denn dafür gibt es viele glänzende Beispiele; ein einziges würde genügen: der Philosoph Euphrates.

Als ich als sehr junger Mann in Syrien Kriegsdienst leistete, lernte ich seinen Charakter und seine Lebensweise kennen, und ich bemüh-

laborandum. est enim obvius et expositus plenusque humanitate, quam praecipit. atque utinam sic ipse, quam 3 spem tunc et de me concepit, impleverim, ut ille multum virtutibus suis addidit! aut ego nunc illas magis miror, quia magis intellego. quamquam ne nunc quidem satis 4 intellego; ut enim de pictore, scalptore, fictore nisi artifex iudicare, ita nisi sapiens non potest perspicere sapientem.

Quantum tamen mihi cernere datur, multa in Euphrate 5 sic eminent et elucent, ut mediocriter quoque doctos advertant et adficiant. disputat subtiliter, graviter, ornate, frequenter etiam Platonicam illam sublimitatem et latitudinem effingit. sermo est copiosus et varius, dulcis in primis, et qui repugnantis quoque ducat, impellat. ad hoc 6 proceritas corporis, decora facies, demissus capillus, ingens et cana barba, quae licet fortuita et inania putentur, illi tamen plurimum venerationis adquirunt. nullus hor- 7 ror in cultu, nulla tristitia, multum severitatis; reverearis occursum, non reformides. vitae sanctitas summa, comitas par; insectatur vitia, non homines, nec castigat errantes, sed emendat. sequaris monentem attentus et pendens et persuaderi tibi, etiam cum persuaserit, cupias.

Iam vero liberi tres, duo mares, quos diligentissime 8 instituit. socer Pompeius Iulianus, cum cetera vita tum vel hoc uno magnus et clarus, quod ipse provinciae princeps inter altissimas condiciones generum non honoribus principem, sed sapientia elegit.

Quamquam quid ego plura de viro, quo mihi frui non 9

te mich um seine Anerkennung, auch wenn dies gar nicht schwierig war. Denn er ist ein entgegenkommender und zugänglicher Mensch und von der Menschenfreundlichkeit erfüllt, die er lehrt. Ach, wenn ich doch die Erwartung, die er damals auch in mich setzte, in dem Maße erfüllte, wie er selbst seine Leistungen vermehrte! Oder bewundere ich jene jetzt mehr, weil ich sie besser erkenne? Vollständig allerdings erfasse ich sie nicht einmal jetzt. Denn wie über einen Maler, einen Gemmenschneider, einen Bildhauer nur ein Künstler urteilen kann, so ist nur ein Weiser in der Lage, einen Weisen zu verstehen.

Soweit mir jedoch ein Urteil möglich ist, hat Euphrates so viele hervorragende und hervorstechende Eigenschaften, daß sie auch nur halbwegs Gebildete nachhaltig beeindrucken. Seine Erörterungen sind gründlich, eindringlich und ansprechend, oft erreicht er sogar die Erhabenheit und Ausdrucksfülle eines Platon. Seine Gespräche sind gehaltvoll und abwechslungsreich, vor allem aber liebenswürdig, so daß er sogar seine Gegner fesselt und mitreißt. Dazu kommt seine hohe Gestalt, sein ebenmäßiges Gesicht, sein herab wallendes Haar, sein langer grauer Bart; diese Äußerlichkeiten mögen als zufällig und bedeutungslos angesehen werden, sie verschaffen ihm jedoch ein besonders hohes Maß an Würde. An seinem Auftreten ist nichts Abstoßendes, nichts Finsteres, nur viel Ernsthaftigkeit; man empfindet wohl Ehrfurcht, wenn er einem begegnet, man schreckt aber bestimmt nicht vor ihm zurück. Höchste Anständigkeit prägt sein Leben, seine Güte ist entsprechend groß; er bekämpft Fehler, nicht Menschen, und er schimpft nicht mit denen, die irren, sondern zeigt ihnen den richtigen Weg. Wenn er ermahnt, folgt man ihm aufmerksam und angespannt und wünscht sich, noch mehr überzeugt zu werden, auch wenn er einen schon überzeugt hat.

Außerdem hat er drei Kinder, zwei Söhne, die er besonders sorgfältig ausbildet. Sein Schwiegervater ist Pompeius Iulianus, der sowohl durch sein übriges Leben als auch besonders aufgrund dieser einen Tatsache groß und bedeutend ist, daß er, selbst der erste Mann in der Provinz, unter den Bewerbern aus den höchsten Kreisen denjenigen als Schwiegersohn auswählte, der nicht mit seinen Ehrenämtern, sondern mit seiner Weisheit den höchsten Rang einnahm.

Doch warum soll ich über den Mann noch mehr sagen, dessen

licet? an ut magis angar, quod non licet? nam distringor officio ut maximo sic molestissimo: sedeo pro tribunali, subnoto libellos, conficio tabulas, scribo plurimas sed inlitteratissimas litteras. soleo non numquam (nam id ipsum quando contingit!) de his occupationibus apud Euphraten queri. ille me consolatur, adfirmat etiam esse hanc philosophiae et quidem pulcherrimam partem, agere negotium publicum, cognoscere, iudicare, promere et exercere iustitiam, quaeque ipsi doceant, in usu habere. mihi tamen hoc unum non persuadet, satius esse ista facere quam cum illo dies totos audiendo discendoque consumere.

Quo magis te, cui vacat, hortor, cum in urbem proxime veneris (venias autem ob hoc maturius), illi te expoliendum limandumque permittas. neque enim ego ut multi invideo aliis bono, quo ipse careo, sed contra sensum quendam voluptatemque percipio, si ea, quae mihi denegantur, amicis video superesse.

Vale.

## I. XII
### C. PLINIVS TIRONI SVO S.

Iacturam gravissimam feci, si iactura dicenda est tanti viri amissio. decessit Corellius Rufus et quidem sponte, quod dolorem meum exulcerat. est enim luctuosissimum genus mortis, quae non ex natura nec fatalis videtur. nam utcumque in illis, qui morbo finiuntur, magnum ex ipsa necessitate solacium est, in iis vero, quos accersita mors aufert, hic insanabilis dolor est, quod creduntur potuisse diu vivere.

Corellium quidem summa ratio, quae sapientibus pro necessitate est, ad hoc consilium compulit, quamquam plurimas vivendi causas habentem, optimam conscien-

Gesellschaft ich nicht genießen kann? Etwa um noch mehr zu leiden, weil es mir nicht möglich ist? Denn ich werde von einem zwar wirklich wichtigen, aber äußerst lästigen Amt voll beansprucht; ich sitze vorn auf dem Richterstuhl, zeichne Eingaben ab, führe ein Rechnungsbuch, verfasse sehr viele, aber äußerst kunstlose Schriftstücke. Manchmal (denn wann gelingt mir dies schon!) komme ich dazu, bei Euphrates über diese Tätigkeiten zu klagen. Er tröstet mich und versichert mir sogar, auch dies sei ein Teil der Philosophie, und zwar der schönste, eine öffentliche Tätigkeit auszuüben, Untersuchungen durchzuführen, Urteile zu fällen, die Gerechtigkeit ans Licht zu bringen und zu praktizieren und anzuwenden, was Leute wie er lehrten. Doch er überzeugt mich in diesem einen Punkt nicht, daß es besser sei, diese Dinge zu tun als zuhörend und lernend mit ihm gemeinsam die Tage von früh bis spät zu verbringen.

Um so mehr rate ich Dir, da Du doch Zeit hast, wenn Du in Kürze in die Stadt kommst (aber deswegen solltest Du ja recht bald kommen), daß Du Dich ihm anvertraust, um Dich glätten und feilen zu lassen. Denn ich beneide niemanden, wie viele es tun, um ein Glück, das ich selbst nicht habe, sondern im Gegenteil: ich habe ein ausgesprochen angenehmes Gefühl, wenn ich sehe, daß das, was mir selbst verweigert wird, meinen Freunden im Überfluß zur Verfügung steht. Leb' wohl!

I, 12

C. Plinius grüßt seinen Tiro

Ich habe einen sehr schweren Verlust erlitten, wenn man den Verlust eines so bedeutenden Mannes einfach einen Verlust nennen kann. Corellius Rufus ist gestorben, und zwar freiwillig, was meinen Schmerz noch verschlimmert. Ist es doch besonders traurig, wenn der Tod nicht natürlich und schicksalhaft erscheint. Denn bei denen, die an einer Krankheit gestorben sind, liegt immerhin ein starker Trost eben in der Unabwendbarkeit; bei denen, die ein freiwilliger Tod entführt, ist der Schmerz darüber unheilbar, weil man glaubt, sie hätten noch lange leben können.

Corellius sah sich von höchster Vernunft, die dem Weisen als Notwendigkeit gilt, zu diesem Entschluß getrieben, obwohl er viele Gründe hatte, am Leben zu hängen, ein reines Gewissen, den besten

tiam, optimam famam, maximam auctoritatem, praeterea filiam, uxorem, nepotem, sorores interque tot pignora veros amicos. sed tam longa, tam iniqua valetudine conflictabatur, ut haec tanta pretia vivendi mortis rationibus vincerentur.

Tertio et tricensimo anno, ut ipsum audiebam, pedum dolore correptus est. patrius hic illi; nam plerumque morbi quoque per successiones quasdam, ut alia, traduntur. hunc abstinentia, sanctitate, quoad viridis aetas, vicit et fregit; novissime cum senectute ingravescentem viribus animi sustinebat, cum quidem incredibilis cruciatus et indignissima tormenta pateretur. iam enim dolor non pedibus solis, ut prius, insidebat, sed omnia membra pervagabatur.

Veni ad eum Domitiani temporibus in suburbano iacentem. servi e cubiculo recesserunt. habebat hoc moris, quotiens intrasset fidelior amicus; quin etiam uxor, quamquam omnis secreti capacissima, digrediebatur. circumtulit oculos et 'cur' inquit 'me putas hos tantos dolores tam diu sustinere? ut scilicet isti latroni vel uno die supersim.' dedisses huic animo par corpus, fecisset, quod optabat.

Adfuit tamen deus voto, cuius ille compos, ut iam securus liberque moriturus, multa illa vitae sed minora retinacula abrupit. increverat valetudo, quam temperantia mitigare temptavit, perseverantem constantia fugit. iam dies alter, tertius, quartus; abstinebat cibo. misit ad me uxor eius Hispulla communem amicum C. Geminium cum tristissimo nuntio, destinasse Corellium mori nec aut suis aut filiae precibus inflecti, solum superesse me, a quo revocari posset ad vitam. cucurri; perveneram in proximum, cum mihi ab eadem Hispulla Iulius Atticus nuntiat

## CHARAKTERBILDER

Ruf, hohes Ansehen, außerdem eine Tochter, eine Frau, einen Enkel und neben all diesen Unterpfändern der Liebe echte Freunde. Aber ihn plagte eine so langwierige, quälende Krankheit, daß diese so großen Vorzüge seines Lebens, von den Gründen, in den Tod zu gehen, aufgewogen wurden.

Im 33. Lebensjahre wurde er, wie ich von ihm selbst gehört habe, von der Gicht befallen. Das war ein Erbübel vom Vater her; wie andere Dinge, werden ja oft auch Krankheiten durch mehrere Generationen vererbt. Solange er in der Blüte der Jahre stand, gelang es ihm, durch Enthaltsamkeit und geregelte Lebensweise sein Leiden zu besiegen und zu entkräften; in der letzten Zeit, als es mit dem Alter schlimmer wurde, suchte er es durch eiserne Willenskraft zu bändigen, obwohl er unglaubliche Qualen und die abscheulichsten Martern erlitt. Denn der Schmerz saß jetzt nicht mehr wie früher allein in den Füßen, sondern durchströmte alle Glieder.

Ich habe ihn noch zur Zeit Domitians besucht, als er in seinem Landgut in der Nähe der Stadt auf dem Krankenbett lag. Die Sklaven verließen das Zimmer – das pflegte er so zu halten, wenn ein besonders vertrauter Freund eintrat –, sogar seine Gattin, die doch in alle Geheimnisse eingeweiht war, zog sich zurück. Er ließ seine Augen umherschweifen und sagte dann: „Warum ertrage ich diese entsetzlichen Schmerzen wohl so lange? Natürlich nur, um diesen Strolch wenigstens um einen Tag zu überleben." Hätte man diesem Geist einen ebenbürtigen Körper gegeben, er hätte ausgeführt, was er ersehnte.

Doch Gott erhörte seinen Wunsch, und als er ihn erfüllt sah und nunmehr unbesorgt und frei sterben konnte, da zerriß er die vielen, doch allzu lockeren Bande des Lebens. Sein Leiden hatte sich weiter verschlimmert; er suchte es wieder durch Maßhalten zu lindern; als es anhielt, brachte er den Mut auf, sich ihm zu entziehen. Schon den zweiten, dritten, vierten Tag verweigerte er die Nahrungsaufnahme. Da schickte seine Gattin Hispulla unseren gemeinsamen Freund C. Geminius zu mir mit der erschütternden Botschaft, Corellius sei fest entschlossen zu sterben und lasse sich weder durch ihre noch durch die Bitten ihrer Tochter davon abbringen; ich sei jetzt der einzige, der ihn noch ins Leben zurückrufen könne. Ich machte mich eilends auf den Weg, war bereits ganz in der Nähe, als mir wieder Hispulla durch

nihil iam ne me quidem impetraturum, tam obstinate magis ac magis induruisse. dixerat sane medico admoventi cibum: 'κέκρικα', quae vox quantum admirationis in animo meo, tantum desiderii reliquit.

Cogito, quo amico, quo viro caream. implevit quidem 11 annum septimum et sexagensimum, quae aetas etiam robustissimis satis longa est; scio. evasit perpetuam valetudinem; scio. decessit superstitibus suis, florente re publica, quae illi omnibus carior erat; et hoc scio. ego 12 tamen tamquam et iuvenis et firmissimi morte doleo; doleo autem (licet me imbecillum putes) meo nomine. amisi enim, amisi vitae meae testem, rectorem, magistrum. in summa dicam, quod recenti dolore contubernali meo Calvisio dixi: 'vereor, ne neglegentius vivam.'

Proinde adhibe solacia mihi, non haec 'senex erat, infir- 13 mus erat' (haec enim novi), sed nova aliqua, sed magna, quae audierim numquam, legerim numquam. nam, quae audivi, quae legi, sponte succurrunt, sed tanto dolore superantur.
Vale.

## I. XXII
## C. PLINIVS CATILIO SVO S.

Diu iam in urbe haereo et quidem attonitus. perturbat 1 me longa et pertinax valetudo Titi Aristornis, quem singulariter et miror et diligo. nihil est enim illo gravius, sanctius, doctius, ut mihi non unus homo, sed litterae ipsae omnesque bonae artes in uno homine summum periculum adire videantur. quam peritus ille et privati 2 iuris et publici! quantum rerum, quantum exemplorum, quantum antiquitatis tenet! nihil est, quod discere velis, quod ille docere non possit; mihi certe, quotiens aliquid abditum quaero, ille thesaurus est. iam quanta sermoni- 3

Iulius Atticus sagen ließ, auch ich würde nichts mehr ausrichten, so starrsinnig habe er sich mehr und mehr darauf versteift. Als der Arzt ihm zu essen geben wollte, hatte er gesagt: „Mein Entschluß steht fest!", ein Wort, das in meiner Seele tiefen Schmerz, aber auch hohe Bewunderung auslöste.

Ich weiß, welch treuen Freund, welch großen Mann ich in ihm verloren habe. 67 Jahre alt ist er geworden, selbst für Kerngesunde ein recht hohes Alter, gewiß! Er hat sich endlosem Siechtum entzogen, richtig! Er ist heimgegangen, während seine Lieben noch am Leben waren und der Staat wieder aufblühte, der ihm mehr galt als all seine Lieben; auch das weiß ich. Trotzdem schmerzt mich sein Tod wie der eines Mannes in den besten Jahren, schmerzt mich – magst Du mich auch für einen Schwächling halten – ganz persönlich. Denn ich habe den Augenzeugen, den Lenker und Lehrer meines Lebens verloren. Um es in ein Wort zu fassen, wiederhole ich, was ich im frischen Schmerz zu meinem Freunde Calvisius gesagt habe: „Ich befürchte, daß ich mich jetzt gehen lasse."

Darum sprich mir Trost zu; aber komm mir nicht mit „er war ein alter Mann, war gebrechlich" – das weiß ich ja selbst –, sondern bring etwas Neues, Wirksames, was ich noch nie gehört, noch nie gelesen habe. Denn was ich gehört und gelesen habe, kommt mir ohnehin in den Sinn, verfehlt aber bei so tiefem Schmerz seine Wirkung.

Leb' wohl!

I, 22

C. Plinius grüßt seinen Catilius

Schon lange sitze ich in der Stadt fest, und zwar in tiefer Niedergeschlagenheit. Mich erschüttert die langwierige, hartnäckige Krankheit des Titius Aristo, den ich über alles bewundere und schätze. Denn wo fände man sonst noch jemanden, der so ernsthaft, so unantastbar, so gelehrt ist wie er! Somit scheint mir nicht nur dieser eine Mensch, sondern die Wissenschaft schlechthin und alle edlen Künste mit diesem einen Mann in höchster Gefahr zu sein. Wie bewandert ist er im privaten und öffentlichen Recht! Wie viele Tatsachen, Beispiele, Ereignisse aus der Vergangenheit hat er im Kopf! Über alles, was Du wissen möchtest, kann er Dir Auskunft geben; für mich jedenfalls ist er die Fundgrube, sooft ich nach etwas Unbe-

bus eius fides, quanta auctoritas, quam pressa et decora cunctatio! quid est, quod non statim sciat? et tamen plerumque haesitat, dubitat diversitate rationum, quas acri magnoque iudicio ab origine causisque primis repetit, discernit, expendit. ad hoc quam parcus in victu, 4 quam modicus in cultu! soleo ipsum cubiculum eius ipsumque lectum ut imaginem quandam priscae frugalitatis adspicere.

Ornat haec magnitudo animi, quae nihil ad ostentatio- 5 nem, omnia ad conscientiam refert recteque facti non ex populi sermone mercedem, sed ex facto petit. in summa 6 non facile quemquam ex istis, qui sapientiae studium habitu corporis praeferunt, huic viro comparabis. non quidem gymnasia sectatur aut porticus nec disputationibus longis aliorum otium suumque delectat, sed in toga negotiisque versatur, multos advocatione, plures consilio iuvat; nemini tamen istorum castitate, pietate, iustitia, 7 fortitudine etiam primo loco cesserit.

Mirareris, si interesses, qua patientia hanc ipsam valetudinem toleret, ut dolori resistat, ut sitim differat, ut incredibilem febrium ardorem immotus opertusque transmittat. nuper me paucosque mecum, quos maxime diligit, 8 advocavit rogavitque, ut medicos consuleremus de summa valetudinis, ut, si esset insuperabilis, sponte exiret e vita, si tantum difficilis et longa, resisteret maneretque: dandum enim precibus uxoris, dandum filiae lacrimis, 9 dandum etiam nobis amicis, ne spes nostras, si modo non essent inanes, voluntaria morte desereret.

Id ego arduum in primis et praecipua laude dignum 10 puto. nam impetu quodam et instinctu procurrere ad mortem commune cum multis, deliberare vero et causas

kanntem suche. Und dann diese Zuverlässigkeit in allem, was er sagt, dieses Gewicht, diese betonte, liebenswürdige Zurückhaltung! Was gibt es, was er nicht sogleich wüßte? Und doch zögert er meistens, schwankt zwischen sich widersprechenden Einsichten, denen er mit scharfsinnigem, sicherem Urteilsvermögen bis zu ihrem Ursprung und ihren Grundlagen nachgeht und sie danach scheidet und abwägt. Wie sparsam ist er überdies in seinen Bedürfnissen, wie mäßig in seiner ganzen Lebenshaltung! Selbst sein Schlafzimmer, sein Bett ist in meinen Augen immer gleichsam als ein Bild altväterlicher Bedürfnislosigkeit anzuschauen.

Dies alles adelt seine Seelengröße, der es in nichts auf Zurschaustellung, in allem auf ein gutes Gewissen ankommt und den Lohn für die rechte Tat nicht in der Wirkung auf das Publikum, sondern in der Tat selbst sucht. Kurzum, schwerlich wirst Du eins dieser Individuen, die ihre Liebe zur Weisheit in ihrem Erscheinungsbild zum Ausdruck bringen, mit diesem Manne auf eine Stufe stellen wollen. Er treibt sich nicht auf den Sportplätzen oder in den Säulenhallen herum, sucht nicht durch langatmige Dispute sich und andern die Mußestunden zu verkürzen, sondern widmet sich bürgerlicher Tätigkeit, hilft manchem durch Rechtsbeistand und öfter noch mit gutem Rat; und doch dürfte ihm, was Anständigkeit, Pflichtgefühl, Gerechtigkeit und Unerschrockenheit betrifft, keiner dieser Leute den ersten Platz streitig machen.

Du würdest staunen, könntest Du mitansehen, wie geduldig er seinen Zustand erträgt, wie er gegen die Schmerzen angeht, wie er den Durst bekämpft, wie er die unsagbare Fieberhitze unbewegt unter der Decke über sich ergehen läßt. Kürzlich rief er mich und mit mir einige andere, die er besonders schätzt, zu sich und bat uns, die Ärzte über den weiteren Verlauf seiner Krankheit auszuhorchen; sei sie unheilbar, werde er freiwillig aus dem Leben scheiden, sei sie nur schwer zu behandeln und langwierig, wolle er durchhalten und bleiben. Denn er müsse sich den Bitten seiner Frau, den Tränen seiner Tochter und auch uns Freunden fügen, um nicht unsere Hoffnungen, sofern sie nicht unbegründet seien, durch einen freiwilligen Tod zu enttäuschen.

Dies scheint mir überaus schwer zu sein und besondere Anerkennung zu verdienen. Mit Ungestüm unüberlegt in den Tod zu rennen ist nichts Außergewöhnliches, aber sich zu besinnen, das Für und

eius expendere, utque suaserit ratio, vitae mortisque consilium vel suscipere vel ponere ingentis est animi.

Et medici quidem secunda nobis pollicentur; superest, 11 ut promissis deus adnuat tandemque me hac sollicitudine exsolvat, qua liberatus Laurentinum meum, hoc est libellos et pugillares studiosumque otium, repetam. nunc enim nihil legere, nihil scribere aut adsidenti vacat aut anxio libet.

Habes, quid timeam, quid optem, quid etiam in posterum destinem; tu quid egeris, quid agas, quid velis agere, in vicem nobis, sed laetioribus epistulis scribe! erit confusioni meae non mediocre solacium, si tu nihil quereris. 12

Vale.

## II. III
## C. PLINIVS NEPOTI SVO S.

Magna Isaeum fama praecesserat, maior inventus est. 1 summa est facultas, copia, ubertas; dicit semper ex tempore, sed tamquam diu scripserit. sermo Graecus, immo Atticus; praefationes tersae, graciles, dulces, graves interdum et erectae. poscit controversias plures, electionem 2 auditoribus permittit, saepe etiam partis; surgit, amicitur, incipit: statim omnia ac paene pariter ad manum, sensus reconditi occursant, verba, sed qualia! quaesita et exculta. multa lectio in subitis, multa scriptio elucet. prohoemia- 3 tur apte, narrat aperte, pugnat acriter, colligit fortiter, ornat excelse, postremo docet, delectat, adficit, quid maxime, dubites; crebra ἐνθυμήματα, crebri syllogismi, circumscripti et effecti, quod stilo quoque adsequi

Wider gegeneinander abzuwägen und dann, wie der Verstand es rät, den Entschluß zum Leben oder Tod zu fassen oder fahren zu lassen, das zeugt für einen starken Charakter.

Nun, die Ärzte versprechen uns einen guten Ausgang; jetzt fehlt nur, daß ein Gott seinen Segen dazu gibt und mich endlich von dieser bangen Sorge befreit; bin ich davon erlöst, dann kehre ich auf mein Laurentinum, das heißt: zu Büchern und Schreibtafel, zu meinen geruhsamen Studien zurück. Denn augenblicklich, wo ich an seinem Bett sitze und mich ängstige, habe ich weder Zeit noch Lust, etwas zu lesen oder zu schreiben.

Nun weißt Du, was mich bedrückt, was ich erhoffe, und auch, was ich für später noch vorhabe. Jetzt laß auch Du von Dir hören, wie es Dir ergangen ist, wie Du Dich fühlst und was Du tun willst. Hoffentlich weißt Du Froheres zu berichten. Für mich in meiner Niedergeschlagenheit wird es ein nicht unwesentlicher Trost sein, wenn Du nichts zu beklagen hast.

Leb' wohl!

## 2, 3
### C. Plinius grüßt seinen Nepos

Ein bedeutender Ruf war dem Isaeus vorausgegangen, aber der Mann hat sich als noch bedeutender erwiesen. Seine Redegabe, seine Wortfülle, sein Gedankenreichtum ist überwältigend; immer spricht er aus dem Stegreif, aber so, als ob er lange daran gearbeitet hätte. Gut griechische, nein, attische Diktion; saubere, schlichte, anziehende, bisweilen auch wuchtige, erhabene Einführungen. Er läßt sich mehrere Streitfragen vorlegen, überläßt den Hörern die Wahl, oft auch dem Gegenpart, erhebt sich, drapiert seine Kleidung, beginnt: sofort ist ihm alles und beinahe gleichzeitig zur Hand, erlesene Gedanken fliegen ihm zu, Worte, und was für Worte! Ausgesucht, gepflegt. Die Frucht ausgedehnter Lektüre und umfänglicher Ausarbeitungen wird bei diesen Improvisationen sichtbar. Die Einleitung ist sachgemäß, die Darlegung der Streitfrage klar, die Auseinandersetzung mit dem Gegner scharf, die Schlußfolgerungen kühn, der rednerische Schmuck unvergleichlich; kurzum, er belehrt, entzückt, rüttelt auf; was in erster Linie, ist schwer zu sagen. Zahlreiche Enthymeme und Syllogismen, bündig und schlüssig, eine bedeutende Lei-

magnum est; incredibilis memoria; repetit altius, quae dixit ex tempore, ne verbo quidem labitur. ad tantam ἕξιν 4 studio et exercitatione pervenit; nam diebus et noctibus nihil aliud agit, nihil audit, nihil loquitur.

Annum sexagensimum excessit et adhuc scholasticus 5 tantum est; quo genere hominum nihil aut sincerius aut simplicius aut melius. nos enim, qui in foro verisque litibus terimur, multum malitiae, quamvis nolimus, addiscimus; schola et auditorium et ficta causa res inermis, inno- 6 xia est, nec minus felix, senibus praesertim; nam quid in senectute felicius, quam quod dulcissimum est in iuventa? quare ego Isaeum non disertissimum tantum, verum 7 etiam beatissimum iudico; quem tu nisi cognoscere concupiscis, saxeus ferreusque es.

Proinde, si non ob alia nosque ipsos, at certe ut hunc 8 audias, veni! numquamne legisti Gaditanum quendam Titi Livi nomine gloriaque commotum ad visendum eum ab ultimo terrarum orbe venisse statimque, ut viderat, abisse? ἀφιλόκαλον, inlitteratum, iners ac paene etiam turpe est non putare tanti cognitionem, qua nulla est iucundior, nulla pulchrior, nulla denique humanior.

Dices: 'Habeo hic, quos legam, non minus disertos'; 9 etiam, sed legendi semper occasio est, audiendi non semper; praeterea multo magis, ut volgo dicitur, viva vox adficit. nam, licet acriora sint, quae legas, altius tamen in animo sedent, quae pronuntiatio, voltus, habitus, gestus etiam dicentis adfigit; nisi vero falsum putamus illud 10 Aeschinis, qui, cum legisset Rhodiis orationem Demosthenis admirantibus cunctis, adiecisse fertur: τί δέ, εἰ αὐτοῦ τοῦ θηρίου ἠκούσατε; et erat Aeschines, si Demostheni cre-

stung schon in schriftlicher Formulierung. Ein fabelhaftes Gedächtnis: was er aus dem Stegreif gesagt hat, führt er dann weiter aus, ohne sich dabei auch nur im Ausdruck zu vergreifen. Diese Fertigkeit hat er durch intensives Training gewonnen, denn Tag und Nacht tut und hört und spricht er nichts anderes.

Er ist über das 60. Lebensjahr hinaus und immer noch nur ein einfacher Schulmeister, ein Menschenschlag, wie man sich ihn nicht aufrechter, schlichter, gütiger vorstellen kann. Denn wir, die wir uns auf dem Forum und in wirklichen Rechtsstreitigkeiten abrackern, lernen, wenn auch ungewollt, viel Niedertracht dazu; die Schule, das Auditorium und ein fingierter Rechtsfall ist eine harmlose, unschuldige und nicht weniger beglückende Sache, zumal für alte Leute. Denn was könnte im Alter beglückender sein, als das, was in der Jugend anziehend ist? Darum halte ich Isaeus nicht nur für einen ausnehmend beredten Mann, sondern auch für ganz mit sich zufrieden, und wenn Du nicht das Verlangen spürst, ihn kennenzulernen, bist Du aus Stein und Eisen.

Darum komm, wenn nicht aus anderem Anlaß und um meinetwillen, dann jedenfalls, um ihn zu hören. Hast Du nie die Geschichte von dem Mann aus Gades gelesen, der sich, durch den glorreichen Namen des Titus Livius angezogen, vom Ende der Welt aufmachte, um ihn zu sehen, und dann gleich, als er ihn gesehen hatte, wieder davonging? Es ist doch ein Zeichen von Interesselosigkeit, Unbildung, fast möchte ich sagen: Niedertracht, wenn man nicht so viel Wert legt auf eine überaus reizvolle, feinsinnige Bekanntschaft.

Du wirst sagen: „Ich habe hier genug Autoren, die ich lesen kann, nicht weniger redegewandt." Schön und gut! Aber zum Lesen hast Du stets Gelegenheit, zum Hören nicht immer; überdies packt, wie man gewöhnlich sagt, das lebendige Wort viel mehr. Denn mag treffender sein, was man liest, tiefer in der Seele haftet doch, was Vortrag, Mienenspiel, Haltung und Gebärde des Redenden in sie senkt; oder wollen wir das bekannte Wort des Aeschines für unecht halten, der nach Verlesung einer Rede des Demosthenes vor den Rhodiern, die allgemeine Bewunderung erregte, gesagt haben soll: „Wie nun erst, wenn ihr das Biest selbst gehört hättet!" Und Aeschines selbst hatte doch, wenn wir Demosthenes glauben dürfen, eine volltönende

dimus, λαμπροφωνότατος. fatebatur tamen longe melius eadem illa pronuntiasse ipsum, qui pepererat.

Quae omnia huc tendunt, ut audias Isaeum, vel ideo 11 tantum, ut audieris.

Vale.

## III. V
### C. PLINIVS MACRO SVO S.

Pergratum est mihi, quod tam diligenter libros avuncu- 1 li mei lectitas, ut habere omnes velis quaerasque, qui sint omnes. fungar indicis partibus atque etiam, quo sint ordi- 2 ne scripti, notum tibi faciam; est enim haec quoque studiosis non iniucunda cognitio.

DE IACVLATIONE EQVESTRI VNVS; hunc, cum praefectus 3 alae militaret, pari ingenio curaque composuit.

DE VITA POMPONI SECVNDI DVO; a quo singulariter amatus hoc memoriae amici quasi debitum munus exsolvit.

BELLORVM GERMANIAE VIGINTI; quibus omnia quae 4 cum Germanis gessimus bella collegit. incohavit, cum in Germania militaret, somnio monitus: adstitit ei quiescenti Drusi Neronis effigies, qui Germaniae latissime victor ibi periit; commendabat memoriam suam orabatque, ut se ab iniuria oblivionis adsereret.

STVDIOSI TRES, in sex volumina propter amplitudinem 5 divisi, quibus oratorem ab incunabulis instituit et perficit.

DVBII SERMONIS OCTO; scripsit sub Nerone novissimis annis, cum omne studiorum genus paulo liberius et erectius periculosum servitus fecisset.

A FINE AVFIDI BASSI TRIGINTA VNVS. 6

NATVRAE HISTORIARVM TRIGINTA SEPTEM, opus diffusum, eruditum nec minus varium quam ipsa natura.

Stimme. Trotzdem gab er zu, daß die Rede weit besser von ihrem Schöpfer vorgetragen worden sei.

Dies alles bezweckt nur eins: daß Du Isaeus hören mußt, und sei's nur, damit Du ihn gehört hast!

Leb' wohl!

### 3, 5
### C. Plinius grüßt seinen Macer

Das freut mich riesig! Du studierst die Bücher meines Onkels so gründlich, daß Du alle haben möchtest, und fragst, was er denn alles geschrieben habe. Ich werde also die Rolle des Bibliographen übernehmen und Dir auch gleich angeben, in welcher Reihenfolge sie verfaßt sind; denn auch das zu wissen, ist für eifrige Leser nicht uninteressant.

1. *Das Speerwerfen vom Pferd aus in einem Buch.* Dies hat er mit gleich viel Talent wie Sorgfalt verfaßt, als er als Schwadronschef diente.
2. *Biographie des Pomponius Secundus in zwei Büchern.* Der Mann schätzte ihn außerordentlich, und er widmete dieses Werk dem Andenken des Freundes gleichsam als Huldigung, zu der er sich verpflichtet sah.
3. *Kriege in Germanien in zwanzig Büchern.* In diesen hat er alle Kriege zusammengestellt, die wir mit den Germanen geführt haben. Er begann damit, als er in Germanien Kriegsdienste leistete, durch einen Traum gemahnt: im Schlaf trat das Bild des Drusus Nero, der nach Unterwerfung weiter Teile Germaniens dort ums Leben kam, zu ihm, legte ihm sein Andenken ans Herz und bat ihn, daß er ihn davor bewahre, zu Unrecht vergessen zu werden.
4. *Der Student in drei Büchern,* wegen des Umfangs auf sechs Rollen verteilt, in denen er den Redner von den Anfangsgründen an unterweist und zur Vollendung bringt.
5. *Acht Bücher zweifelhafte Sprachformen* schrieb er in den letzten Jahren unter Nero, als die Knechtschaft jede freiere und aufrechtere Art der wissenschaftlichen Betätigung gefährlich erscheinen ließ.
6. *Fortsetzung des Aufidius Bassus, einunddreißig Bücher.*
7. *Siebenunddreißig Bücher Naturgeschichte,* ein umfangreiches, gelehrtes Werk, nicht weniger abwechslungsreich als die Natur selbst.

Miraris, quod tot volumina multaque in his tam scru- 7
pulosa homo occupatus absolverit; magis miraberis, si
scieris illum aliquamdiu causas actitasse, decessisse anno
sexto et quinquagensimo, medium tempus distentum
impeditumque qua officiis maximis qua amicitia princi-
pum egisse. sed erat acre ingenium, incredibile studium, 8
summa vigilantia. lucubrare Vulcanalibus incipiebat, non
auspicandi causa, sed studendi, statim a nocte multa,
hieme vero ab hora septima vel, cum tardissime, octava,
saepe sexta; erat sane somni paratissimi, non numquam
etiam inter ipsa studia instantis et deserentis. ante lucem 9
ibat ad Vespasianum imperatorem, nam ille quoque noctibus utebatur, inde ad delegatum sibi officium. reversus
domum, quod reliquom temporis, studiis reddebat. post 10
cibum, saepe quem interdiu levem et facilem veterum
more sumebat, aestate, si quid otii, iacebat in sole, liber
legebatur, adnotabat excerpebatque. nihil enim legit,
quod non excerperet; dicere etiam solebat nullum esse
librum tam malum, ut non aliqua parte prodesset. post 11
solem plerumque frigida lavabatur, deinde gustabat dor-
miebatque minimum; mox quasi alio die studebat in cenae
tempus, super hanc liber legebatur, adnotabatur, et quidem cursim. memini quendam ex amicis, cum lector quae- 12
dam perperam pronuntiasset, revocasse et repeti coegisse;
huic avunculum meum dixisse: 'intellexeras nempe?'; cum
ille adnuisset: 'cur ergo revocabas? decem amplius versus
hac tua interpellatione perdidimus.' tanta erat parsimonia
temporis. surgebat aestate a cena luce, hieme intra primam 13
noctis et tamquam aliqua lege cogente.

Haec inter medios labores urbisque fremitum; in seces- 14
su solum balinei tempus studiis eximebatur; cum dico
balinei, de interioribus loquor; nam, dum destringitur ter-

## CHARAKTERBILDER

Du staunst gewiß, daß der vielbeschäftigte Mann so viele Bücher geschrieben und in ihnen so viele heikle Dinge behandelt hat, und wirst noch mehr staunen, wenn Du hörst, daß er eine Zeitlang auch Prozesse geführt hat, erst 55 Jahre alt gestorben ist und die ihm verbleibende Zeit teils durch dringende Amtsgeschäfte, teils durch die Freundschaft der Kaiser völlig in Anspruch genommen wurde. Aber er war ein scharfsinniger Kopf, unglaublich interessiert und immer wach. Von den Vulcanalien an begann er gleich tief in der Nacht bei Licht zu arbeiten, nicht um der guten Vorbedeutung willen, sondern um wissenschaftlich zu arbeiten, im Winter um die siebente oder spätestens achte, oft auch schon um die sechste Nachtstunde; schlafen konnte er freilich zu jeder Zeit; der Schlaf überkam und verließ ihn bisweilen sogar beim Studieren. Vor Tagesanbruch ging er zum Kaiser Vespasian, denn auch der war ein Nachtarbeiter, von da zu dem ihm aufgetragenen Dienst. Nachdem er nach Hause zurückgekehrt war, befaßte er sich die restliche Zeit mit den Studien. Nach dem Essen – er aß nach der Sitte der Alten mehrmals am Tage leichte, bekömmliche Kost – legte er sich im Sommer, wenn er einen Augenblick Zeit hatte, in die Sonne, ließ sich etwas vorlesen, machte sich Notizen und Exzerpte. Denn er hat nichts gelesen, ohne es nicht auch zu exzerpieren; auch pflegte er zu sagen, kein Buch sei so schlecht, daß es nicht irgendwie Nutzen brächte. Nach dem Sonnenbad folgte meist ein kaltes Bad; darauf nahm er einen Imbiß und schlief dann ein wenig. Bald studierte er wieder, als hätte ein neuer Tag begonnen, bis zur Hauptmahlzeit. Bei Tisch wurde etwas vorgelesen und notiert, und zwar wie im Fluge. Ich entsinne mich noch, wie einmal einer seiner Freunde den Vorleser unterbrach, als dieser eine Stelle schlecht vorgetragen hatte, und verlangte, sie zu wiederholen, und wie mein Onkel zu ihm sagte: „Du hattest es doch verstanden, nicht wahr?", und als der nickte: „Warum unterbrichst du ihn dann? Mehr als zehn Zeilen haben wir durch diese Störung verloren!" So sparsam ging er mit der Zeit um! Im Sommer stand er noch bei Tage vom Tische auf, im Winter im Laufe der ersten Nachtstunde, wie unter dem Zwang eines Gesetzes.

So lebte er inmitten seiner dienstlichen Verpflichtungen im Trubel der Stadt; auf dem Lande ruhten die Studien nur während der Badezeit. Wenn ich sage „Badezeit", meine ich das eigentliche Bad, denn

giturque, audiebat aliquid aut dictabat. in itinere quasi 15
solutus ceteris curis huic uni vacabat; ad latus notarius
cum libro et pugillaribus, cuius manus hieme manicis
muniebantur, ut ne caeli quidem asperitas ullum studii
tempus eriperet; qua ex causa Romae quoque sella vehe-
batur. repeto me correptum ab eo, cur ambularem: 16
'poteras' inquit 'has horas non perdere;' nam perire omne
tempus arbitrabatur, quod studiis non impenderetur.

Hac intentione tot ista volumina peregit electorumque 17
commentarios centum sexaginta mihi reliquit, opistho-
graphos quidem et minutissimis scriptos; qua ratione
multiplicatur hic numerus. referebat ipse potuisse se, cum
procuraret in Hispania, vendere hos commentarios Lar-
cio Licino quadringentis milibus nummum, et tunc aliquanto pauciores erant.

Nonne videtur tibi recordanti, quantum legerit, quan- 18
tum scripserit, nec in officiis ullis nec in amicitia principis
fuisse, rursus, cum audis, quid studiis laboris impenderit,
nec scripsisse satis nec legisse? quid est enim, quod non
aut illae occupationes impedire aut haec instantia non
possit efficere? itaque soleo ridere, cum me quidam stu- 19
diosum vocant, qui, si comparer illi, sum desidiossimus.
ego autem tantum, quem partim publica, partim amicorum officia distringunt? quis ex istis, qui tota vita litteris
adsident, collatus illi non quasi somno et inertiae deditus
erubescat?

Extendi epistulam, quamvis hoc solum, quod require- 20
bas, scribere destinassem, quos libros reliquisset; confido
tamen haec quoque tibi non minus grata quam ipsos
libros futura, quae te non tantum ad legendos eos, verum
etiam ad simile aliquid elaborandum possunt aemulatio-
nis stimulis excitare.

Vale.

beim Frottieren und Abtrocknen ließ er sich vorlesen oder diktierte. Auf Reisen widmete er sich, sozusagen aller anderen Sorgen ledig, allein dieser Tätigkeit; ihm zur Seite mit Buch und Schreibtafel ein Stenograph, dessen Hände im Winter durch Handschuhe geschützt wurden, damit nicht einmal rauhes Wetter den Studien einen Augenblick entzöge; darum bediente er sich auch in Rom einer Sänfte. Ich muß noch daran denken, wie er mich zur Rede stellte, weshalb ich zu Fuß ginge. „Du hättest diese Stunden nicht zu verlieren brauchen", sagte er; er hielt nämlich jeden Augenblick für verloren, der nicht auf die Studien verwandt wurde.

Diese Anspannung befähigte ihn, die vielen Bände fertigzustellen und mir 160 Hefte mit Auszügen zu hinterlassen, und zwar zweiseitig ganz eng beschrieben, womit sich diese Zahl noch vervielfacht. Er selbst erzählte, diese Aufzeichnungen hätte er während seiner Verwaltungstätigkeit in Spanien für 400 000 Sestertien an Larcius Licinus verkaufen können, und damals waren es noch wesentlich weniger.

Wenn Du bedenkst, was alles er gelesen, was alles er geschrieben hat, erscheint es Dir dann nicht unglaubwürdig, daß er daneben noch Verpflichtungen hatte und mit dem Kaiser befreundet war? Und andererseits, wenn Du hörst, wieviel Mühe er auf seine Studien verwandt hat, hast Du dann nicht den Eindruck, als hätte er verhältnismäßig wenig geschrieben und gelesen? Denn was gibt es, was diese Verpflichtungen nicht verhindern oder diese Ausdauer nicht erreichen könnte? Darum muß ich immer lachen, wenn die Leute mich fleißig nennen, wo ich doch im Vergleich zu ihm ein rechter Faulpelz bin! Und etwa nur ich, den die Pflichten gegenüber dem Staat, gegenüber Freunden in Anspruch nehmen? Wer sein ganzes Leben nur hinter den Büchern sitzt, muß nicht auch der sich im Vergleich zu ihm errötend als träge Schlafmütze vorkommen?

Ich habe den Brief über Gebühr ausgedehnt, denn eigentlich wollte ich Dir nur Deine Frage beantworten, welche Schriften er hinterlassen habe; sicherlich wird Dir aber dies nicht weniger willkommen sein als die Schriften selbst und Dich nicht nur zu ihrer Lektüre anregen, sondern mit dem Stachel des Wetteifers spornen, etwas Ähnliches zu schaffen.

Leb' wohl!

## III. VII
## C. PLINIVS CANINIO SVO S.

Modo nuntiatus est Silius Italicus in Neapolitano suo 1
inedia finisse vitam; causa mortis valetudo. erat illi natus 2
insanabilis clavus, cuius taedio ad mortem inrevocabili
constantia decucurrit usque ad supremum diem beatus et
felix, nisi quod minorem ex liberis duobus amisit, sed
maiorem melioremque florentem atque etiam consularem
reliquit.

Laeserat famam suam sub Nerone (credebatur sponte 3
accusasse), sed in Vitelli amicitia sapienter se et comiter
gesserat, ex proconsulatu Asiae gloriam reportaverat,
maculam veteris industriae laudabili otio abluerat.

Fuit inter principes civitatis sine potentia, sine invidia; 4
salutabatur, colebatur multumque in lectulo iacens, cubiculo semper non ex fortuna frequenti, doctissimis sermonibus dies transigebat, cum a scribendo vacaret.

Scribebat carmina maiore cura quam ingenio, non num- 5
quam iudicia hominum recitationibus experiebatur.
novissime ita suadentibus annis ab urbe secessit seque in 6
Campania tenuit ac ne adventu quidem novi principis
inde commotus est. magna Caesaris laus, sub quo hoc 7
liberum fuit, magna illius, qui hac libertate ausus est uti.

Erat φιλόκαλος usque ad emacitatis reprehensionem.
plures isdem in locis villas possidebat adamatisque novis 8
priores neglegebat. multum ubique librorum, multum
statuarum, multum imaginum, quas non habebat modo,
verum etiam venerabatur, Vergili ante omnes, cuius natalem religiosius quam suum celebrabat, Neapoli maxime,
ubi monimentum eius adire ut templum solebat.

In hac tranquillitate annum quintum et septuagensi- 9

## 3, 7

C. Plinius grüßt seinen Caninius

Eben höre ich, daß Silius Italicus auf seinem Landgut bei Neapel durch Verweigerung der Nahrungsaufnahme seinem Leben ein Ende gemacht hat. Anlaß zu seinem Tode war sein Gesundheitszustand. Es hatte sich bei ihm ein unheilbares Geschwür gebildet, und aus Ekel darüber faßte er den unwiderruflichen Entschluß zu sterben, bis zum letzten Tage glücklich und zufrieden, nur daß er den jüngeren seiner beiden Söhne verloren hat; den älteren, besser veranlagten hinterläßt er in angesehener Stellung und bereits im Range eines Konsulats.

Unter Nero hatte er seinen Ruf geschädigt – man glaubte, er habe freiwillig Anklagen erhoben –, aber als Freund des Vitellius hatte er sich klug und liebenswürdig gegeben, aus der Statthalterschaft in Asien Anerkennung heimgebracht und den Makel seiner früheren Geschäftigkeit in ehrenwerter Zurückgezogenheit getilgt.

Er zählte zu den führenden Persönlichkeiten der Bürgerschaft, ohne Geltungsbedürfnis, ohne Neider; man wartete ihm auf, erwies ihm Achtung, und, viel zu Bette liegend, verbrachte er seine Tage in geistreichem Gespräch, wenn seine literarischen Arbeiten ihm Zeit dazu ließen, denn sein Schlafzimmer fand stets Besucher, die nicht aus materiellen Gründen kamen.

Er verfaßte Gedichte, mehr mit Fleiß als mit Talent; bisweilen stellte er sich in Rezitationen dem Urteil des Publikums. Zuletzt zog er sich, wozu ihm seine Jahre rieten, aus der Stadt zurück und lebte in Campanien, ließ sich nicht einmal durch das Eintreffen des neuen Prinzeps von dort wegbringen, ein Ruhmesblatt für den Kaiser, unter dem das freistand, ein Ruhmesblatt für ihn, der diese Freiheit auszunutzen wagte.

Er war ein Liebhaber alles Schönen, und seine Kauflust zog ihm manchen Tadel zu. Er hatte mehrere Landsitze in derselben Gegend, und wenn er die neuerworbenen liebgewonnen hatte, vernachlässigte er die früheren. Überall gab es viele Bücher, viele Statuen, viele Bilder, die er nicht nur besaß, sondern geradezu verehrte, vor allen anderen das des Vergil, dessen Geburtstag er feierlicher beging als seinen eigenen, meist in Neapel, wo er dessen Grabmal wie ein Heiligtum zu besuchen pflegte.

In dieser Beschaulichkeit gelangte er über das 75. Lebensjahr hin-

mum excessit delicato magis corpore quam infirmo, utque
novissimus a Nerone factus est consul, ita postremus ex
omnibus, quos Nero consules fecerat, decessit. illud etiam
notabile: ultimus ex Neronianis consularibus obiit, quo
consule Nero periit.

Quod me recordantem fragilitatis humanae miseratio
subit. quid enim tam circumcisum, tam breve quam hominis vita longissima? an non videtur tibi Nero modo modo
fuisse? cum interim ex his, qui sub illo gesserant consulatum, nemo iam superest. quamquam quid hoc miror?
nuper L. Piso, pater Pisonis illius, qui a Valerio Festo per
summum facinus in Africa occisus est, dicere solebat
neminem se videre in senatu, quem consul ipse sententiam
rogavisset. tam angustis terminis tantae multitudinis viva-
citas ipsa concluditur, ut mihi non venia solum dignae,
verum etiam laude videantur illae regiae lacrimae. nam
ferunt Xersen, cum immensum exercitum oculis obisset,
inlacrimasse, quod tot milibus tam brevis immineret occa-
sus.

Sed tanto magis hoc, quidquid est temporis futtilis et
caduci, si non datur factis (nam horum materia in aliena
manu), certe studiis proferamus et, quatenus nobis dene-
gatur diu vivere, relinquamus aliquid, quo nos vixisse
testemur!

Scio te stimulis non egere; me tamen tui caritas evocat,
ut currentem quoque instigem, sicut tu soles me. ἀγαθὴ
δ'ἔρις, cum in vicem se mutuis exhortationibus amici ad
amorem immortalitatis exacuunt.

Vale.

## IV. II
## C. PLINIVS CLEMENTI SVO S.

Regulus filium amisit, hoc uno malo indignus, quod
nescio an malum putet. erat puer acris ingenii, sed ambi-
gui, qui tamen posset recta sectari, si patrem non referret.

aus, mehr verzärtelt als altersschwach, und wie er der letzte von Nero eingesetzte Konsul war, so ist er auch als letzter von allen, die Nero zu Konsuln gemacht hatte, gestorben. Auch das ist bemerkenswert: als letzter der neronischen Konsulare verschied der Mann, unter dessen Konsulat Nero ums Leben kam.

Wenn ich das bedenke, überkommt mich Mitleid mit der menschlichen Hinfälligkeit. Wie beschränkt, wie kurz ist doch das längste menschliche Leben! Oder ist es Dir nicht, als ob Nero gerade eben erst gelebt hätte? Und doch ist inzwischen von denen, die unter ihm Konsuln waren, keiner mehr am Leben! Doch wieso wundere ich mich darüber? Kürzlich noch pflegte L. Piso, der Vater jenes Piso, der von Valerius Festus in scheußlichster Weise in Afrika ermordet wurde, zu sagen, er sehe niemanden mehr im Senat, den er selbst als Konsul zur Meinungsäußerung aufgefordert habe. In so enge Grenzen ist die Lebensdauer all der Menschen geschlossen, und somit erscheinen mir die berühmten Königstränen nicht nur verzeihlich, sondern gar lobenswert – wie man erzählt, soll Xerxes ja in Tränen ausgebrochen sein, als er sein riesiges Heer musterte, da den vielen Tausenden ein so baldiges Ende bevorstehe.

Um so mehr wollen wir diese kurze Spanne der flüchtigen Zeit, die uns beschieden ist, wenn sie nicht Großtaten gewidmet wird – die Gelegenheit dazu liegt ja nicht in unsrer Hand –, jedenfalls mit geistiger Arbeit verlängern, und weil uns nun einmal ein langes Leben versagt ist, etwas hinterlassen, das davon zeugt, daß wir gelebt haben.

Ich weiß, Du brauchst den Stachel nicht, aber mich ruft die Liebe zu Dir auf, Dich noch im Lauf anzuspornen, wie Du es mit mir zu tun pflegst. „Edel ist der Wettstreit", wenn Freunde sich durch gegenseitige Ermahnungen anspornen, nach Unsterblichkeit zu streben.

Leb' wohl!

4, 2
C. Plinius grüßt seinen Clemens

Regulus hat seinen Sohn verloren, das einzige Unglück, das er nicht verdient, wobei ich nicht weiß, ob er es für ein Unglück hält. Es war ein Knabe von lebhaftem, aber labilem Charakter, der immerhin hätte auf den rechten Weg kommen können, wenn er nicht nach sei-

hunc Regulus emancipavit, ut heres matris exsisteret; 2
mancipatum (ita volgo ex moribus hominis loquebantur)
foeda et insolita parentibus indulgentiae simulatione cap-
tabat. incredibile, sed Regulum cogita.

Amissum tamen luget insane. habebat puer mannulos 3
multos et iunctos et solutos, habebat canes maiores
minoresque, habebat luscinias, psittacos, merulas; omnis
Regulus circa rogum trucidavit. nec dolor erat ille, sed 4
ostentatio doloris. convenitur ad eum mira celebritate.
cuncti detestantur, oderunt et, quasi probent, quasi dili-
gant, cursant, frequentant, utque breviter, quod sentio,
enuntiem: in Regulo demerendo Regulum imitantur.

Tenet se trans Tiberim in hortis, in quibus latissimum 5
solum porticibus immensis, ripam statuis suis occupavit,
ut est in summa avaritia sumptuosus, in summa infamia
gloriosus. vexat ergo civitatem insaluberrimo tempore et, 6
quod vexat, solacium putat.

Dicit se velle ducere uxorem; hoc quoque, sicut alia,
perverse. audies brevi nuptias lugentis, nuptias senis; 7
quorum alterum immaturum, alterum serum est. unde 8
hoc augurer, quaeris? non quia adfirmat ipse, quo menda-
cius nihil est, sed quia certum est Regulum esse facturum,
quidquid fieri non oportet.
Vale.

## V. XVI
### C. PLINIVS MARCELLINO SVO S.

Tristissimus haec tibi scribo Fundani nostri filia mino- 1
re defuncta. qua puella nihil umquam festivius, amabilius
nec modo longiore vita, sed prope immortalitate dignius
vidi.

Nondum annos XIIII impleverat, et iam illi anilis pru- 2
dentia, matronalis gravitas erat et tamen suavitas puellaris

nem Vater geartet wäre. Regulus entließ ihn aus der väterlichen
Gewalt, damit er die Erbschaft seiner Mutter antreten könne; diesen
„Mancipatus" – so nannte man ihn allgemein entsprechend der Sinnesart des Mannes – suchte er durch Vorspiegelung gemeiner, eines
Vaters unwürdiger Nachgiebigkeit an sich zu fesseln. Unglaublich!
Aber es ist eben Regulus.

Jetzt jedoch, wo er tot ist, betrauert er ihn wie wahnsinnig. Der
Knabe besaß viele Ponys, zum Fahren und zum Reiten, besaß große
und kleine Hunde, besaß Nachtigallen, Papageien und Amseln. All
dies Getier ließ Regulus an seinem Scheiterhaufen abschlachten.
Aber das war keine echte Trauer, das war nur ein Zurschaustellen der
Trauer. Man staunt, wer alles ihn besucht. Jeder verflucht ihn, haßt
ihn, aber man rennt ihm die Türe ein, als achtete, als schätzte man
ihn, und – um mit einem Wort zu sagen, was ich davon denke – man
imitiert Regulus, indem man Regulus hofiert.

Er lebt in seinen Gärten jenseits des Tiber, in denen er weite
Flächen mit endlosen Säulenhallen, das Flußufer mit seinen eigenen
Standbildern bestückt hat, verschwenderisch wie er ist trotz schmutziger Habsucht und eingebildet trotz seiner grenzenlosen Verruchtheit. Er narrt also das Publikum zur ungesundesten Jahreszeit, und
daß er es narrt, erscheint ihm als Trost.

Er sagt, er wolle sich wieder verheiraten, auch dies ist, wie alles,
was er tut, pervers. Demnächst wirst Du von der Hochzeit eines
Trauernden, der Hochzeit eines Greises hören; das eine ist zu früh,
das andre zu spät. Du fragst, wie ich darauf komme? Nicht, weil er
selber es sagt, der Erzlügner, sondern weil es gewiß ist, daß Regulus
tut, was man anstandshalber nicht tut.

Leb' wohl!

## 5, 16

C. Plinius grüßt seinen Marcellinus

In tiefer Trauer schreibe ich Dir dies, denn die jüngste Tochter
unsres Fundanus ist gestorben. Nie habe ich etwas Reizenderes, Liebenswerteres gesehen als dieses Mädchen, das ein längeres Leben, ja
beinahe Unsterblichkeit verdient hätte.

Sie war noch nicht ganz 14 Jahre alt und besaß doch schon die
Klugheit einer alten Dame, die Würde einer reifen Frau und trotz-

cum virginali verecundia. ut illa patris cervicibus inhaere- 3
bat! ut nos amicos paternos et amanter et modeste complectebatur! ut nutrices, ut paedagogos, ut praeceptores pro suo quemque officio diligebat! quam studiose, quam intellegenter lectitabat! ut parce custoditeque ludebat!

Qua illa temperantia, qua patientia, qua etiam constantia novissimam valetudinem tulit! medicis obsequebatur, 4 sororem, patrem adhortabatur ipsamque se destitutam corporis viribus vigore animi sustinebat. duravit hic illi 5 usque ad extremum nec aut spatio valetudinis aut metu mortis infractus est, quo plures gravioresque nobis causas relinqueret et desiderii et doloris. o triste plane acerbumque funus! o morte ipsa mortis tempus indignius! iam 6 destinata erat egregio iuveni, iam electus nuptiarum dies, iam nos vocati. quod gaudium quo maerore mutatum est!

Non possum exprimere verbis, quantum animo vulnus 7 acceperim, cum audivi Fundanum ipsum, ut multa luctuosa dolor invenit, praecipientem, quod in vestes, margarita, gemmas fuerat erogaturus, hoc in tus et unguenta et odores impenderetur. est quidem ille eruditus et sapi- 8 ens, ut qui se ab ineunte aetate altioribus studiis artibusque dediderit; sed nunc omnia, quae audiit saepe, quae dixit, aspernatur expulsisque virtutibus aliis pietatis est totus. ignosces, laudabis etiam, si cogitaveris, quid amise- 9 rit. amisit enim filiam, quae non minus mores eius quam os vultumque referebat totumque patrem mira similitudine exscripserat.

Proinde, si quas ad eum de dolore tam iusto litteras mit- 10
tes, memento adhibere solacium non quasi castigatorium et nimis forte, sed molle et humanum. quod ut facilius admittat, multum faciet medii temporis spatium. ut enim 11 crudum adhuc vulnus medentium manus reformidat,

dem mädchenhaften Charme verbunden mit jungfräulicher Scheu. Wie hing sie am Halse ihres Vaters! Wie lieb und sittsam umarmte sie uns, die väterlichen Freunde! Wie achtete sie ihre Ammen, ihre Erzieher, ihre Lehrer, jeden entsprechend seiner Stellung! Wie eifrig, wie verständnisvoll las sie, wie maßvoll und gelassen spielte sie!

Wie gleichmütig, wie geduldig, wie standhaft ertrug sie ihre Krankheit! Sie gehorchte den Ärzten, sprach ihrer Schwester, ihrem Vater Mut zu, hielt sich selbst, von den Kräften des Körpers verlassen, durch die Spannung des Geistes aufrecht. Und diese Spannkraft blieb ihr bis zuletzt erhalten, wurde auch nicht durch die lange Dauer ihrer Krankheit oder Furcht vor dem Tode gebrochen, womit sie uns noch mehr und schwerer wiegende Gründe hinterließ, sie zu vermissen und zu betrauern. Welch ein trostloser, herber Todesfall, betrüblicher noch der Zeitpunkt ihres Todes als der Tod selbst. Schon war sie mit einem tüchtigen Manne verlobt, schon der Tag der Hochzeit festgesetzt, wir schon eingeladen; diese Freude, in welch tiefen Schmerz hat sie sich verwandelt!

Ich kann nicht in Worte fassen, wie tief in der Seele ich mich getroffen fühlte, als ich hörte, wie Fundanus selbst den Auftrag gab – der Schmerz treibt ja viele, bedauernswerte Blüten –, was er für Kleider, Perlen und Edelsteine hatte ausgeben wollen, sollte jetzt für Weihrauch, Salben und Räucherwerk verwendet werden. Er ist sonst ein aufgeklärter, vernünftiger Mann – hat er sich doch von Jugend auf den edleren Künsten und Wissenschaften gewidmet –, aber jetzt weist er alles oft Gehörte und Gesagte von sich, schlägt alle andern Tugenden in den Wind und gibt sich ganz der Kindesliebe hin. Du wirst es ihm nicht verargen, wirst auch Verständnis dafür haben, wenn Du bedenkst, was er verloren hat. Er hat eine Tochter verloren, die charakterlich nicht weniger als in Gesichtszügen und Mienenspiel sein Ebenbild war und dem Vater in jeder Beziehung erstaunlich ähnelte.

Wenn Du also wegen seiner nur zu verständlichen Trauer an ihn schreibst, dann gib acht, daß Dein Trost nicht gleichsam zurechtweisend und allzu forsch erscheint, sondern zart und freundlich. Daß das leichter bei ihm Eingang findet, dazu wird die inzwischen verstrichene Zeit das Beste tun. Denn wie eine noch frische Wunde vor der Hand des Arztes schaudert, dann sie sich gefallen läßt und sogar

deinde patitur atque ultro requirit, sic recens animi dolor consolationes reicit ac refugit, mox desiderat et clementer admotis adquiescit.

Vale.

## VII. XIX
## C. PLINIVS PRISCO SVO S.

Angit me Fanniae valetudo. contraxit hanc, dum adsi- 1
det Iuniae virgini, sponte primum (est enim adfinis), deinde etiam ex auctoritate pontificum. nam virgines, cum vi 2
morbi atrio Vestae coguntur excedere, matronarum curae custodiaeque mandantur. quo munere Fannia dum sedulo fungitur, hoc discrimine implicita est. insident febres, 3
tussis increscit, summa macies, summa defectio; animus tantum et spiritus viget Helvidio marito, Thrasea patre dignissimus, reliqua labuntur meque non metu tantum, verum etiam dolore conficiunt. doleo enim feminam 4
maximam eripi oculis civitatis nescio an aliquid simile visuris.

Quae castitas illi, quae sanctitas, quanta gravitas, quanta constantia! bis maritum secuta in exilium est, tertio ipsa 5
propter maritum relegata. nam, cum Senecio reus esset, quod de vita Helvidi libros composuisset, rogatumque se a Fannia in defensione dixisset, quaerente minaciter Mettio Caro, an rogasset, respondit: 'rogavi'; an commentarios scripturo dedisset: 'dedi'; an sciente matre: 'nesciente'; postremo nullam vocem cedentem periculo emisit. quin etiam illos ipsos libros, quamquam ex necessitate et 6
metu temporum abolitos senatus consulto, publicatis bonis servavit, habuit tulitque in exilium exilii causam.

Eadem quam iucunda, quam comis, quam denique, 7
quod paucis datum est, non minus amabilis quam veneranda! eritne, quam postea uxoribus nostris ostentare

nach ihr verlangt, so weist frischer Seelenschmerz alle Tröstungen zunächst weit von sich, bald aber sehnt er sie herbei und beruhigt sich, wenn sie sanft an ihn herangetragen werden.
Leb' wohl!

7, 19
C. Plinius grüßt seinen Priscus

Mir macht Fannias Leiden Sorge. Sie hat es sich zugezogen, während sie die Vestalin Iunia zunächst freiwillig – sie ist ihre Schwägerin –, hernach auf Veranlassung der Priester pflegte. Wenn nämlich die Vestalinnen sich gezwungen sehen, wegen ernstlicher Erkrankung das Atrium der Vesta zu verlassen, werden sie der Pflege und Obhut ehrbarer Frauen anvertraut. Während sich nun Fannia eifrig diesem Dienste widmete, hat sie sich die gefährliche Krankheit zugezogen. Das Fieber hält an, die Hustenanfälle nehmen zu, starke Abmagerung, völliger Kräfteverfall; nur Geist und Seele sind stark, wie es ihres Gatten Helvidius, ihres Vaters Thrasea würdig ist, alles übrige schwindet dahin und erfüllt mich mit Unruhe, ja, auch mit Schmerz. Es schmerzt mich, daß diese bedeutende Frau den Augen unserer Mitbürger entrückt wird, die vielleicht nie wieder etwas Ähnliches sehen werden.

Wie keusch ist diese Frau, wie unantastbar, wie ehrwürdig, wie standhaft! Zweimal folgte sie ihrem Gatten in die Verbannung, ein drittes Mal wurde sie selbst um ihres Gatten willen relegiert. Denn als Senecio angeklagt war, weil er eine Lebensbeschreibung des Helvidius verfaßt hatte, und bei seiner Verteidigung erklärte, Fannia habe ihn darum gebeten, antwortete sie auf die drohende Frage des Mettius Carus, ob es sich so verhalte, „Ja", ob sie ihm Material für seine Schrift zur Verfügung gestellt habe, „Ja", ob mit Wissen ihrer Mutter, „Nein". Kurz, kein Wort kam über ihre Lippen, das sich der Gefahr beugte. Ja, obwohl jene Schrift unter dem Zwang und Terror der Zeiten durch Senatsbeschluß unterdrückt worden war, rettete sie das Manuskript bei der Konfiszierung ihres Eigentums, behielt es und nahm den Anlaß ihrer Verbannung mit in die Verbannung.

Wie heiter war sie doch, wie freundlich, kurz, was nur wenigen gegeben ist, nicht weniger liebenswert als verehrungswürdig! Wird es fortan einen Menschen geben, auf den wir unsere Frauen als leuch-

possimus? erit, a qua viri quoque fortitudinis exempla sumamus, quam sic cernentes audientesque miremur ut illas, quae leguntur? ac mihi domus ipsa nutare convulsaque sedibus suis ruitura supra videtur, licet adhuc posteros habeat. quantis enim virtutibus quantisque factis adsequentur, ut haec non novissima occiderit?

Me quidem illud etiam adfligit et torquet, quod matrem eius, illam (nihil possum inlustrius dicere) tantae feminae matrem, rursus videor amittere, quam haec, ut reddit ac refert nobis, sic auferet secum meque et novo pariter et rescisso vulnere adficiet. utramque colui, utramque dilexi; utram magis, nescio, nec discerni volebant. habuerunt officia mea in secundis, habuerunt in adversis. ego solacium relegatarum, ego ultor reversarum; non feci tamen paria atque eo magis hanc cupio servari, ut mihi solvendi tempora supersint.

In his eram curis, cum scriberem ad te; quas si deus aliquis in gaudium verterit, de metu non querar.

Vale.

## VII. XXV
### C. PLINIVS RVFO SVO S.

O quantum eruditorum aut modestia ipsorum aut quies operit ac subtrahit famae! at nos eos tantum dicturi aliquid aut lecturi timemus, qui studia sua proferunt, cum illi, qui tacent, hoc amplius praestent, quod maximum opus silentio reverentur. expertus scribo, quod scribo.

Terentius Iunior, equestribus militiis atque etiam procuratione Narbonensis provinciae integerrime functus, recepit se in agros suos paratisque honoribus tranquillis-

tendes Vorbild hinweisen können? Eine Frau, die auch wir Männer uns zum Muster der Tapferkeit nehmen könnten? Die wir mit Auge und Ohr bewundern könnten wie jene großen Frauengestalten, von denen die Geschichte erzählt? Mir scheint selbst ihr Haus zu wanken und in seinen Grundfesten erschüttert über ihr einstürzen zu wollen, mag sie bisher auch noch Nachkommen haben. Denn mit welchen Tugenden, welchen Taten werden sie erreichen, daß sie nicht als die letzte ihres Geschlechts stirbt!

Mich persönlich schmerzt und quält auch das Gefühl, daß ich ihre Mutter, die Mutter einer solchen Frau – Schöneres vermag ich von ihr nicht zu sagen – noch einmal zu verlieren glaube, die sie uns jetzt ersetzt und wiederschenkt, die sie mit sich entführen und damit mir eine neue Wunde schlagen und die alte wieder aufreißen wird. Beide habe ich verehrt, beide geliebt, welche von beiden mehr, weiß ich nicht, und sie selbst wünschten auch keinen Unterschied gemacht zu haben. Ihnen galten meine Dienste in Glück und Unglück. Ich war der Tröster der Verbannten, der Rächer der Heimgekehrten, aber ich habe nicht genug getan, und um so mehr wünsche ich, daß Fannia am Leben bleibt, damit ich Zeit finde, meine Schuld abzutragen.

Diese Sorgen bedrücken mich, während ich an Dich schreibe; verwandelt Gott sie in Freuden, will ich die Angst gern ausgestanden haben.

Leb' wohl!

## 7, 25
### C. Plinius grüßt seinen Rufus

Wie viele Gelehrte versteckt doch ihre Bescheidenheit oder ihr eigenes Verlangen nach Ruhe und entzieht sie dem Ruhm! Wir aber fürchten, wenn wir das Wort nehmen oder etwas vortragen wollen, nur die, die ihre Bildung zur Schau stellen, während die andern, die schweigen, damit mehr leisten, daß sie durch ihr Schweigen einer bedeutsamen Tätigkeit ihre Ehrfurcht bezeugen. Was ich hier sage, beruht auf Erfahrung.

Terentius Iunior hat sich nach Ableistung seines Dienstes bei der Kavallerie, und nachdem er sich als Prokurator der Narbonensischen Provinz aufs redlichste bewährt hatte, auf seine Güter zurückgezogen und geruhsame Muße allen Ehrenstellen, die ihm offenstanden,

simum otium praetulit. hunc ego invitatus hospitio ut 3
bonum patrem familiae, ut diligentem agricolam intuebar,
de his locuturus, in quibus illum versari putabam; et coeperam, cum ille me doctissimo sermone revocavit ad studia. quam tersa omnia, quam Latina, quam Graeca! nam 4
tantum utraque lingua valet, ut ea magis videatur excelle-
re, qua cum maxime loquitur. quantum ille legit, quantum
tenet! Athenis vivere hominem, non in villa putes.

Quid multa? auxit sollicitudinem meam effecitque, ut 5
illis, quos doctissimos novi, non minus hos seductos et
quasi rusticos verear. idem suadeo tibi; sunt enim ut in 6
castris, sic etiam in litteris nostris plures cultu pagano,
quos cinctos et armatos, et quidem ardentissimo ingenio,
diligenter scrutatus invenies.

Vale.

## VIII. XXIII
## C. PLINIVS MARCELLINO SVO S.

Omnia mihi studia, omnes curas, omnia avocamenta 1
exemit, excussit, eripuit dolor, quem ex morte Iuni Aviti
gravissimum cepi. latum clavum in domo mea induerat, 2
suffragio meo adiutus in petendis honoribus fuerat, ad
hoc ita me diligebat, ita verebatur, ut me formatore
morum, me quasi magistro uteretur. rarum hoc in adules-
centibus nostris. nam quotus quisque vel aetati alterius vel 3
auctoritati ut minor cedit? statim sapiunt, statim sciunt
omnia, neminem verentur, imitantur neminem atque ipsi
sibi exempla sunt.

Sed non Avitus, cuius haec praecipua prudentia, quod
alios prudentiores arbitrabatur, haec praecipua eruditio,
quod discere volebat. semper ille aut de studiis aliquid aut 4
de officiis vitae consulebat, semper ita recedebat, ut melior factus, et erat factus vel eo, quod audierat, vel quod

vorgezogen. Als ich ihn auf seine Einladung hin besuchte, erwartete ich, in ihm einen biederen Hausvater, einen tüchtigen Landwirt zu finden, mit dem ich von Dingen sprechen wollte, die ihn meiner Meinung nach besonders interessieren mußten, und ich hatte schon damit begonnen, als er mich in hochgelehrtem Gespräch wieder auf die Studien brachte. Wie elegant war das alles, wie echt lateinisch, echt griechisch! Denn in beiden Sprachen ist er so firm, daß er sich vornehmlich in derjenigen auszuzeichnen schien, die er gerade anwendete. Was liest, was weiß er alles! Man könnte meinen, der Mann lebe in Athen und nicht auf dem Lande.

Kurz und gut, er hat mich nur noch befangener gemacht und bewirkt, daß ich diese zurückgezogen lebenden, in gewisser Weise bäuerlichen Menschen nicht weniger achte als die, die ich als hochgelehrt kenne. Das rate ich auch Dir, denn wie beim Militär, so gibt es auch in unsern Wissenschaften immer wieder Leute von bäuerlichprimitiver Lebensweise, die sich bei genauerem Hinsehen als Menschen mit feurigstem Geiste gestiefelt und gespornt entpuppen.

Leb' wohl!

8, 23

C. Plinius grüßt seinen Marcellinus

Alle Interessen, alle Sorgen, alle Zerstreuungen hat mir der tiefe Schmerz über den Tod des Iunius Avitus genommen, vertrieben, entrissen. In meinem Hause hatte er das Senatorenkleid angelegt, meine Stimme war es gewesen, die ihn förderte, als er sich um Ämter bewarb, und überdies schätzte und verehrte er mich so, daß er in mir den Bildner seines Charakters, gleichsam seinen Lehrer sah. Das ist eine Seltenheit bei der heutigen Jugend. Wie wenige fügen sich doch im Bewußtsein ihrer Unterlegenheit dem Alter oder der Autorität eines andern! Gleich sind sie klug, gleich wissen sie alles, respektieren niemanden, streben niemandem nach und sind sich selbst Vorbild.

Nicht so Avitus! Seine besondere Klugheit bestand darin, daß er andere für klüger hielt, seine besondere Bildung darin, daß er lernen wollte. Stets kam er mit Fragen über die Studien oder die Pflichten des Lebens, stets ging er mit dem Gefühl, gefördert worden zu sein; und so war es auch, entweder durch das, was er gehört hatte, oder

omnino quaesierat. quod ille obsequium Serviano, exac- 5
tissimo viro, praestitit! quem legatum tribunus ita et intel-
lexit et cepit, ut ex Germania in Pannoniam transeuntem
non ut commilito, sed ut comes adsectatorque sequeretur.
qua industria, qua modestia quaestor consulibus suis (et
plures habuit) non minus iucundus et gratus quam utilis
fuit! quo discursu, qua vigilantia hanc ipsam aedilitatem,
cui praereptus est, petiit! quod vel maxime dolorem meum
exulcerat. obversantur oculis cassi labores et infructuosae 6
preces et honor, quem meruit tantum; redit animo ille
latus clavus in penatibus meis sumptus, redeunt illa prima,
illa postrema suffragia mea, illi sermones, illae consulta-
tiones.

Adficior adulescentia ipsius, adficior necessitudinum 7
casu. erat illi grandis natu parens, erat uxor, quam ante
annum virginem acceperat, erat filia, quam paulo ante
sustulerat. tot spes, tot gaudia dies unus in adversa convertit. modo designatus aedilis, recens maritus, recens 8
pater intactum honorem, orbam matrem, viduam uxorem, filiam pupillam ignaram patris reliquit. accedit lacrimis meis, quod absens et impendentis mali nescius pariter
aegrum, pariter decessisse cognovi, ne gravissimo dolori
tempore consuescerem.

In tantis tormentis eram, cum scriberem haec, scribe- 9
rem sola; neque enim nunc aliud aut cogitare aut loqui
possum.
Vale.

schon dadurch, daß er überhaupt gefragt hatte. Welche Ehrerbietung erwies er einem so vollkommenen Manne wie Servianus! Als Tribun wußte er ihn als Legaten so zu verstehen und für sich einzunehmen, daß er ihm, als er aus Germanien nach Pannonien versetzt wurde, nicht einfach als Kamerad, sondern als persönlicher Adjutant und Gefolgsmann folgen durfte. Mit welcher Tatkraft, welcher Zurückhaltung wußte er sich als Quästor seinen Konsuln – und diente mehreren – nicht weniger liebenswert und angenehm als nützlich zu machen! Mit welcher Aktivität, welcher Wachsamkeit bewarb er sich jetzt um die Ädilität, die er nicht mehr antreten sollte! Das macht meinen Schmerz ganz besonders bitter. Vor Augen stehen mir seine vergeblichen Bemühungen, seine um den Erfolg gebrachten Bitten und das Amt, das er sich nur hat verdienen können; immer wieder muß ich an das Senatorenkleid denken, das er in meinem Hause angelegt hat, an mein erstes, mein letztes Eintreten für ihn, an all unsre Gespräche, unsre Beratungen.

Mich rührt seine eigene Jugend, rührt das Schicksal seiner Lieben. Er hatte eine hochbetagte Mutter, eine Frau, die er als junges Mädchen erst vor Jahresfrist heimgeführt hatte, eine Tochter, die ihm kurz vor seinem Tode geboren wurde. So viele Hoffnungen, so viele Freuden hat ein Tag ins Gegenteil verkehrt! Gerade eben zum Ädilen designiert, jung verheiratet, eben Vater geworden, mußte er das Amt, ohne es angetreten zu haben, die Mutter verwaist, die Gattin als Witwe, die Tochter als winziges Menschenkind, das seinen Vater nicht kennt, hinter sich lassen. Es vergrößert meine Trauer, daß ich fern war, nichts ahnte von dem bevorstehenden Unglück und dann gleichzeitig erfuhr, daß er erkrankt und gestorben sei, ohne Zeit zu finden, mich mit dem Gedanken an diesen schweren Schlag vertraut zu machen.

In solchem Kummer schrieb ich Dir dies und nur dies, denn anderes vermag ich jetzt weder zu denken noch zu sagen.

Leb' wohl!

## I. VI
## C. PLINIVS TACITO SVO S.

Ridebis, et licet rideas. ego ille, quem nosti, apros tres et 1
quidem pulcherrimos cepi. 'ipse?' inquis. ipse, non tamen
ut omnino ab inertia mea et quiete discederem. ad retia
sedebam; erat in proximo non venabulum aut lancea, sed
stilus et pugillares; meditabar aliquid enotabamque, ut, si
manus vacuas, plenas tamen ceras reportarem.

Non est, quod contemnas hoc studendi genus; mirum 2
est, ut animus agitatione motuque corporis excitetur; iam
undique silvae et solitudo ipsumque illud silentium, quod
venationi datur, magna cogitationis incitamenta sunt.

Proinde, cum venabere, licebit auctore me ut panarium 3
et lagunculam sic etiam pugillares feras; experieris non
Dianam magis montibus quam Minervam inerrare.

Vale.

## V. XVIII
## C. PLINIVS MACRO SVO S.

Bene est mihi, quia tibi bene est. habes uxorem tecum, 1
habes filium; frueris mari, fontibus, viridibus, agro, villa
amoenissima. neque enim dubito esse amoenissimam, in
qua se composuerat homo felicior, ante quam felicissimus
fieret.

Ego in Tuscis et venor et studeo, quae interdum alter- 2
nis, interdum simul facio; nec tamen adhuc possum pro-
nuntiare, utrum sit difficilius capere aliquid an scribere.

Vale.

# 4. LITERATUR UND LEBEN

### 1, 6
### Plinius grüßt seinen Tacitus

Du wirst lachen, und Du kannst auch lachen. Ich, Plinius, den Du kennst, habe drei und zwar ganz prächtige Eber gefangen. „Selbst?" fragst Du. Ja, selbst, doch ohne dabei auf meine Bequemlichkeit und Ruhe ganz zu verzichten. Ich saß bei den Jagdnetzen; in nächster Nähe lag weder ein Spieß noch eine Lanze, sondern nur der Griffel und die Schreibtafel; ich ließ mir etwas im Kopf herumgehen und schrieb es auf, um, wenn schon mit leeren Händen, so doch wenigstens mit gefüllter Schreibtafel nach Hause zu kommen.

Es besteht kein Grund, daß man diese Form geistiger Tätigkeit verachtet; es ist ein Wunder, wie der Geist durch die körperliche Bewegung und Anstrengung angeregt wird. Außerdem die Wälder überall und die Einsamkeit und überhaupt die vollkommene Stille, die bei der Jagd erforderlich ist – sie regen sehr zum Nachdenken an.

Wenn Du einmal wieder auf die Jagd gehen wirst, dann kannst Du Dich also auf mich berufen und außer einem Brotbeutel und einer Flasche auch eine Schreibtafel mitnehmen; Du wirst erfahren, daß Minerva nicht weniger auf den Bergen umherschweift als Diana.

Leb' wohl!

### 5, 18
### C. Plinius grüßt seinen Macer

Es geht mir gut, weil es Dir gut geht. Du hast Deine Gattin bei Dir, Deinen Sohn, genießt das Meer, die Quellen, die Wiesen, den Acker, Dein reizendes Landhaus. Denn zweifellos ist es reizend, wo sich in ihm ein recht glücklicher Mensch eingerichtet hatte, bevor er vollkommen glücklich wurde.

Ich jage und studiere bei den Tuscern, manchmal abwechselnd, manchmal beides zugleich, und trotzdem kann ich bis jetzt noch nicht mit Bestimmtheit sagen, ob es schwieriger ist, etwas zu fangen oder zu schreiben.

Leb' wohl!

## VII. IX
## C. PLINIVS FVSCO SVO S.

Quaeris, quem ad modum in secessu, quo iam diu frue- 1
ris, putem te studere oportere.

Utile in primis, et multi praecipiunt, vel ex Graeco in 2
Latinum vel ex Latino vertere in Graecum; quo genere
exercitationis proprietas splendorque verborum, copia
figurarum, vis explicandi, praeterea imitatione opti-
morum similia inveniendi facultas paratur. simul, quae
legentem fefellissent, transferentem fugere non possunt.
intellegentia ex hoc et iudicium adquiritur.

Nihil offuerit, quae legeris hactenus, ut rem argumen- 3
tumque teneas, quasi aemulum scribere lectisque conferre ac sedulo pensitare, quid tu, quid ille commodius.
magna gratulatio, si non nulla tu, magnus pudor, si cuncta ille melius. licebit interdum et notissima eligere et cer-
tare cum electis. audax haec, non tamen improba, quia 4
secreta contentio; quamquam multos videmus eius modi
certamina sibi cum multa laude sumpsisse, quosque subsequi satis habebant, dum non desperant, antecessisse.

Poteris et, quae dixeris, post oblivionem retractare, 5
multa retinere, plura transire, alia interscribere, alia rescribere. laboriosum istud et taedio plenum, sed difficultate 6
ipsa fructuosum, recalescere ex integro et resumere impe-
tum fractum omissumque, postremo nova velut membra
peracto corpori intexere nec tamen priora turbare.

Scio nunc tibi esse praecipuum studium orandi; sed non 7
ideo semper pugnacem hunc et quasi bellatorium stilum
suaserim. ut enim terrae variis mutatisque seminibus, ita
ingenia nostra nunc hac, nunc illa meditatione recoluntur.

7, 9
C. Plinius grüßt seinen Fuscus

Du fragst mich, wie Du wohl in der Abgeschiedenheit, die Du nun schon so lange genießt, Deine Studien betreiben solltest.

Als nützlich erweist sich vor allem, was viele empfehlen, aus dem Griechischen ins Lateinische oder aus dem Lateinischen ins Griechische zu übersetzen; man gewinnt durch diese Art von Übung einen persönlichen, ansprechenden Stil, Reichtum an Ausdrucksmöglichkeiten, die Fähigkeit zu klarer Darstellung, außerdem durch Nachahmung der Besten die Befähigung, etwas Ähnliches zu erfinden; auch kann einem beim Übersetzen nicht entgehen, was man beim Lesen etwa nicht beachtet hat. So kommt man allmählich zu Verständnis und Urteilsvermögen.

Es kann auch nichts schaden, wenn Du etwas, was Du nur soweit gelesen hast, daß Dir Thema und Grundgedanken gegenwärtig sind, gleichsam als Rivale des Autors schriftlich ausarbeitest, mit dem Gelesenen vergleichst und reiflich überlegst, was Du, was der andere besser getroffen hat. Groß ist das Vergnügen, wenn einiges bei Dir, groß die Beschämung, wenn alles bei ihm besser ist. Ab und zu kannst Du Dir auch landläufige Themen vornehmen und mit erlesenen Geistern wetteifern, ein kühnes, aber doch nicht vermessenes, weil geheimes Ringen; sehen wir doch, wie mancher sich mit größtem Erfolg auf solch einen Wettstreit eingelassen und seine Vorbilder, denen er ursprünglich nur nahekommen wollte, übertroffen hat, weil er an sich selbst nicht zweifelte.

Du kannst dir auch eine Rede, die Du beinahe schon vergessen hast, wieder vornehmen, kannst vieles stehen lassen, manches streichen, anderes einfügen, wieder anderes abändern. Das ist mühsam und langweilig, aber eben wegen seiner Schwierigkeit nutzbringend, sich aufs neue zu erwärmen, den gebrochenen, verebbten Schwung wiederzugewinnen, schließlich einem fertigen Leibe gleichsam neue Glieder anzufügen, ohne doch die vorhandenen zu stören.

Wie ich weiß, gilt augenblicklich Dein Hauptinteresse der Gerichtsrede, aber ich möchte deshalb doch nicht für immer zu diesem streitbaren, gleichsam kriegerischen Stil raten. Denn wie der Ackerboden abwechselnd mit verschiedenen Saaten bestellt wird, so muß auch unser Geist sich bald mit dieser, bald mit jener Art von

volo interdum aliquem ex historia locum apprehendas, 8
volo epistulam diligentius scribas. nam saepe in oratione
quoque non historica modo sed prope poetica descriptio-
num necessitas incidit, et pressus sermo purusque ex epistulis petitur.

Fas est et carmine remitti, non dico continuo et longo 9
(id enim perfici nisi in otio non potest), sed hoc arguto et
brevi, quod apte quantas libet occupationes curasque
distinguit. lusus vocantur; sed hi lusus non minorem 10
interdum gloriam quam seria consequuntur; atque adeo
(cur enim te ad versus non versibus adhorter?)

> ut laus est cerae, mollis cedensque sequatur 11
>    si doctos digitos iussaque fiat opus
> et nunc informet Martem castamve Minervam,
>    nunc Venerem effingat, nunc Veneris puerum,
> utque sacri fontes non sola incendia sistunt,
>    saepe etiam flores vernaque prata iuvant,
> sic hominum ingenium flecti ducique per artes
>    non rigidas docta mobilitate decet.

Itaque summi oratores, summi etiam viri sic se aut exer- 12
cebant aut delectabant, immo delectabant exercebantque.
nam mirum est, ut his opusculis animus intendatur, remit- 13
tatur. recipiunt enim amores, odia, iras, misericordiam,
urbanitatem, omnia denique, quae in vita atque etiam in
foro causisque versantur. inest his quoque eadem quae 14
aliis carminibus utilitas, quod metri necessitate devincti
soluta oratione laetamur et, quod facilius esse comparatio
ostendit, libentius scribimus.

Habes plura etiam fortasse, quam requirebas, unum 15
tamen omisi; non enim dixi, quae legenda arbitrarer,
quamquam dixi, cum dicerem, quae scribenda. tu memineris sui cuiusque generis auctores diligenter eligere!

Training befassen. Hin und wieder solltest Du einen Abschnitt aus der Geschichte vornehmen, solltest einen Brief recht sorgfältig entwerfen. Denn auch in der Gerichtsrede stellt sich häufig die Notwendigkeit einer historischen, ja, nahezu poetischen Darstellung ein, und einen knappen, natürlichen Stil lernt man beim Briefschreiben.

Auch mit einem Gedicht kann man sich entspannen, ich meine nicht ein ausführliches, langes – das bringt man nur in Mußestunden fertig –, sondern so ein witziges, kurzes, das alle noch so großen Sorgen und Belastungen angenehm unterbricht. „Spielereien" nennt man so etwas, aber solche Spielereien verschaffen einem zuweilen nicht weniger Anerkennung als Ernstes. Und darum – warum soll ich Dich nicht durch Verse zu Versen ermuntern? –:

> Wie zu loben das Wachs, das weich sich formet und fügsam,
>     Daß es in Künstlers Hand werde zum Werk, das er denkt,
> Bald als Mars erscheine und bald als keusche Minerva,
>     Als der Venus Bild oder Cupidos Gestalt;
> Wie der heilige Quell nicht nur die Flamme zu löschen,
>     Auch zu erfrischen dient Blumen und Auen im Lenz,
> Also geziemet dem Geist ein vielfach bewegliches Leben,
>     Wie es die heitere Kunst bildend und schaffend gewährt!

Deshalb haben die größten Redner und auch sonst bedeutende Männer sich auf diese Weise geübt oder vergnügt, oder vielmehr vergnügt und geübt. Denn es ist kaum zu glauben, wie der Geist sich bei derartigen Arbeiten stärkt und erholt. Sie nehmen Liebe, Haß, Zorn, Mitleid, Witz, kurz, einfach alles auf, was das tägliche Leben, ja auch, was Markt und Prozesse mit sich bringen. Auch bieten sie denselben Vorteil wie andere Gedichte, daß man sich hernach, vom Zwang des Metrums befreit, an der ungebundenen Rede freut und um so lieber schreibt, was, wie der Vergleich lehrt, leichter ist.

Da hast Du nun vielleicht sogar mehr, als Du verlangtest; aber eins habe ich noch vergessen: ich habe Dir noch nicht gesagt, was Du meiner Meinung nach lesen solltest. Und doch habe ich's Dir damit gesagt, daß ich Dir sagte, was Du schreiben solltest. Sei stets darauf bedacht, unter den Autoren je nach ihrer Eigenart eine sorgfältige

aiunt enim multum legendum esse, non multa. qui sint hi, 16
adeo notum probatumque est, ut demonstratione non
egeat; et alioqui tam immodice epistulam extendi, ut, dum
tibi, quem ad modum studere debeas, suadeo, studendi
tempus abstulerim. quin ergo pugillares resumis et aliquid
ex his vel istud ipsum, quod coeperas, scribis?

Vale.

## VII. XXIV
### C. PLINIVS GEMINO SVO S.

Ummidia Quadratilla paulo minus octogensimo aetatis 1
anno decessit, usque ad novissimam valetudinem viridis
atque etiam ultra matronalem modum compacto corpore
et robusto. decessit honestissimo testamento: reliquit 2
heredes ex besse nepotem, ex tertia parte neptem.

Neptem parum novi, nepotem familiarissime diligo,
adulescentem singularem nec his tantum, quos sanguine
attingit, inter propinquos amandum. ac primum conspi- 3
cuus forma omnis sermones malignorum et puer et iuvenis evasit; intra quartum et vicensimum annum maritus et,
si deus adnuisset, pater. vixit in contubernio aviae delica-
tae severissime et tamen obsequentissime.

Habebat illa pantomimos fovebatque effusius, quam 4
principi feminae convenit. hos Quadratus non in theatro,
non domi spectabat; nec illa exigebat. audivi ipsam, cum 5
mihi commendaret nepotis sui studia, solere se ut feminam in illo otio sexus laxare animum lusu calculorum,
solere spectare pantomimos suos; sed, cum factura esset
alterutrum, semper se nepoti suo praecepisse, abiret stu-
deretque; quod mihi non amore eius magis facere quam
reverentia videbatur.

Miraberis, et ego miratus sum: proximis sacerdotalibus 6
ludis productis in commissione pantomimis, cum simul

Auswahl zu treffen. Denn es heißt ja doch: „Lies viel, nicht vielerlei!" Wer diese Autoren sind, ist so bekannt und entschieden, daß es keines weiteren Hinweises bedarf; überhaupt habe ich meinen Brief so maßlos in die Länge gezogen, daß ich Dir mit meinen Ratschlägen, wie Du studieren solltest, die Zeit zum Studieren entzogen habe. Nimm also Deine Schreibtafel zur Hand und schreib etwas von dem, was ich Dir vorgeschlagen habe, oder setze fort, was Du bereits angefangen hast!
Leb' wohl!

7, 24
C. Plinius grüßt seinen Geminus

Ummidia Quadratilla ist im Alter von fast 80 Jahren gestorben, bis zu ihrer letzten Krankheit jugendlich und für eine alte Dame ungewöhnlich rüstig und robust. Sie hat ein Testament hinterlassen, das ihr alle Ehre macht: als Erben hat sie nur ihren Enkel zu zwei Dritteln, ihre Enkelin zu einem Drittel eingesetzt.

Die Enkelin kenne ich kaum; mit dem Enkel bin ich eng befreundet, ein außergewöhnlicher junger Mann, der es verdient, nicht nur von Menschen seines Blutes wie ein Verwandter geliebt zu werden. Fürs erste war er trotz seiner auffallenden Schönheit als Knabe wie auch als Mann nie übler Nachrede ausgesetzt; noch nicht ganz 24 Jahre alt, hat er geheiratet und wäre, hätte Gott es gewollt, jetzt Vater. Er ist im Hause seiner mondänen Großmutter aufgewachsen, überaus streng gehalten, und doch sehr fügsam.

Seine Großmutter hielt sich Pantomimen, die sie übertriebener verhätschelte, als es sich für eine Dame von Stand schickt. Quadratus bekam sie nie zu sehen, weder im Theater noch zu Hause; sie wünschte es auch gar nicht. Aus ihrem eigenen Munde hörte ich, als sie mir die Studien des jungen Mannes ans Herz legte, als Frau pflege sie sich die vielen Mußestunden ihres Geschlechts mit dem Brettspiel zu vertreiben oder sich von ihren Pantomimen etwas vorspielen zu lassen, aber wenn sie das eine oder das andere wolle, schicke sie stets ihren Enkel hinaus an seine Bücher, was sie wahrscheinlich weniger aus Liebe als aus Scheu vor seiner Jugend tat.

Du wirst erstaunt sein, und mir erging es nicht anders: Bei den letzten Priesterspielen waren Pantomimen zum Wettstreit angetre-

theatro ego et Quadratus egrederemur, ait mihi: 'scis me hodie primum vidisse saltantem aviae meae libertum?' hoc nepos. at hercule alienissimi homines in honorem 7 Quadratillae (pudet me dixisse honorem) per adulationis officium in theatrum cursitabant, exsultabant, plaudebant, mirabantur ac deinde singulos gestus dominae cum canticis reddebant; qui nunc exiguissima legata, theatralis operae corollarium, accipient ab herede, qui non spectabat.

Haec, quia soles, si quid incidit novi, non invitus audire; 8 deinde, quia iucundum est mihi, quod ceperam gaudium, scribendo retractare. gaudeo enim pietate defunctae, honore optimi iuvenis, laetor etiam, quod domus aliquando C. Cassi, huius qui Cassianae scholae princeps et parens fuit, serviet domino non minori. implebit enim illam 9 Quadratus meus et decebit rursusque ei pristinam dignitatem, celebritatem, gloriam reddet, cum tantus orator inde procedet, quantus iuris ille consultus.

Vale.

## VIII. IV
### C. PLINIVS CANINIO SVO S.

Optime facis, quod bellum Dacicum scribere paras. 1 nam quae tam recens, tam copiosa, tam lata, quae denique tam poetica et quamquam in verissimis rebus tam fabulosa materia? dices immissa terris nova flumina, novos pon- 2 tes fluminibus iniectos, insessa castris montium abrupta, pulsum regia, pulsum etiam vita regem nihil desperantem; super haec actos bis triumphos, quorum alter ex invicta gente primus, alter novissimus fuit.

ten. Als ich zusammen mit Quadratus das Theater verließ, sagte er zu mir: „Weißt du eigentlich, daß ich heute zum ersten Male den Freigelassenen meiner Großmutter habe tanzen sehen?" So der Enkel. Und dabei rannten doch weiß Gott wildfremde Menschen der Quadratilla zu Ehren – entschuldige, „zu Ehren" hätte ich nicht sagen sollen – aus purer Schmeichelei ins Theater, sprangen auf, klatschten, staunten und machten dann singend der Dame jede einzelne Geste noch einmal vor. Jetzt werden diese Leute ganz kümmerliche Legate als Honorar für ihre Mitwirkung im Theater erhalten – von dem Erben, der sie nicht zu sehen bekam.

Ich schreibe Dir dies, weil Du immer, wenn etwas Neues passiert, gern bereit bist, es zu hören, sodann auch, weil es mir Spaß macht, ein Vergnügen, das ich hatte, beim Schreiben noch einmal zu erleben. Ich freue mich nämlich über den Familiensinn der Toten, über die Berücksichtigung, die der junge Mann erfahren hat, freue mich besonders, daß das Haus des C. Cassius, des Begründers und Vaters der cassianischen Schule, endlich einmal wieder einem nicht geringeren Herrn dienen wird. Denn mein Quadratus wird es ausfüllen, wird ihm Ehre machen und ihm wieder die frühere Würde, den alten Glanz verleihen, da jetzt aus ihm ein ebenso großer Meister der Beredsamkeit hervorgehen wird, wie jener es auf dem Gebiete der Rechtswissenschaft gewesen ist.

Leb' wohl!

## 8, 4
### C. Plinius grüßt seinen Caninius

Ein glänzender Einfall, daß Du Dich daran machst, den Dakerkrieg zu beschreiben! Denn wo böte sich sonst ein so aktueller, so gehaltvoller, so umfassender, ja, auch so poetischer und bei aller Realität der Ereignisse so fabelhafter Stoff! Du wirst schildern, wie neue Flüsse über das Land geleitet, neue Brücken über die Flüsse geschlagen, schroffe Berghänge von Kastellen gekrönt wurden, wie ihr König, ohne je zu verzagen, aus seiner Burg verjagt und in den Tod getrieben wurde, überdies die zweimalige Feier eines Triumphs, von denen der eine der erste über das noch unbesiegte Volk, der andre der endgültige war.

Una, sed maxima difficultas, quod haec aequare dicen- 3
do arduum, immensum etiam tuo ingenio, quamquam
altissime adsurgat et amplissimis operibus increscat. non
nullus et in illo labor, ut barbara et fera nomina, in primis
regis ipsius, Graecis versibus non resultent. sed nihil est, 4
quod non arte curaque, si non potest vinci, mitigetur.
praeterea, si datur Homero et mollia vocabula et Graeca
ad levitatem versus contrahere, extendere, inflectere, cur
tibi similis audentia, praesertim non delicata, sed necessa- 5
ria, non detur? proinde iure vatum invocatis dis et inter
deos ipso, cuius res, opera, consilia dicturus es, immitte
rudentes, pande vela ac, si quando alias, toto ingenio
vehere! cur enim non ego quoque poetice cum poeta?

Illud iam nunc paciscor: prima quaeque ut absolveris, 6
mittito, immo etiam ante quam absolvas, sicut erunt
recentia et rudia et adhuc similia nascentibus! respondebis 7
non posse perinde carptim ut contexta, perinde incohata
placere ut effecta. scio; itaque et a me aestimabuntur ut
coepta, spectabuntur ut membra extremamque limam
tuam opperientur in scrinio nostro. patere hoc me super
cetera habere amoris tui pignus, ut ea quoque norim, quae
nosse neminem velles. in summa potero fortasse scripta 8
tua magis probare, laudare, quanto illa tardius cautiusque,
sed ipsum te magis amabo magisque laudabo, quanto cele-
rius et incautius miseris.

Vale.

## IX. VI
### C. PLINIVS CALVISIO SVO S.

Omne hoc tempus inter pugillares ac libellos iucundis- 1
sima quiete transmisi. 'quem ad modum' inquis 'in urbe
potuisti?' circenses erant, quo genere spectaculi ne levissi-

Nur eine, allerdings bedeutende Schwierigkeit ist dabei: dies alles angemessen zu schildern ist eine nicht ganz einfache, eine gewaltige Aufgabe selbst für ein Talent wie das Deinige, obwohl es sich hoch aufschwingt und an glänzenden Taten weiterwächst. Eine gewisse Schwierigkeit liegt auch darin, daß sich die wilden, barbarischen Namen, besonders der des Königs selbst, dem griechischen Versmaß nicht fügen. Aber es gibt ja nichts, was sich nicht durch Kunstfertigkeit und Fleiß wenn auch nicht aus der Welt schaffen, so doch mildern ließe. Wenn man es außerdem Homer gestattet, an sich mundgerechte, griechische Wörter zusammenzuziehen, zu zerdehnen, abzuwandeln, um den Vers flüssiger zu machen, warum sollte man Dir eine ähnliche, zumal nicht gesuchte, sondern unumgängliche Kühnheit verbieten? Deshalb rufe die Götter an, wie es Brauch der Dichter ist, und unter den Göttern ihn selbst, dessen Taten, Erfolge und Entwürfe Du schildern willst, lichte die Anker, spanne die Segel aus und stich, wenn überhaupt jemals, jetzt mit Deinem ganzen Talent in See – warum soll nicht auch ich einmal mit einem Poeten poetisch reden?

Eins bitte ich mir schon jetzt aus: immer, wenn Du etwas fertig hast, mußt Du es mir schicken, nein, schon ehe es ganz fertig ist, frisch, wie es ist, unbearbeitet, eben aus dem Ei geschlüpft. Du wirst mir entgegnen, Ausschnitte könnten nicht in gleicher Weise ansprechen wie das Ganze, eben Begonnenes nicht wie Fertiges. Ich weiß. Deshalb werden die Stücke auch von mir wie Anfänge gewürdigt, wie Einzelglieder betrachtet werden und in meinem Pult Deine letzte Feile erwarten. Laß mich darin neben allem anderen ein Unterpfand Deiner Liebe sehen, daß ich auch das kenne, was Du sonst niemandem zu kennen erlaubst. Kurz, ich werde Deine Produkte vielleicht mehr bewundern und preisen können, je säumiger und bedächtiger Du sie mir zustellst, Dich selbst aber werde ich mehr lieben und mehr loben, je schneller und argloser Du es tust.

Leb' wohl!

## 9, 6
### C. Plinius grüßt seinen Calvisius

Diese ganze Zeit habe ich in angenehmster Ruhe mit Schreibtafel und Büchern verbracht. Du sagst: „Wie war das möglich, in der Stadt?" – Es gab Zirkusspiele, und diese Art des Schauspiels hat für mich nicht

me quidem teneor. nihil novum, nihil varium, nihil, quod non semel spectasse sufficiat. quo magis miror tot milia 2 virorum tam pueriliter identidem cupere currentes equos, insistentes curribus homines videre. si tamen aut velocitate equorum aut hominum arte traherentur, esset ratio non nulla; nunc favent panno, pannum amant, et si in ipso cursu medioque certamine hic color illuc, ille huc transferatur, studium favorque transibit et repente agitatores illos, equos illos, quos procul noscitant, quorum clamitant nomina, relinquent. tanta gratia, tanta auctoritas in 3 una vilissima tunica, mitto apud vulgus, quod vilius tunica, sed apud quosdam graves homines; quos ego cum recordor in re inani, frigida, adsidua tam insatiabiliter desidere, capio aliquam voluptatem, quod hac voluptate non capior. ac per hos dies libentissime otium meum in litteris colloco, quos alii otiosissimis occupationibus perdunt. 4

Vale.

## IX. X
### C. PLINIVS TACITO SVO S.

Cupio praeceptis tuis parere. sed aprorum tanta penuria 1 est, ut Minervae et Dianae, quas ais pariter colendas, convenire non possit. itaque Minervae tantum serviendum 2 est, delicate tamen ut in secessu et aestate.

In via plane non nulla leviora statimque delenda ea garrulitate, qua sermones in vehiculo seruntur, extendi. his quaedam addidi in villa, cum aliud non liberet. itaque poemata quiescunt, quae tu inter nemora et lucos commodissime perfici putas. oratiunculam unam, alteram retractavi. quamquam id genus operis inamabile, inamoenum magis- 3 que laboribus ruris quam voluptatibus simile.

Vale.

den geringsten Reiz. Nichts Neues, keine Abwechslung, nichts, was einmal gesehen zu haben nicht genügte. Um so mehr wundert es mich, daß so viele Tausende so kindisch immer wieder rennende Pferde und auf den Rennwagen stehende Männer zu sehen verlangen. Wenn jedenfalls die Schnelligkeit der Pferde oder die Kunstfertigkeit der Lenker sie interessierte, wollte ich noch nichts sagen; jetzt aber beklatschen sie nur den Dreß, lieben nur den Dreß, und ließe man während des Laufs, mitten im Kampf, die Farben ihre Plätze tauschen, dann würde auch ihr Interesse und ihr Beifall den Platz wechseln und sich unversehens abwenden von jenen Lenkern, jenen Pferden, die sie schon von weitem kennen, die sie bei Namen rufen. Solchen Reiz, solche Wirkung hat ein einziges ausgesprochen dämliches Hemd – ich will nicht sagen: beim Pöbel, der noch dämlicher ist als das Hemd, aber bei manchen ernst zu nehmenden Männern. Wenn ich bedenke, daß sie bei einer so seichten, albernen, eintönigen Sache herumsitzen und nicht genug bekommen können, dann macht es mir doch einiges Vergnügen, daß das mir kein Vergnügen macht. Und so widme ich dieser Tage, die andere mit den unproduktivsten Beschäftigungen vertun, meine Muße herzlich gern den Wissenschaften.

Leb' wohl!

### 9, 10
### C. Plinius grüßt seinen Tacitus

Ich würde Dein Rezept gern befolgen, aber hier herrscht ein solcher Mangel an Keilern, daß sich Minerva und Diana, die man, wie Du sagst, gleichzeitig verehren sollte, nicht einigen können. Darum kann ich nur Minerva dienen, doch auch das mit Maßen, wie man es auf dem Lande und im Sommer halten soll.

Unterwegs habe ich ein paar belanglose Gedanken aufs Papier geworfen, die man gleich wieder auslöschen sollte, im Plauderton, wie Gespräche im Reisewagen so vonstatten gehen. Daheim habe ich dann einiges hinzugefügt, da ich zu nichts anderem Lust hatte. So ruhen denn die Gedichte, die Deiner Meinung nach in Wald und Flur am besten gedeihen. Ein und die andre Rede habe ich wieder vorgenommen, aber diese Art Tätigkeit ist unerfreulich, reizlos und ähnelt mehr den Leiden als den Freuden des Landlebens.

Leb' wohl!

## IX. XXII
## C. PLINIVS SEVERO SVO S.

Magna me sollicitudine adfecit Passenni Pauli valetudo 1
et quidem plurimis iustitissimisque de causis. vir est optimus, honestissimus, nostri amantissimus; praeterea in litteris veteres aemulatur, exprimit, reddit, Propertium in primis, a quo genus ducit, vera suboles eoque simillima illi, in quo ille praecipuus. si elegos eius in manus sumpseris, leges opus tersum, molle, iucundum et plane in Properti domo scriptum. nuper ad lyrica deflexit, in quibus ita Horatium, ut in illis illum alterum effingit; putes, si 2 quid in studiis cognatio valet, et huius propinquum. magna varietas, magna mobilitas; amat ut qui verissime, dolet ut qui impatientissime, laudat ut qui benignissime, ludit ut qui facetissime, omnia denique tamquam singula absolvit.

Pro hoc ego amico, pro hoc ingenio non minus aeger 3
animo quam corpore ille, tandem illum, tandem me recepi. gratulare mihi, gratulare etiam litteris ipsis, quae ex periculo eius tantum discrimen adierunt, quantum ex salute gloriae consequentur!
Vale.

## IX. XXIII
## C. PLINIVS MAXIMO SVO S.

Frequenter agenti mihi evenit, ut centumviri, cum diu 1
se intra iudicum auctoritatem gravitatemque tenuissent, omnes repente quasi victi coactique consurgerent laudarentque; frequenter e senatu famam, qualem maxime 2 optaveram, rettuli; numquam tamen maiorem cepi voluptatem quam nuper ex sermone Corneli Taciti.

Narrabat sedisse secum circensibus proximis equitem Romanum; hunc post varios eruditosque sermones requi-

9, 22
C. Plinius grüßt seinen Severus
Der Zustand des Passennus Paulus hat mich mit großer Sorge erfüllt, und zwar aus sehr vielen wirklich triftigen Gründen. Er ist ein sehr tüchtiger, hochgeachteter Mann und mir herzlich zugetan; außerdem nimmt er sich in der Literatur die Alten zum Vorbild, er ahmt sie nach und bringt sie uns wieder nahe, vor allem Properz, auf den er seine Abstammung zurückführt, sein echter Nachkomme und ihm ähnlich in allem, was seine besondere Stärke ist. Nimmst Du seine Elegien zur Hand, liest Du ein einwandfreies, zartes, anziehendes Werk, ganz als wäre es in der Werkstatt des Properz entstanden. Kürzlich hat er sich der Odendichtung zugewandt, und hier ahmt er Horaz nach wie dort den anderen; man könnte meinen, falls auch in der Poesie das Blut eine Rolle spielt, er sei auch mit ihm verwandt. Große Vielseitigkeit, große Lebendigkeit; in der Liebe ganz echt, ungeduldig im Schmerz, freigebig im Lob und im Scherz überaus geistvoll; kurz, alles bringt er in solcher Vollendung, als wäre jedes sein eigentliches Metier.

Um diesen Freund, dieses Talent litt ich seelisch nicht weniger als er körperlich; jetzt endlich habe ich ihn, habe ich mich wiedergefunden. Beglückwünsche mich, beglückwünsche auch die Literatur, die durch seine Krankheit augenscheinlich in Gefahr geraten ist, wie sie jetzt durch seine Genesung neuen Ruhm gewinnen wird!

Leb' wohl!

9, 23
C. Plinius grüßt seinen Maximus
Bei meinen Plädoyers ist es mir mehrfach passiert, daß die Zentumvirn, nachdem sie lange ihre richterliche Würde und Strenge bewahrt hatten, plötzlich alle gleichsam überwältigt und wie unter Zwang aufsprangen und mir Beifall spendeten; häufig genug habe ich aus dem Senat ein Renommee mit nach Hause genommen, wie ich es mir nicht besser wünschen konnte. Niemals hat mir jedoch etwas solches Vergnügen bereitet wie kürzlich ein Gespräch mit Cornelius Tacitus.

Er erzählte mir, bei den letzten Zirkusspielen habe ein römischer Ritter neben ihm gesessen. Der habe ihn nach einem Gespräch über

sisse: 'Italicus es an provincialis?' se respondisse: 'nosti me, et quidem ex studiis'; ad hoc illum: 'Tacitus es an Plinius?'

Exprimere non possum, quam sit iucundum mihi, quod 3 nomina nostra quasi litterarum propria, non hominum, litteris redduntur, quod uterque nostrum his etiam ex studiis notus, quibus aliter ignotus est.

Accidit aliud ante pauculos dies simile. recumbebat 4 mecum vir egregius, Fadius Rufinus, super eum municeps ipsius, qui illo die primum venerat in urbem; cui Rufinus demonstrans me: 'vides hunc?' multa deinde de studiis nostris, et ille 'Plinius est' inquit.

Verum fatebor, capio magnum laboris mei fructum. an, 5 si Demosthenes iure laetatus est, quod illum anus Attica ita noscitavit: οὗτός ἐστι Δημοσθένης, ego celebritate nominis mei gaudere non debeo? ego vero et gaudeo et gaudere me dico. neque enim vereor, ne iactantior videar, cum de 6 me aliorum iudicium, non meum profero, praesertim apud te, qui nec ullius invides laudibus et faves nostris.

Vale.

verschiedene wissenschaftliche Probleme gefragt: „Bist du aus Italien oder aus der Provinz?", und er habe geantwortet: „Du kennst mich, und zwar aus meinen wissenschaftlichen Arbeiten." Darauf der andere: „Bist du Tacitus oder Plinius?"

Ich kann Dir gar nicht sagen, wie mich das beglückt, daß unsere Namen, als gehörten sie der Literatur an, nicht uns Menschen, die Literatur schlechthin repräsentieren, weil wir beide durch unsere Arbeiten auch denen bekannt sind, die uns sonst nicht weiter kennen.

Etwas Ähnliches ist mir vor ein paar Tagen begegnet. Ich saß bei Tisch mit einem ausgezeichneten Manne zusammen, mit Fadius Rufinus, neben diesem ein Landsmann von ihm, der an jenem Tage zum ersten Male in die Stadt gekommen war. Zu dem sagte Rufinus, wobei er auf mich wies: „Kennst du den?", und erzählte dann allerlei von meinen literarischen Arbeiten. Darauf der andre: „Es ist Plinius!"

Ich gestehe offen, meine Arbeit trägt reiche Früchte. Wenn Demosthenes sich mit Recht freute, daß eine alte Athenerin ihn wiedererkannte mit den Worten: „Das ist Demosthenes", wie sollte ich mich da nicht über die Berühmtheit meines Namens freuen dürfen? Ja, ich freue mich und gebe es offen zu. Daß ich zu prahlerisch erscheine, brauche ich doch nicht zu befürchten, da ich mich auf das Urteil anderer, nicht auf mein eigenes berufe, und dies vor allem bei Dir, der Du niemanden um seinen Ruhm beneidest und mir den meinigen gern gönnst!

Leb' wohl!

## I. IX
## C. PLINIVS FVNDANO SVO S.

Mirum est, quam singulis diebus in urbe ratio aut constet aut constare videatur, pluribus iunctisque non constet; nam, si quem interroges: 'hodie quid egisti?', respondeat: 'officio togae virilis interfui, sponsalia aut nuptias frequentavi; ille me ad signandum testamentum, ille in advocationem, ille in consilium rogavit.' haec quo die feceris, necessaria, eadem, si cotidie fecisse te reputes, inania videntur, multo magis, cum secesseris. tunc enim subit recordatio: 'quot dies quam frigidis rebus absumpsi!'

Quod evenit mihi, postquam in Laurentino meo aut lego aliquid aut scribo aut etiam corpori vaco, cuius fulturis animus sustinetur. nihil audio, quod audisse, nihil dico, quod dixisse paeniteat; nemo apud me quemquam sinistris sermonibus carpit, neminem ipse reprehendo, nisi tamen me, cum parum commode scribo; nulla spe, nullo timore sollicitor, nullis rumoribus inquietor; mecum tantum et cum libellis loquor. o rectam sinceramque vitam, o dulce otium honestumque ac paene omni negotio pulchrius! o mare, o litus, verum secretumque μουσεῖον, quam multa invenitis, quam multa dictatis!

Proinde tu quoque strepitum istum inanemque discursum et multum ineptos labores, ut primum fuerit occasio, relinque teque studiis vel otio trade. satius est enim, ut

## 5. LEBENSQUALITÄT
## UND LEBENSSTIL

1, 9

Plinius grüßt seinen Fundanus

Es ist schon seltsam, wie für einzelne Tage in der Stadt die Rechnung stimmt oder zu stimmen scheint, für mehrere Tage zusammen aber nicht stimmt; denn wenn du jemanden fragtest: „Was hast du heute getan?", dann könnte er antworten: „Ich habe einer Mündigkeitserklärung beigewohnt, ich habe eine Verlobungs- oder Hochzeitsfeier besucht; jemand hat mich um Unterzeichnung eines Testaments, ein anderer um eine Verteidigung vor Gericht, ein dritter um ein Rechtsgutachten gebeten." Dies scheint an dem Tag, an dem du es getan hast, notwendig zu sein. Wenn man aber bedenkt, daß man dieselben Dinge jeden Tag getan hat, dann erweisen sie sich doch als sinnlos, vor allem wenn man sich in die Einsamkeit zurückgezogen hat. Dann wird dir nämlich unversehens bewußt: „Wie viele Tage habe ich mit so unbedeutenden Dingen vergeudet!"

Das passiert mir immer, wenn ich auf meinem Landgut bei Laurentum ein Buch lese, etwas schreibe oder Zeit habe für die Körperpflege, wodurch der Geist gesund bleibt. Nichts höre ich, was mir mißfällt, nichts sage ich, was mir später leid tut; niemand macht jemanden in meiner Anwesenheit mit widerwärtigen Worten nieder, ich mache niemandem Vorwürfe, höchstens mir selbst, wenn ich zu wenig angemessen schreibe; ich lasse mich durch keine Hoffnung, durch keine Angst aufregen, durch keine Gerüchte beunruhigen; ich rede nur mit mir und meinen Büchern. Wie echt und ungetrübt ist dieses Leben, wie süß und ehrenvoll ist diese Muße und fast noch schöner als jede Tätigkeit sonst! Ach, du, meine See, du, mein Strand, mein wahrer, heimlicher Ort der Musen, wie viele Gedanken laßt ihr mich finden, wie viele gebt ihr mir ein!

Deshalb laß auch du diesen Lärm, dieses sinnlose Hin- und Herlaufen, diese völlig überflüssigen Strapazen hinter dir, sobald sich die Gelegenheit ergibt, und gib dich deinen Studien oder der Freiheit von deinen Geschäften hin. Es ist nämlich besser, wie unser Atilius

Atilius noster eruditissime simul et facetissime dixit, otiosum esse quam nihil agere.

Vale.

## II. VI
### C. PLINIVS AVITO SVO S.

Longum est altius repetere, nec refert, quem ad modum 1 acciderit, ut homo minime familiaris cenarem apud quendam, ut sibi videbatur, lautum et diligentem, ut mihi, sordidum simul et sumptuosum. nam sibi et paucis opima 2 quaedam, ceteris vilia et minuta ponebat. vinum etiam parvolis lagunculis in tria genera discripserat, non ut potestas eligendi, sed ne ius esset recusandi, aliud sibi et nobis, aliud minoribus amicis (nam gradatim amicos habet), aliud suis nostrisque libertis.

Animadvertit, qui mihi proximus recumbebat, et, an 3 probarem, interrogavit; negavi. 'tu ergo' inquit 'quam consuetudinem sequeris?' – 'eadem omnibus pono; ad cenam enim, non ad notam invito cunctisque rebus exaequo, quos mensa et toro aequavi.' – 'etiamne libertos?' – 'etiam; convictores enim tunc, non libertos puto.' et ille: 4 'magno tibi constat.' – 'minime.' – 'qui fieri potest?' – 'quia scilicet liberti mei non idem quod ego bibunt, sed idem ego quod liberti.' et hercule, si gulae temperes, non 5 est onerosum, quo utaris ipse, communicare cum pluribus. illa ergo reprimenda, illa quasi in ordinem redigenda est, si sumptibus parcas, quibus aliquanto rectius tua continentia quam aliena contumelia consulas.

Quorsus haec? ne tibi, optimae indolis iuveni, quorun- 6 dam in mensa luxuria specie frugalitatis imponat. convenit autem amori in te meo, quotiens tale aliquid inciderit, sub exemplo praemonere, quid debeas fugere. igitur 7

ebenso ausgesprochen geistvoll wie wirklich witzig sagt, frei von Geschäften zu sein als nichts zu tun.
Leb' wohl!

2, 6
C. Plinius grüßt seinen Avitus

Es wäre umständlich, weiter auszuholen, und es ist auch gleichgültig, wie ich als ein ganz Fernstehender dazu gekommen bin, bei einem – wie er sich selbst einschätzte – sauberen, sparsamen, – wie mir schien – schmutzigen und dazu noch verschwenderischen Typen zu Gast zu sein. Denn sich und einigen wenigen setzte er allerlei Delikatessen vor, den übrigen billiges Zeug und in kleinen Portionen. Auch den Wein hatte er in kleinen Fläschchen in drei Sorten aufgetragen, nicht, damit man die Möglichkeit habe zu wählen, sondern damit man nicht ablehnen könne: eine für sich und uns, eine andere für die geringeren Freunde – er macht nämlich Rangunterschiede bei seinen Freundschaften –, eine dritte für seine und unsere Freigelassenen.

Mein Tischnachbar bemerkte das und fragte mich, ob ich das für richtig hielte. „Nein" sagte ich. – „Wie gehst du gewöhnlich damit um?" – „Ich setze allen dasselbe vor, denn zum Essen lade ich ein, nicht zum Mäkeln, und mit wem ich Tisch und Polster teile, den stelle ich in jeder Hinsicht mit mir auf die gleiche Stufe." – „Auch die Freigelassenen?" – „Ja, denn dann sehe ich in ihnen meine Gäste, nicht Freigelassene." – Darauf er: „Das kostet dich einiges!" – „Keineswegs." – „Wieso nicht?" – „Weil nicht meine Freigelassenen dasselbe trinken wie ich, sondern ich dasselbe wie sie." Und weiß Gott, wenn man seinen Gaumen zügelt, ist es nicht drückend, auch mit mehreren anderen zu teilen, was man sich gönnt. Den Gaumen also muß man zähmen, ihn gleichsam zur Ordnung rufen, wenn man sparsam wirtschaften will, und das erreicht man wesentlich einfacher durch eigenes Maßhalten als durch Zurücksetzung anderer.

Wozu dies alles? Damit Du, ein Mann mit den besten Anlagen, Dir nicht von dem Tafelluxus in gewissen Häusern unter dem Deckmantel der Wirtschaftlichkeit imponieren läßt. Und meine Liebe zu Dir gibt mir das Recht, sooft etwas derartiges geschieht, Dich an Hand eines Beispiels davor zu warnen, was Du fliehen mußt. Merk Dir

memento nihil magis esse vitandum quam istam luxuriae et sordium novam societatem; quae cum sint turpissima discreta ac separata, turpius iunguntur.

Vale.

## II. VIII
### C. PLINIVS CANINIO SVO S.

Studes an piscaris an venaris an simul omnia? possunt enim omnia simul fieri ad Larium nostrum. nam lacus piscem, feras silvae, quibus lacus cingitur, studia altissimus iste secessus adfatim suggerunt. sed sive omnia simul sive aliquid facis, non possum dicere 'invideo'; angor tamen non et mihi licere, quae sic concupisco ut aegri vinum, balinea, fontes. numquamne hos artissimos laqueos, si solvere negatur, abrumpam? numquam, puto. nam veteribus negotiis nova accrescunt, nec tamen priora peraguntur: tot nexibus, tot quasi catenis maius in dies occupationum agmen extenditur.

Vale.

## III. I
### C. PLINIVS CALVISIO SVO S.

Nescio, an ullum iucundius tempus exegerim, quam quo nuper apud Spurinnam fui, adeo quidem, ut neminem magis in senectute, si modo senescere datum est, aemulari velim; nihil est enim illo vitae genere distinctius.

Me autem ut certus siderum cursus ita vita hominum disposita delectat, senum praesertim. nam iuvenes confusa adhuc quaedam et quasi turbata non indecent, senibus placida omnia et ordinata conveniunt, quibus industria sera, turpis ambitio est.

also, daß man nichts mehr meiden muß als diese neumodische Verknüpfung von übertriebenem Luxus mit schmutzigem Geiz; beides ist häßlich, wenn es gesondert und getrennt auftritt, noch häßlicher, wenn es sich miteinander verbindet.

Leb' wohl!

2, 8

C. Plinius grüßt seinen Caninius

Studierst Du oder fischst Du oder jagst Du oder tust Du alles zugleich? Denn an unserem Larius-See kann man das alles ja zugleich. Der See liefert Fische, Wild die ihn umgebenden Wälder und Anreiz zum Studieren die tiefe Einsamkeit zur Genüge. Aber magst Du das alles zugleich tun oder nur eins, ich kann nicht sagen: „Ich mißgönne es dir"; doch ärgert es mich, daß nicht auch ich darf, wonach ich Verlangen habe wie ein Kranker nach Wein, Bad und Quellwasser. Werde ich nie diese einengenden Fesseln sprengen können, wenn es mir schon versagt ist, sie zu lösen? Wahrscheinlich nie. Denn zu den alten Verpflichtungen kommen ständig neue hinzu, und ich werde doch mit den bisherigen kaum fertig bei den vielen Verbindlichkeiten, den vielen Verkettungen, möchte ich sagen, die den Umfang meiner Aufgaben von Tag zu Tag weiter ausdehnen.

Leb' wohl!

3, 1

C. Plinius grüßt seinen Calvisius

Ich weiß nicht, ob ich jemals eine angenehmere Zeit verlebt habe als die, die ich kürzlich bei Spurinna verbrachte, so angenehm, daß ich im Alter – wenn es mir überhaupt vergönnt ist, alt zu werden – niemandem lieber nacheifern möchte; eine gründlicher geregelte Lebensweise läßt sich gar nicht denken.

Wie mich der unfehlbare Lauf der Gestirne fesselt, so auch ein wohlgeordnetes Menschenleben, besonders bei alten Leuten. Zur Jugend paßt noch Unordnung bis zu einem gewissen Grade und Durcheinander, möchte ich sagen, dem Alter entspricht alles, was Ruhe und Ordnung heißt; für Rastlosigkeit ist es zu spät, und Ehrgeiz wirkt abstoßend.

Hanc regulam Spurinna constantissime servat; quin 3
etiam parva haec, parva, si non cottidie fiant, ordine quodam et velut orbe circumagit. mane lectulo continetur, 4
hora secunda calceos poscit, ambulat milia passuum tria
nec minus animum quam corpus exercet. si adsunt amici,
honestissimi sermones explicantur, si non, liber legitur,
interdum etiam praesentibus amicis, si tamen illi non gravantur. deinde considit, et liber rursus aut sermo libro 5
potior; mox vehiculum ascendit, adsumit uxorem singularis exempli vel aliquem amicorum, ut me proxime. quam 6
pulchrum illud, quam dulce secretum! quantum ibi
antiquitatis! quae facta, quos viros audias! quibus praeceptis imbuare! quamvis ille hoc temperamentum modestiae suae indixerit, ne praecipere videatur. peractis sep- 7
tem milibus passuum iterum ambulat mille, iterum residit
vel se cubiculo ac stilo reddit. scribit enim, et quidem
utraque lingua, lyrica doctissime; mira illis dulcedo, mira
suavitas, mira hilaritas, cuius gratiam cumulat sanctitas
scribentis.

Ubi hora balinei nuntiata est (est autem hieme nona, 8
aestate octava), in sole, si caret vento, ambulat nudus.
deinde movetur pila vehementer et diu, nam hoc quoque
exercitationis genere pugnat cum senectute. lotus accubat
et paulisper cibum differt; interim audit legentem remissius aliquid et dulcius. per hoc omne tempus liberum est
amicis vel eadem facere vel alia, si malint.

Apponitur cena non minus nitida quam frugi in argen- 9
to puro et antiquo; sunt in usu et Corinthia, quibus delectatur nec adficitur. frequenter comoedis cena distinguitur,
ut voluptates quoque studiis condiantur. sumit aliquid de
nocte et aestate: nemini hoc longum est; tanta comitate
convivium trahitur. inde illi post septimum et septuagen- 10

Diesen Grundsatz wahrt Spurinna mit eiserner Konsequenz; selbst bei den Nichtigkeiten des Alltags, Nichtigkeiten, wenn sie sich nicht eben täglich einstellten, hält er sich an eine bestimmte Reihenfolge, eine Art Kreislauf. Frühmorgens hält ihn das Ruhebett fest, um die zweite Stunde ruft er nach seinen Schuhen, macht einen Spaziergang von drei Meilen und trainiert dabei seinen Geist nicht weniger als seinen Körper. Sind Freunde dabei, entwickeln sich anregende Gespräche, wenn nicht, läßt er sich etwas vorlesen, manchmal auch, wenn Freunde ihn begleiten, doch nur, wenn sie sich dadurch nicht gelangweilt fühlen. Dann läßt er sich nieder; wieder Lektüre oder, als besserer Ersatz, ein Gespräch; hernach steigt er in seinen Wagen, nimmt seine Gattin, eine vorbildliche Frau, oder einen seiner Freunde mit, wie kürzlich mich. Welch schöne, liebenswürdige Vertraulichkeit! Man fühlt sich in die gute alte Zeit versetzt. Was für Heldentaten, was für Männer kannst Du da kennenlernen! Mit welchen Lehren wirst Du vertraut gemacht! Obwohl er es sich in seiner Bescheidenheit zur Regel gesetzt hat, nie den Moralprediger herauszukehren. Nach sieben Meilen geht er wieder eine Meile zu Fuß, läßt sich wieder nieder oder kehrt in sein Zimmer zu seinem Griffel zurück. Er schreibt nämlich lyrische Gedichte, und zwar griechisch und lateinisch, durchaus kunstgerecht, seltsam anziehend, lieblich und munter, und diese Reize erhöht noch die Ehrwürdigkeit des Verfassers.

Ist ihm die Stunde des Bades gemeldet, im Winter um die neunte, im Sommer um die achte Stunde, geht er, wenn es windstill ist, unbekleidet in der Sonne spazieren. Dann schafft er sich Bewegung beim Ballspiel, eifrig und lange, denn auch mit dieser Art Training bekämpft er das Alter. Nach dem Bade ruht er und wartet noch ein wenig mit dem Essen; inzwischen läßt er sich etwas Leichteres, Eingängigeres vorlesen. Während dieser ganzen Zeit steht es seinen Freunden frei, dasselbe zu tun oder etwas anderes, wenn sie das lieber wollen.

Dann wird das Essen aufgetragen, ebenso nett wie einfach, in reinem, altem Silber; auch korinthisches Geschirr kommt auf den Tisch, an dem er ohne besondere Vorliebe seine Freude hat. Häufig bringt ein Schauspieler Abwechslung in das Menü, um den Appetit auch durch geistige Genüsse anzuregen. Man bleibt bis in die Nacht hinein zusammen, auch im Sommer; niemandem wird die Zeit lang, in so angeregter Stimmung zieht sich das Mahl hin. Daher denn auch im

simum annum aurium, oculorum vigor integer, inde agile et vividum corpus solaque ex senectute prudentia.

Hanc ego vitam voto et cogitatione praesumo, ingres- 11
surus avidissime, ut primum ratio aetatis receptui canere permiserit. interim mille laboribus conteror, quorum mihi et solacium et exemplum est idem Spurinna; nam ille quo- 12
que, quoad honestum fuit, obiit officia, gessit magistratus, provincias rexit multoque labore hoc otium meruit. igitur eundem mihi cursum, eundem terminum statuo idque iam nunc apud te subsigno, ut, si me longius evehi videris, in ius voces ad hanc epistulam meam et quiescere iubeas, cum inertiae crimen effugero.

Vale.

## VII. XXVI
### C. PLINIVS MAXIMO SVO S.

Nuper me cuiusdam amici languor admonuit optimos 1
esse nos, dum infirmi sumus. quem enim infirmum aut avaritia aut libido sollicitat? non amoribus servit, non 2
appetit honores, opes neglegit et quantulumcumque ut relicturus satis habet. tunc deos, tunc hominem esse se meminit, invidet nemini, neminem miratur, neminem despicit ac ne sermonibus quidem malignis aut attendit aut alitur; balinea imaginatur et fontes. haec summa cu- 3
rarum, summa votorum mollemque in posterum et pinguem, si contingat evadere, hoc est innoxiam beatamque destinat vitam.

Possum ergo, quod plurimis verbis, plurimis etiam 4
voluminibus philosophi docere conantur, ipse breviter tibi mihique praecipere, ut tales esse sani perseveremus, quales nos futuros profitemur infirmi.

Vale.

78. Lebensjahre die ungeschwächte Schärfe seines Gehörs und Gesichts, daher seine körperliche Gewandtheit und Lebendigkeit, und als einzige Alterserscheinung seine Weisheit.

Solch ein Leben wünsche ich mir schon jetzt in Gedanken und werde es begierig beginnen, sobald mein Alter zum Rückzug zu blasen erlaubt. Vorerst nutze ich mich in tausenderlei Mühen ab, wobei mir wieder Spurinna Trost und Leitbild ist; denn auch er hat, solange es die Ehre erforderte, Dienste geleistet, Ämter bekleidet, Provinzen verwaltet und durch Mühe und Arbeit sich diese Muße verdient. Darum nehme ich mir dieselbe Laufbahn vor, setze mir das gleiche Ziel und gebe Dir schon jetzt Brief und Siegel darauf, damit Du mich, falls Du siehst, daß ich über die Stränge schlage, auf Grund dieses Schreibens zur Verantwortung ziehst und mir auszuruhen befiehlst, wenn man mir nicht mehr den Vorwurf der Trägheit machen kann.

Leb' wohl!

7, 26
C. Plinius grüßt seinen Maximus

Kürzlich hat mich das Unwohlsein eines meiner Freunde auf den Gedanken gebracht, daß es uns eigentlich nie besser geht, als wenn wir krank sind. Denn wen plagt, wenn er krank ist, Habsucht oder Leidenschaft? Man ist nicht Sklave der Liebe, giert nicht nach Ehren, kümmert sich nicht ums Geld und ist mit ganz wenigem zufrieden in dem Gedanken, daß man es doch hinter sich lassen muß. Jetzt kommt einem zum Bewußtsein, daß es Götter gibt, daß man ein Mensch ist, und man beneidet niemanden, bewundert niemanden, läßt sich selbst durch üblen Klatsch nicht aufregen oder erheitern; man träumt nur von Bädern und Brunnenkuren. Darin erschöpfen sich alle Sorgen, alle Wünsche, das verheißt für die Zukunft, falls man mit dem Leben davonkommt, ein angenehmes, behagliches und das heißt: glückliches, unschuldiges Leben.

Was uns also die Philosophen mit sehr vielen Worten und in sehr vielen Schriften beizubringen suchen, das kann ich für Dich und mich in den kurzen Satz zusammenfassen: Wir müssen in gesunden Tagen so zu bleiben suchen, wie wir uns zu verhalten beabsichtigen, wenn wir krank sind.

Leb' wohl!

## IX. XXXII
## C. PLINIVS TITIANO SVO S.

Quid agis, quid acturus es? ipse vitam iucundissimam, id est otiosissimam vivo. quo fit, ut scribere longiores epistulas nolim, velim legere, illud tamquam delicatus, hoc tamquam otiosus. nihil est enim aut pigrius delicatis aut curiosius otiosis.

Vale.


## IX. XXXVI
## C. PLINIVS FVSCO SVO S.

Quaeris, quem ad modum in Tuscis diem aestate disponam. evigilo, cum libuit, plerumque circa horam primam, saepe ante, tardius raro. clausae fenestrae manent; mire enim silentio et tenebris ab iis, quae avocant, abductus et liber et mihi relictus non oculos animo, sed animum oculis sequor, qui eadem quae mens vident, quotiens non vident alia. cogito, si quid in manibus, cogito ad verbum scribenti emendantique similis, nunc pauciora, nunc plura, ut vel difficile vel facile componi tenerive potuerunt. notarium voco et die admisso, quae formaveram, dicto; abit rursusque revocatur rursusque dimittitur.

Ubi hora quarta vel quinta (neque enim certum dimensumque tempus), ut dies suasit, in xystum me vel cryptoporticum confero, reliqua meditor et dicto. vehiculum ascendo. ibi quoque idem quod ambulans aut iacens; durat intentio mutatione ipsa refecta. paulum redormio, dein ambulo, mox orationem Graecam Latinamve clare et intente non tam vocis causa quam stomachi lego; pariter tamen et illa firmatur. iterum ambulo, ungor, exerceor, lavor.

Cenanti mihi, si cum uxore vel paucis, liber legitur; post cenam comoedia aut lyristes; mox cum meis ambulo,

LEBENSQUALITÄT UND LEBENSSTIL 107

9, 32
C. Plinius grüßt seinen Titianus
Was treibst Du, was hast Du vor? Ich lebe ein sehr angenehmes, und das heißt: ein sehr faules Leben. So kommt es, daß ich keine längeren Briefe schreiben mag, aber gern lesen möchte, das eine, weil ich ein Genießer, das andere, weil ich ein Faulpelz bin. Niemand ist so träge wie der Genießer, niemand so neugierig wie der Faulpelz.
Leb' wohl!

9, 36
C. Plinius grüßt seinen Fuscus
Du fragst mich, wie ich im Sommer in Tuscien meinen Tag einteile. Ich werde wach, wann ich möchte, meist um die erste Stunde, oft auch früher, selten später. Die Fenster bleiben geschlossen; wunderbar, wie ich, durch die Stille und Dunkelheit gegen alles, was ablenkt, frei und mir selbst überlassen, nicht den Augen mit dem Geist, sondern dem Geist mit den Augen folge, die sehen, was der Geist sieht, wenn sie nichts anderes sehen. Ich überdenke, was ich gerade in Arbeit habe, überdenke es, als ob ich es Wort für Wort niederschriebe und verbesserte, bald weniger, bald mehr, je nachdem wie leicht oder schwer es sich ausarbeiten oder beibehalten läßt. Dann rufe ich meinen Sekretär, lasse das Tageslicht ein und diktiere ihm, was ich entworfen habe; er geht, wird noch einmal gerufen und wieder weggeschickt.

Sobald die vierte oder fünfte Stunde heran ist – eine feste, genaue Zeiteinteilung habe ich nämlich nicht –, begebe ich mich, je nachdem das Wetter es ratsam erscheinen läßt, auf die Terrasse oder in die Wandelhalle, überdenke das Weitere und diktiere es. Danach setze ich mich in den Wagen. Auch dort tue ich dasselbe wie im Gehen oder Liegen. Die geistige Spannung hält an, durch die Abwechslung neu belebt. Danach mache ich ein kurzes Schläfchen, gehe wieder spazieren; anschließend lese ich eine griechische oder lateinische Rede, laut und deutlich, weniger der Stimme als des Magens wegen; freilich wird damit zugleich auch die Stimme gestärkt. Noch einmal Spaziergang, dann Massage, Gymnastik und Bad.

Bei Tisch lasse ich, wenn meine Frau da ist oder ein paar Freunde, aus einem Buch vorlesen; nach Tisch Komödie oder Lautenspiel;

quorum in numero sunt eruditi. ita variis sermonibus vespera extenditur et quamquam longissimus dies cito conditur.

Non numquam ex hoc ordine aliqua mutantur; nam, si 5
diu iacui vel ambulavi, post somnum demum lectionemque non vehiculo, sed, quod brevius, quia velocius, equo gestor. interveniunt amici ex proximis oppidis partemque diei ad se trahunt interdumque lasso mihi opportuna interpellatione subveniunt. venor aliquando, sed non sine 6
pugillaribus, ut, quamvis nihil ceperim, non nihil referam. datur et colonis, ut videtur ipsis, non satis temporis, quorum mihi agrestes querelae litteras nostras et haec urbana opera commendant.


Vale.

## IX. XL
### C. PLINIVS FVSCO SVO S.
Scribis pergratas tibi fuisse litteras meas, quibus cogno- 1
visti, quem ad modum in Tuscis otium aestatis exigerem; requiris, quid ex hoc in Laurentino hieme permutem. nihil, nisi quod meridianus somnus eximitur multumque 2
de nocte vel ante vel post diem sumitur et, si agendi necessitas instat, quae frequens hieme, non iam comoedo vel lyristae post cenam locus, sed illa, quae dictavi, identidem retractantur ac simul memoriae frequenti emendatione proficitur.

Habes aestate, hieme consuetudinem; addas huc licet 3
ver et autumnum, quae inter hiemem aestatemque media, ut nihil de die perdunt, de nocte parvulum adquirunt.


Vale.

nachher ein Spaziergang mit meinen Leuten, unter denen sich gebildete Männer befinden. So wird der Abend mit abwechslungsreichen Gesprächen hingebracht, und selbst der längste Tag vergeht wie im Fluge.

Manchmal ändert sich einiges an dieser Tageseinteilung. Wenn ich lange liegengeblieben oder spazierengegangen bin, mache ich mich erst nach dem Schlaf oder der Lesestunde auf den Weg, und dann nicht mit dem Wagen, sondern, was weniger Zeit beansprucht, weil es schneller geht, zu Pferde. Ab und zu stellen sich auch einmal Freunde aus den Nachbarorten ein, beanspruchen einen Teil des Tages für sich, und manchmal, wenn ich abgespannt bin, kommen solche Unterbrechungen ganz gelegen. Zuweilen gehe ich auf die Jagd, doch nicht ohne Schreibtafel, um, wenn ich auch nichts fange, doch jedenfalls etwas nach Hause zu bringen. Auch meinen Pächtern widme ich meine Zeit, ihrer Meinung nach allerdings nicht genügend: ihre bäuerlichen Klagen lassen mich mit Sehnsucht an unsere Wissenschaften und die Tätigkeit in der Stadt denken.

Leb' wohl!

9, 40
C. Plinius grüßt seinen Fuscus

Mein Brief, aus welchem Du erfahren hast, wie ich meine Mußestunden in Tuscien verbringe, hat also großes Interesse bei Dir gefunden. Nun fragst Du, was ich an diesem Programm im Winter auf dem Laurentinum verändere. Nichts, außer daß der Mittagsschlaf ausfällt und ich einen großen Teil der Nacht hinzunehme, entweder vor Tagesanbruch oder abends, und wenn ein dringender Prozeß bevorsteht, im Winter nicht eben selten, dann ist auch für den Komödianten und Lautenspieler kein Platz mehr, sondern ich gehe immer noch einmal durch, was ich diktiert habe, und dieses wiederholte Verbessern kommt zugleich meinem Gedächtnis zugute.

Nun kennst Du meine Lebensweise im Sommer und im Winter und magst Dir jetzt noch Frühjahr und Herbst hinzudenken, die zwischen Sommer und Winter den Übergang bilden und, wie sie vom Tag nichts verlieren, so auch von der Nacht nicht eben viel gewinnen.

Leb' wohl!

## I. XI
### C. PLINIVS IVSTO SVO S.

Olim mihi nullas epistulas mittis. 'nihil est' inquis, 1 'quod scribam'. at hoc ipsum scribe, nihil esse, quod scribas, vel solum illud, unde incipere priores solebant: 'si vales, bene est; ego valeo.' hoc mihi sufficit; est enim maximum. ludere me putas? serio peto. fac sciam, quid 2 agas, quod sine sollicitudine summa nescire non possum.

Vale.

## I. XIV
### C. PLINIVS MAVRICO SVO S.

Petis, ut fratris tui filiae prospiciam maritum; quod 1 merito mihi potissimum iniungis. scis enim, quanto opere summum illum virum suspexerim dilexerimque, quibus ille adulescentiam meam exhortationibus foverit, quibus etiam laudibus, ut laudandus viderer, effecerit. nihil est, 2 quod a te mandari mihi aut maius aut gratius, nihil, quod honestius a me suscipi possit, quam ut eligam iuvenem, ex quo nasci nepotes Aruleno Rustico deceat.

Qui quidem diu quaerendus fuisset, nisi paratus et 3 quasi provisus esset Minicius Acilianus, qui me ut iuvenis iuvenem (est enim minor pauculis annis) familiarissime diligit, reveretur ut senem; nam ita formari a me et institui cupit, ut ego a vobis solebam.

Patria est ei Brixia ex illa nostra Italia, quae multum 4 adhuc verecundiae, frugalitatis atque etiam rusticitatis antiquae retinet ac servat. pater Minicius Macrinus, eque- 5

# 6. FREUNDSCHAFT
UND MENSCHLICHKEIT

### I, 11
#### C. Plinius grüßt seinen Iustus

Ewig lange habe ich nichts von Dir gehört! – „Ich wußte nicht, was ich Dir schreiben sollte", sagst Du. Dann schreib wenigstens dies, daß Du nicht weißt, was Du mir schreiben sollst! Oder schreib jedenfalls das, womit die Leute früher zu beginnen pflegten: „Wenn es Dir gut geht, ist es gut; mir geht es gut." Das genügt mir, denn das ist die Hauptsache. Du meinst, ich scherzte? Ich meine es ganz ernst mit meiner Bitte; laß mich wissen, wie es Dir geht, denn ich bin sehr beunruhigt, wenn ich das nicht weiß!
Leb' wohl!

### I, 14
#### C. Plinius grüßt seinen Mauricus

Du bittest mich, nach einem Ehemann für die Tochter Deines Bruders Ausschau zu halten, und Du tust recht daran, gerade mich damit zu betrauen. Du weißt ja, wie ich diesen bedeutenden Mann verehrt und geschätzt habe, wie er mich in meiner Jugend mit seinen Ermahnungen gefördert hat, wie sein Lob dazu diente, mich lobenswert erscheinen zu lassen. Du konntest mir keinen bedeutenderen oder angenehmeren Auftrag erteilen und ich keinen ehrenvolleren übernehmen, als die Auswahl eines Mannes, der würdig wäre, einem Aurulenus Rusticus Enkel zu schenken.

Da hätte man freilich lange suchen müssen, wenn nicht Minicius Acilianus bereitstände und gleichsam dazu prädestiniert wäre. Als Altersgenossen verbindet ihn herzliche Freundschaft mit mir; er ist ja nur ein paar Jahre jünger, und doch verehrt er mich wie einen Greis. Denn er möchte von mir so angeleitet und unterwiesen werden, wie er es von Euch gewohnt war.

Er stammt aus Brixia, jener Gegend unseres schönen Italiens, die bis auf den heutigen Tag viel an alter Sittsamkeit, Biederkeit und ländlicher Einfachheit behalten hat und weiter bewahrt. Sein Vater

stris ordinis princeps, quia nihil altius voluit; adlectus enim a divo Vespasiano inter praetorios honestam quietem huic nostrae – ambitioni dicam an dignitati? – constantissime praetulit. habet aviam maternam Serranam 6 Proculam e municipio Patavino. nosti loci mores; Serrana tamen Patavinis quoque severitatis exemplum est. contigit et avunculus ei P. Acilius gravitate, prudentia, fide prope singulari. in summa nihil erit in domo tota, quod non tibi tamquam in tua placeat.

Aciliano vero ipsi plurimum vigoris, industriae, quam- 7 quam in maxima verecundia. quaesturam, tribunatum, praeturam honestissime percucurrit ac iam pro se tibi necessitatem ambiendi remisit. est illi facies liberalis 8 multo sanguine, multo rubore suffusa, est ingenua totius corporis pulchritudo et quidam senatorius decor. quae ego nequaquam arbitror neglegenda; debet enim hoc castitati puellarum quasi praemium dari.

Nescio, an adiciam esse patri eius amplas facultates. 9 nam, cum imaginor vos, quibus quaerimus generum, silendum de facultatibus puto; cum publicos mores atque etiam leges civitatis intueor, quae vel in primis census hominum spectandos arbitrantur, ne id quidem praetereundum videtur. et sane de posteris et his pluribus cogitanti hic quoque in condicionibus deligendis ponendus est calculus.

Tu fortasse me putes indulsisse amori meo supraque 10 ista, quam res patitur, sustulisse. at ego fide mea spondeo futurum, ut omnia longe ampliora, quam a me praedicantur, invenias. diligo quidem adulescentem ardentissime, sicut meretur; sed hoc ipsum amantis est, non onerare eum laudibus.
Vale.

Minicius Macrinus ist der erste Mann im Ritterstand, weil er nicht höher hinaus wollte; denn obwohl der verewigte Vespasian ihn für eine Tätigkeit als Prätor ausgewählt hatte, zog er ein ehrenvolles Leben in der Stille dieser unserer Eitelkeit oder meinetwegen Würde vor. Seine Großmutter mütterlicherseits, Serrana Procula, stammt aus der Landstadt Patavium. Du kennst die Lebensart dieses Ortes, doch Serrana gilt selbst den Patavinern als ein Muster der Sittenstrenge. In P. Acilius besitzt er auch einen Oheim von nahezu einzigartiger Charakterfestigkeit, Klugheit und Zuverlässigkeit. Kurz gesagt: in der ganzen Familie wirst Du nichts finden, was Dir nicht wie in Deiner eigenen gefiele.

Acilianus selbst ist ein überaus tatkräftiger, energischer und dabei doch völlig anspruchsloser Mann. Quästur, Tribunat und Prätur hat er in allen Ehren durchlaufen und es Dir somit erspart, Dich für ihn verwenden zu müssen. Er besitzt ein offenes Gesicht, stark durchblutete, tiefrote Wangen, natürliche Schönheit in seiner ganzen Erscheinung und sieht gewissermaßen wie ein Senator aus. Das alles sind Eigenschaften, die man doch keinesfalls unbeachtet lassen sollte; die Mädchen verdienen sie als eine Art Belohnung für ihre Tugend.

Ich weiß nicht, ob ich noch bemerken muß, daß sein Vater ein sehr vermögender Mann ist. Denn wenn ich mir vorstelle, daß Ihr es seid, für die wir einen Schwiegersohn suchen, brauche ich über Geldangelegenheiten wohl kein Wort zu verlieren; blicke ich aber auf die allgemeinen Anschauungen und nun gar auf die Gesetze unseres Staates, die in erster Linie die Vermögenslage des Bürgers berücksichtigen zu müssen glauben, dann darf ich wohl auch diesen Punkt nicht übergehen. Und überhaupt, wenn man an Nachkommenschaft, und zwar reiche Nachkommenschaft denkt, dann muß man auch diesen Posten bei der Auswahl des Ehepartners in Rechnung stellen.

Vielleicht meinst Du, ich hätte mich von meiner Liebe hinreißen und alles glänzender erscheinen lassen, als es in Wirklichkeit ist. Nein, ich gebe Dir mein Wort, Du wirst alles noch weit glänzender finden, als es von mir gepriesen wird. Gewiß, ich liebe den jungen Menschen glühend, wie er es verdient, aber gerade diese Liebe verpflichtet mich, sein Lob nicht zu übertreiben.

Leb' wohl!

## II. II
### C. PLINIVS PAVLINO SVO S.

Irascor, nec liquet mihi, an debeam, sed irascor. scis, 1
quam sit amor iniquus interdum, impotens saepe, μικραίτιος semper. haec tamen causa magna est, nescio an iusta; sed ego, tamquam non minus iusta quam magna sit, graviter irascor, quod a te tam diu litterae nullae.

Exorare me potes uno modo, si nunc saltem plurimas et 2
longissimas miseris. haec mihi sola excusatio vera, ceterae falsae videbuntur. non sum auditurus 'non eram Romae' vel 'occupatior eram'; illud enim nec di sinant, ut 'infirmior.'

Ipse ad villam partim studiis, partim desidia fruor, quorum utrumque ex otio nascitur.
Vale.

## III. XXI
### C. PLINIVS PRISCO SVO S.

Audio Valerium Martialem decessisse et moleste fero. 1
erat homo ingeniosus, acutus, acer, et qui plurimum in scribendo et salis haberet et fellis nec candoris minus.

Prosecutus eram viatico secedentem; dederam hoc amicitiae, dederam etiam versiculis, quos de me composuit. 2
fuit moris antiquis eos, qui vel singulorum laudes vel 3
urbium scripserant, aut honoribus aut pecunia ornare; nostris vero temporibus ut alia speciosa et egregia ita hoc in primis exolevit. nam, postquam desiimus facere laudanda, laudari quoque ineptum putamus.

Quaeris, qui sint versiculi, quibus gratiam rettuli. 4
remitterem te ad ipsum volumen, nisi quosdam tenerem; tu, si placuerint hi, ceteros in libro requires. adloquitur 5
Musam, mandat, ut domum meam Esquiliis quaerat, adeat reverenter:

## 2, 2
### C. Plinius grüßt seinen Paulinus

Ich bin böse, nur weiß ich nicht recht, ob ich es darf, aber jedenfalls ist es so. Du weißt, wie ungerecht Liebe bisweilen ist, wie unbeherrscht oft und immer empfindlich. Bei mir ist es jedoch ein schwerwiegender, vielleicht auch gerechter Anlaß; jedenfalls bin ich ernstlich böse, als wäre er nicht weniger gerecht als schwerwiegend, weil ich von Dir so lange keinen Brief bekommen habe.

Es gibt nur eins, womit Du mich versöhnen könntest: wenn Du mir jetzt wenigstens sehr viele, sehr lange Briefe schreibst. Einzig dies wird für mich eine echte Entschuldigung sein, alles andere lehne ich ab. Ich will nicht hören: „Ich war nicht in Rom" oder „Ich war ziemlich in Anspruch genommen"; das dritte – „Ich war nicht recht auf dem Damm" – davor mögen die Götter uns behüten!

Ich selbst labe mich auf dem Lande teils an meinen Büchern, teils an der Faulheit, beides Kinder der Muße.

Leb' wohl!

## 3, 21
### C. Plinius grüßt seinen Priscus

Wie ich höre, ist Valenus Martialis gestorben, und es tut mir sehr leid um ihn. Er war ein talentierter, geistreicher, temperamentvoller Mann, und seine Gedichte zeigen viel Witz, viel Galle und nicht weniger Lauterkeit.

Ich hatte ihm, als er sich aus Rom zurückzog, einen Reisezuschuß gegeben, um unserer Freundschaft willen, aber auch zum Dank für seine Verse, die er auf mich gedichtet hat. Früher war es Sitte, diejenigen, die Einzelpersonen oder ganze Städte gepriesen hatten, durch Ehrungen und Geldgeschenke auszuzeichnen; heutzutage ist neben andern schönen, trefflichen Bräuchen besonders auch dieser abhanden gekommen. Denn nachdem wir aufgehört haben, Ruhmestaten zu vollbringen, halten wir es auch für albern, uns rühmen zu lassen.

Du fragst nach den Versen, für die ich meinen Dank abgestattet habe? Ich würde Dich auf die Buchausgabe verweisen, wüßte ich nicht einige auswendig; gefallen sie Dir, kannst Du die übrigen in dem Buche nachlesen. Er redet die Muse an, trägt ihr auf, mein Haus am Esquilin aufzusuchen, sich ihm in Ehrfurcht zu nähern:

> sed ne tempore non tuo disertam
> pulses ebria ianuam, videto.
> totos dat tetricae dies Minervae,
> dum centum studet auribus virorum
> hoc, quod saecula posterique possint
> Arpinis quoque comparare chartis.
> seras tutior ibis ad lucernas;
> haec hora est tua, cum furit Lyaeus,
> cum regnat rosa, cum madent capilli.
> tunc me vel rigidi legant Catones.

Meritone eum, qui haec de me scripsit, et tunc dimisi 6
amicissime et nunc ut amicissimum defunctum esse
doleo? dedit enim mihi, quantum maximum potuit, daturus amplius, si potuisset. tametsi quid homini potest dari
maius quam gloria et laus et aeternitas? 'at non erunt
aeterna, quae scripsit!' non erunt fortasse, ille tamen
scripsit, tamquam essent futura.

Vale.

## V. XIX
### C. PLINIVS PAVLINO SVO S.

Video, quam molliter tuos habeas; quo simplicius tibi 1
confitebor, qua indulgentia meos tractem. est mihi semper 2
in animo et Homericum illud πατὴρ δ'ὣς ἤπιος ἦεν et hoc
nostrum 'pater familiae'. quod si essem natura asperior et
durior, frangeret me tamen infirmitas liberti mei Zosimi,
cui tanto maior humanitas exhibenda est, quanto nunc illa
magis eget. homo probus, officiosus, litteratus; et ars qui- 3
dem eius et quasi inscriptio comoedus, in qua plurimum
facit. nam pronuntiat acriter, sapienter, apte, decenter
etiam; utitur et cithara perite, ultra quam comoedo necesse est. idem tam commode orationes et historias et carmina legit, ut hoc solum didicisse videatur.

Indes achte darauf, daß du nicht zur Unzeit
trunken an die Tür des redegewandten Mannes klopfst:
All seine Tage widmet er der ernsten Minerva,
während er für die Ohren der Hundertmänner ausarbeitet,
was Jahrhunderte, was die Nachgeborenen
auch mit den arpinischen Schriften vergleichen können.
Sicherer gehst du beim späten Lampenlicht hin:
Das ist dann deine Stunde, wenn Lyaeus rast,
wenn die Rose regiert, wenn das Haar von Salböl duftet:
Dann könnten mich selbst Männer wie der gestrenge Cato lesen.
(Martial 10, 20. Übers. Barié /Schindler)

Habe ich es richtig gemacht, daß ich ihm, der dies auf mich gedichtet hat, damals in herzlicher Freundschaft das Geleit gab und jetzt um seinen Tod wie um den eines lieben Freundes trauere? Hat er mir doch gegeben, soviel er konnte, hätte mir mehr gegeben, wenn er es vermocht hätte. Indessen, was kann einem Menschen Größeres beschert werden als Ehre und Ruhm, und beides für die Ewigkeit? „Aber was er geschrieben hat, wird nicht ewig dauern!" – Vielleicht nicht; aber er hat es doch geschrieben, als ob es ewig bleiben würde!
Leb' wohl!

5, 19
C. Plinius grüßt seinen Paulinus

Ich sehe, wie freundlich Du gegen Deine Leute bist; um so ehrlicher will ich Dir bekennen, wie gütig ich die meinigen behandle. Mir schwebt immer das Wort Homers vor: „Er war freundlich wie ein Vater", und ebenso unser „pater familiae". Wäre ich von Natur rauher und härter, mich würde doch das Leiden meines Freigelassenen Zosimus erweichen, dem man um so mehr Freundlichkeit zeigen muß, je mehr er sie jetzt braucht. Ein anständiger, pflichtbewußter, gebildeter Mann; sein Handwerk, sozusagen sein Etikett: Schauspieler, und darin leistet er Hervorragendes. Denn er trägt lebhaft, verständnisvoll, angemessen und doch unaufdringlich vor; auch die Zither weiß er fachkundig zu gebrauchen, mehr, als es für einen Schauspieler erforderlich ist. Außerdem liest er auch Reden, Erzählungen und Gedichte so hübsch, daß man glauben könnte, er habe nur dies gelernt.

Haec tibi sedulo exposui, quo magis scires, quam multa 4
unus mihi et quam iucunda ministeria praestaret. accedit
longa iam caritas hominis, quam ipsa pericula auxerunt.
est enim ita natura comparatum, ut nihil aeque amorem 5
incitet et accendat quam carendi metus; quem ego pro hoc
non semel patior. nam ante aliquot annos, dum intente 6
instanterque pronuntiat, sanguinem reiecit atque ob hoc
in Aegyptum missus a me post longam peregrinationem
confirmatus rediit nuper; deinde, dum per continuos dies
nimis imperat voci, veteris infirmitatis tussicula admonitus rursus sanguinem reddidit.

Qua ex causa destinavi eum mittere in praedia tua, quae 7
Foro Iuli possides; audivi enim te saepe referentem esse
ibi et aera salubrem et lac eius modi curationibus accommodatissimum. rogo ergo scribas tuis, ut illi villa, ut 8
domus pateat, offerant etiam sumptibus eius, si quid opus
erit; erit autem opus modico. est enim tam parcus et con- 9
tinens, ut non solum delicias, verum etiam necessitates
valetudinis frugalitate restringat. ego proficiscenti tantum
viatici dabo, quantum sufficiat eunti in tua.

Vale.

## VII. XXVIII
## C. PLINIVS SEPTICIO SVO S.

Ais quosdam apud te reprehendisse, tamquam amicos 1
meos ex omni occasione ultra modum laudem. agnosco
crimen, amplector etiam. quid enim honestius culpa 2
benignitatis? qui sunt tamen isti, qui amicos meos melius
norint? sed ut norint, quid invident mihi felicissimo errore? ut enim non sint tales, quales a me praedicantur, ego
tamen beatus, quod mihi videntur.

Igitur ad alios hanc sinistram diligentiam conferant; nec 3
sunt parum multi, qui carpere amicos suos iudicium

Ich schildere Dir das so eingehend, um Dir einen rechten Begriff zu geben, wie viele willkommene Dienste dieser eine Mann mir leistet. Hinzu kommt eine schon lange bestehende Zuneigung zu ihm, die sein besorgniserregender Zustand noch gesteigert hat. Die Natur hat es ja so eingerichtet, daß nichts die Liebe in gleicher Weise erregt und entflammt wie die Furcht vor dem Verlust, und die empfinde ich bei ihm nicht das erste Mal. Denn vor einigen Jahren spuckte er Blut, während er anhaltend angespannt vortrug, wurde von mir deshalb nach Ägypten geschickt und ist nun kürzlich nach langer Abwesenheit geheilt zurückgekehrt; jetzt wurde er, als er mehrere Tage hintereinander seiner Stimme zu viel zumutete, durch ein Hüsteln an sein altes Leiden erinnert und spuckte wieder Blut.

Darum beabsichtige ich, ihn auf Deine Güter bei Forum Iuli zu schicken. Ich habe Dich ja oft sagen hören, das Klima dort sei heilkräftig und die Milch besonders geeignet für derartige Kuren. Schreib also doch bitte an Deine Leute, sie möchten ihm Deine Villa, Dein Haus offenhalten, möchten ihm auch seinen Bedürfnissen entgegenkommen, wenn er etwas benötige, doch wird er nur wenig brauchen. Er ist nämlich so sparsam und bedürfnislos, daß er nicht nur Vergnügungen, sondern auch den notwendigen Aufwand für seine Gesundheit aus Enthaltsamkeit einschränkt. Ich werde ihm bei seiner Abfahrt so viel Reisegeld mitgeben, daß es für den Weg zu Dir reicht. Leb' wohl!

## 7, 28
### C. Plinius grüßt seinen Septicius

Du sagst, manche Leute hätten sich bei Dir darüber beschwert, daß ich meine Freunde bei jeder Gelegenheit über alle Maßen lobte. Die Berechtigung dieses Vorwurfs erkenne ich an, bin sogar stolz darauf. Denn was ist ehrenhafter, als aus Gutmütigkeit schuldig zu werden? Was sind das eigentlich für Leute, die meine Freunde besser kennen wollen als ich? Aber gesetzt den Fall, sie würden sie besser kennen – warum gönnen sie mir dann nicht den beglückenden Irrtum? Denn sind sie nicht so, wie ich sie rühme, so bin ich doch zufrieden, daß sie mir so erscheinen.

Sollen die Leute also ihre unangebrachte Besorgnis anderen zuwenden; es sind ja nicht ganz wenige, die es als Beweis eines unab-

vocant; mihi numquam persuadebunt, ut meos amari a me nimium putem.

Vale.

## VIII. VII
### C. PLINIVS TACITO SVO S.

Neque ut magistro magister neque ut discipulo discipulus (sic enim scribis), sed ut discipulo magister (nam tu magister, ego contra; atque adeo tu in scholam revocas, ego adhuc Saturnalia extendo) librum misisti. num potui longius hyperbaton facere atque hoc ipso probare eum esse me, qui non modo magister tuus, sed ne discipulus quidem debeam dici? sumam tamen personam magistri exseramque in librum tuum ius, quod dedisti, eo liberius, quod nihil ex meis interim missurus sum tibi, in quo te ulciscaris.

Vale.

## VIII. IX
### C. PLINIVS VRSO SVO S.

Olim non librum in manus, non stilum sumpsi, olim nescio, quid sit otium, quid quies, quid denique illud iners quidem, iucundum tamen nihil agere, nihil esse; adeo multa me negotia amicorum nec secedere nec studere patiuntur. nulla enim studia tanti sunt, ut amicitiae officium deseratur, quod religiosissime custodiendum studia ipsa praecipiunt.

Vale.

## VIII. XVI
### C. PLINIVS PATERNO SVO S.

Confecerunt me infirmitates meorum, mortes etiam et quidem iuvenum. solacia duo nequaquam paria tanto

hängigen Urteils bezeichnen, ihre Freunde zu zerpflücken. Mich werden sie nie zu der Überzeugung bringen, ich ginge in der Liebe zu meinen Freunden zu weit.
Leb' wohl!

### 8, 7
### C. Plinius grüßt seinen Tacitus

Weder wie ein Lehrer dem Lehrer, noch wie ein Schüler dem Schüler – wie es in Deinem Schreiben heißt –, sondern wie der Lehrer dem Schüler – denn Du bist der Lehrer, ich dessen Gegenteil, und richtig rufst Du mich in die Schule, während ich noch die Saturnalien feiere – hast Du mir Dein Buch geschickt. Ein längeres Hyperbaton konnte ich doch wirklich nicht machen und eben damit beweisen, daß ich mich nicht nur nicht als Deinen Lehrer, sondern nicht einmal als Deinen Schüler bezeichnen darf. Trotzdem werde ich mir die Rolle des Lehrers anmaßen und an Deinem Buch das Recht ausüben, das Du mir eingeräumt hast, um so unbekümmerter, als ich Dir im Augenblick nichts von meinen Schriften schicken will, wofür Du Dich rächen könntest.
Leb' wohl!

### 8, 9
### C. Plinius grüßt seinen Ursus

Schon lange habe ich kein Buch, keinen Griffel in die Hand genommen, schon lange weiß ich nicht, was Muße, was Ruhe, was jenes träge, aber doch so angenehme Nichtstun und Nichtsein ist, so wenig lassen die zahlreichen Verpflichtungen gegenüber meinen Freunden mich dazu kommen, mich zurückzuziehen und zu studieren. Denn keine geistige Betätigung hat solches Gewicht, daß man die Pflichten der Freundschaft darüber vergessen dürfte, die gewissenhaft zu erfüllen ja eben die Studien uns lehren.
Leb' wohl!

### 8, 16
### C. Plinius grüßt seinen Paternus

Krankheiten, ja, Todesfälle unter meinen Leuten, und zwar von noch ganz jungen Leuten, haben mich hart getroffen. Zwei Gründe,

dolori, solacia tamen: unum facilitas manumittendi (videor enim non omnino immaturos perdidisse, quos iam liberos perdidi), alterum, quod permitto servis quoque quasi testamenta facere eaque ut legitima custodio. mandant rogantque, quod visum; pareo ut iussus. dividunt, donant, relinquunt, dumtaxat intra domum; nam servis res publica quaedam et quasi civitas domus est. sed, quamquam his solaciis acquiescam, debilitor et frangor eadem illa humanitate, quae me, ut hoc ipsum permitterem, induxit.

Non ideo tamen velim durior fieri. nec ignoro alios eius modi casus nihil amplius vocare quam damnum eoque sibi magnos homines et sapientes videri. qui an magni sapientesque sint, nescio, homines non sunt; hominis est enim adfici dolore, sentire, resistere tamen et solacia admittere, non solaciis non egere.

Verum de his plura fortasse, quam debui, sed pauciora, quam volui. est enim quaedam etiam dolendi voluptas, praesertim si in amici sinu defleas, apud quem lacrimis tuis vel laus sit parata vel venia.

Vale.

## VIII. XXII
### C. PLINIVS GEMINO SVO S.

Nostine hos, qui omnium libidinum servi sic aliorum vitiis irascuntur, quasi invideant, et gravissime puniunt, quos maxime imitantur? cum eos etiam, qui non indigent clementia ullius, nihil magis quam lenitas deceat. atque ego optimum et emendatissimum existimo, qui ceteris ita ignoscit, tamquam ipse cottidie peccet, ita peccatis abstinet, tamquam nemini ignoscat. proinde hoc domi, hoc

mich zu trösten, habe ich, die den tiefen Schmerz nicht aufwiegen, mich aber immerhin trösten: einmal die Leichtigkeit der Freilassung – ich meine, sie nicht gänzlich vor der Zeit verloren zu haben, wenn ich sie als schon Freigelassene verloren habe –, zum andern, daß ich auch meinen Sklaven gestatte, eine Art Testament zu machen, und mich dann an dieses halte, als wäre es rechtskräftig. Sie verfügen und erbitten darin, was ihnen beliebt, ich nehme es als einen Auftrag und führe ihn aus. Sie verteilen, schenken, hinterlassen, selbstverständlich innerhalb des Hauswesens, denn für Sklaven ist das Hauswesen gewissermaßen der Staat und sozusagen ihre Gemeinde. Gewiß beruhige ich mich bei diesen tröstlichen Gedanken; aber eben diese menschliche Regung, die mich dazu gebracht hat, das zu gestatten, macht mich weich und schwach.

Trotzdem möchte ich deshalb doch nicht hartherziger werden. Ich weiß wohl, andere betrachten derartige Unglücksfälle nur als Vermögensverlust und kommen sich damit groß und weise vor. Ob sie groß und weise sind, weiß ich nicht; Menschen sind sie jedenfalls nicht. Denn menschlich ist es, sich zu grämen, zu leiden, doch auch, sich dagegen zu wehren und sich trösten zu lassen, nicht aber, keines Trostes zu bedürfen.

Doch habe ich darüber vielleicht mehr gesagt, als ich sollte, allerdings weniger, als ich wollte. Denn auch im Schmerz liegt eine Art Wohlgefühl, zumal, wenn man sich an der Brust eines Freundes ausweinen kann, bei dem man für seine Tränen Lob und Verständnis findet.

Leb' wohl!

## 8, 22
### C. Plinius grüßt seinen Geminus

Kennst Du diese Leute, die sich, selbst Sklaven aller ihrer Lüste, über die Fehler andrer so aufregen, als ob sie sie darum beneideten, und am härtesten bestrafen, wen sie am meisten nachahmen, während sich auch für die, die auf die Nachsicht eines anderen nicht angewiesen sind, nichts mehr gehört als Milde? Ich für meine Person halte den für den besten, vollkommensten Menschen, der allen andern so verzeiht, als ob er selbst täglich fehlte, und sich so vor Verfehlungen hütet, als ob er niemandem etwas verzeihe. Darum wollen

foris, hoc in omni vitae genere teneamus, ut nobis implacabiles simus, exorabiles istis etiam, qui dare veniam nisi sibi nesciunt, mandemusque memoriae, quod vir mitissimus et ob hoc quoque maximus, Thrasea, crebro dicere solebat: 'qui vitia odit, homines odit.'

Quaeris fortasse, quo commotus haec scribam. nuper 4 quidam – sed melius coram; quamquam ne tunc quidem. vereor enim, ne id, quod improbo, consectari, carpere, referre huic, quod cum maxime praecipimus, repugnet. quisquis ille, qualiscumque, sileatur, quem insignire exempli nihil, non insignire humanitatis plurimum refert.

Vale.

## VIII. XXIV
## C. PLINIVS MAXIMO SVO S.

Amor in te meus cogit, non ut praecipiam (neque enim 1 praeceptore eges), admoneam tamen, ut, quae scis, teneas et observes, aut nescire melius.

Cogita te missum in provinciam Achaiam, illam veram 2 et meram Graeciam, in qua primum humanitas, litterae, etiam fruges inventae esse creduntur; missum ad ordinandum statum liberarum civitatum, id est ad homines maxime homines, ad liberos maxime liberos, qui ius a natura datum virtute, meritis, amicitia, foedere denique et religione tenuerunt! reverere conditores deos et nomina 3 deorum, reverere gloriam veterem et hanc ipsam senectutem, quae in homine venerabilis, in urbibus sacra! sit apud te honor antiquitati, sit ingentibus factis, sit fabulis quoque. nihil ex cuiusquam dignitate, nihil ex libertate, nihil etiam ex iactatione decerpseris!

Habe ante oculos hanc esse terram, quae nobis miserit 4 iura, quae leges non victis, sed petentibus dederit, Athenas

wir daran festhalten, daheim, in der Öffentlichkeit, in allen Lebenslagen, daß wir gegen uns selbst unerbittlich sind, versöhnlich auch gegen die, die nur gegen sich selbst Nachsicht zu üben wissen, und uns einprägen, was ein sanftmütiger und eben darum großer Mann, nämlich Thrasea, häufig zu sagen pflegte: „Wer die Fehler der Menschen haßt, haßt die Menschen."

Vielleicht fragst Du, weshalb ich Dir das sage. Neulich hat jemand – doch nein, lieber mündlich, oder besser auch das nicht! Ich fürchte nämlich, wenn ich verfolge, zerpflücke und weitertrage, was ich an ihm mißbillige, könnte das in Widerspruch stehen zu dem, was ich jetzt eben vortrage. Wer es ist und wie er ist – Schwamm darüber; nenne ich ihn beim Namen, ist er kein hilfreiches Beispiel, nenne ich ihn nicht, leiste ich der Menschlichkeit einen guten Dienst.

Leb' wohl!

8, 24
C. Plinius grüßt seinen Maximus

Meine Liebe zu Dir treibt mich, nicht etwa Dir Lehren zu erteilen – einen Lehrer brauchst Du ja nicht –, Dich aber doch zu ermahnen, daß Du behältst und befolgst, was Du weißt; andernfalls wäre es besser, Du wüßtest es nicht.

Bedenke, Du wirst in die Provinz Achaia gesandt, das wahre, unverfälschte Griechenland, wo, wie es heißt, zuerst Bildung und Wissenschaft und selbst der Ackerbau erfunden worden sind, wirst entsandt, um Ordnung in die Verfassung freier Städte zu bringen, das heißt: zu Menschen, die im besten Sinne Menschen, zu Freien, die im besten Sinne Freie sind, die dies von der Natur verliehene Recht auf Freiheit durch Tüchtigkeit, Verdienste, Freundschaft, schließlich auch durch getreuliche Erfüllung von Verträgen behauptet haben. Hab' Ehrfurcht vor ihren göttlichen Stadtgründern, den Namen ihrer Gottheiten! Hab' Ehrfurcht vor ihrem alten Ruhm und überhaupt vor ihrem Alter, das bei Menschen ehrwürdig, bei Städten heilig ist! Erweise ihrer Vergangenheit Ehre, ihren großen Leistungen, auch ihren Mythen! Kränke niemanden in seiner Würde, seiner Freiheit, ja, auch nicht in seiner Eitelkeit!

Halte Dir vor Augen, daß es das Land ist, das uns nicht etwa nach einem Siege über uns Rechtssatzungen und Gesetze aufgezwungen,

esse, quas adeas, Lacedaemonem esse, quam regas; quibus reliquam umbram et residuum libertatis nomen eripere durum, ferum, barbarum est. vides a medicis, quamquam 5 in adversa valetudine nihil servi ac liberi differant, mollius tamen liberos clementiusque tractari. recordare, quid quaeque civitas fuerit, non ut despicias, quod esse desierit; absit superbia, asperitas! nec timueris contemptum! an 6 contemnitur, qui imperium, qui fasces habet, nisi humilis et sordidus, et qui se primus ipse contemnit? male vim suam potestas aliorum contumeliis experitur, male terrore veneratio adquiritur, longeque valentior amor ad obtinendum, quod velis, quam timor. nam timor abit, si recedas; manet amor, ac sicut ille in odium, hic in reverentiam vertitur.

Te vero etiam atque etiam (repetam enim) meminisse 7 oportet officii tui titulum ac tibi ipsum interpretari, quale quantumque sit ordinare statum liberarum civitatum. nam quid ordinatione civilius, quid libertate pretiosius? porro quam turpe, si ordinatio eversione, libertas servitu- 8 te mutetur!

Accedit, quod tibi certamen est tecum. onerat te quaesturae tuae fama, quam ex Bithynia optimam revexisti, onerat testimonium principis, onerat tribunatus, praetura atque haec ipsa legatio quasi praemium data. quo magis 9 nitendum est, ne in longinqua provincia quam suburbana, ne inter servientes quam liberos, ne sorte quam iudicio missus, ne rudis et incognitus quam exploratus probatusque humanior, melior, peritior fuisse videaris, cum sit alioqui, ut saepe audisti, saepe legisti, multo deformius amittere quam non adsequi laudem.

sondern auf unsre Bitte hin geliefert hat, daß es Athen ist, wohin Du gehst, Lacedämon, das Du verwaltest; ihnen den letzten Schatten einstiger Größe, den Rest der Freiheit zu rauben, wäre hart, grausam und barbarisch. Nimm Dir ein Beispiel an den Ärzten: zwar besteht für sie zwischen Sklaven und Freien, wenn sie krank sind, kein Unterschied, aber einen Freien behandeln sie doch sanfter und milder. Denke daran, was jede Stadt einmal gewesen ist, nicht, um auf sie herabzusehen, weil sie nichts mehr bedeutet; Hochmut, Schroffheit sei Dir fern. Du brauchst nicht zu befürchten, daß man Dir dann die Achtung versagt; verächtlich ist ein Träger des Imperiums, ein Inhaber der Fasces doch nur, wenn er ein niedriger, schmutziger Charakter ist und sich selbst zuerst verachtet. Gemein ist es, wenn Amtsgewalt ihre Kraft an Kränkungen andrer versucht, gemein, wenn man sich durch Terror Respekt verschafft; weit wirksamer als Furcht ist Liebe, um seinen Willen durchzusetzen. Denn die Furcht verschwindet, wenn man den Rücken kehrt, die Liebe bleibt, und wie Furcht zu Haß wird, so Liebe zu Verehrung.

Du aber – ich sage es noch einmal – mußt immer und immer an die Aufgabe Deines Amtes denken und Dir selbst klarmachen, was und wieviel es bedeutet, Ordnung in die Verfassung freier Städte zu bringen. Denn was ist für den Bürger wertvoller als geordnete Verhältnisse, was kostbarer als die Freiheit? Wie schändlich also, wenn Ordnung sich in Verheerung, Freiheit sich in Knechtschaft verkehrt!

Ferner steht Dir ein Wettkampf mit Dir selbst bevor: auf Dir lastet der gute Ruf Deiner Quästur, den Du aus Bithynien heimgebracht hast, lastet das Zeugnis des Prinzeps, lastet Dein Tribunat, die Prätur und eben jetzt dieser Auftrag, der Dir gleichsam als Belohnung zugekommen ist. Um so mehr mußt Du darauf sehen, daß es hernach nicht heißt, Deine Menschlichkeit, Güte und Erfahrung seien in der entfernten Provinz mehr in Erscheinung getreten als im Weichbild der Stadt, unter Sklaven mehr als unter Freien, mehr, als Dir Dein Amt durchs Los übertragen wurde, denn jetzt, wo es durch wohlbedachte Wahl des Prinzeps geschehen ist, mehr, als Du noch unerfahren und unbekannt warst, denn jetzt, wo man Dich kennt und Du Dich bewährt hast; ist es doch in jedem Falle, wie Du oft gehört und gelesen hast, weit entehrender, Ansehen wieder zu verlieren als überhaupt nicht zu gewinnen.

Haec velim credas, quod initio dixi, scripsisse me 10
admonentem, non praecipientem; quamquam praecipientem quoque. quippe non vereor, in amore ne modum excesserim. neque enim periculum est, ne sit nimium, quod esse maximum debet.

Vale.

## IX. XII
### C. PLINIVS IVNIORI SVO S.

Castigabat quidam filium suum, quod paulo sumptuo- 1
sius equos et canes emeret. huic ego iuvene digresso: 'heus tu, numquamne fecisti, quod a patre corripi posset? fecisti dico? non interdum facis, quod filius tuus, si repente pater ille, tu filius, pari gravitate reprehendat? non omnes homines aliquo errore ducuntur? non hic in illo sibi, in hoc alius indulget?'

Haec tibi admonitus immodicae severitatis exemplo 2
pro amore mutuo scripsi, ne quando tu quoque filium tuum acerbius duriusque tractares. cogita et illum puerum esse et te fuisse atque ita hoc, quod es pater, utere, ut memineris et hominem esse te et hominis patrem.

Vale.

Ich hoffe, Du glaubst mir, was ich zu Anfang gesagt habe: meine Worte sollen Dich ermahnen, nicht belehren, wiewohl auch dies. Ich brauche ja nicht zu befürchten, in meiner Liebe zu weit gegangen zu sein. Unmöglich kann ja zu groß werden, was so groß wie möglich sein soll!

Leb' wohl!

9, 12
C. Plinius grüßt seinen Iunior

Jemand schalt seinen Sohn, weil er reichlich viel für Pferde und Hunde ausgebe. Nachdem der junge Mann hinausgegangen war, sagte ich zu dem Vater: „Hör' mal, hast du nie etwas getan, was dein Vater hätte tadeln können? Hast getan, sage ich? Tust nicht manchmal etwas, was dein Sohn, wenn unversehens er der Vater wäre, und du der Sohn, ebenso scharf tadeln könnte? Haben nicht alle Menschen dann und wann ihre schwachen Stunden? Sieht sich nicht der eine dies, der andre das nach?"

Das schreibe ich Dir, durch das Beispiel übertriebener Strenge gewarnt, im Gedanken an unsre gegenseitige Liebe, damit nicht auch Du einmal Deinen Sohn allzu hart und streng anfaßt. Bedenke, daß er noch ein Kind ist, daß auch Du einmal jung gewesen bist, und gebrauche Deine väterliche Gewalt so, daß Du nie vergißt, daß Du ein Mensch und Vater eines Menschen bist!

Leb' wohl!

## IV. XIX
### C. PLINIVS HISPVLLAE SVAE S.

Cum sis pietatis exemplum fratremque optimum et 1
amantissimum tui pari caritate dilexeris filiamque eius ut
tuam diligas nec tantum amitae ei adfectum, verum etiam
patris amissi repraesentes, non dubito maximo tibi gaudio
fore, cum cognoveris dignam patre, dignam te, dignam
avo evadere. summum est acumen, summa frugalitas; 2
amat me, quod castitatis indicium est.

Accedit his studium litterarum, quod ex mei caritate
concepit. meos libellos habet, lectitat, ediscit etiam. qua 3
illa sollicitudine, cum videor acturus, quanto, cum egi,
gaudio adficitur! disponit, qui nuntient sibi, quem adsensum,
quos clamores excitarim, quem eventum iudicii tulerim.
eadem, si quando recito, in proximo discreta velo
sedet laudesque nostras avidissimis auribus excipit. versus 4
quidem meos cantat etiam formatque cithara non artifice
aliquo docente, sed amore, qui magister est optimus.

His ex causis in spem certissimam adducor perpetuam 5
nobis maioremque in dies futuram esse concordiam. non
enim aetatem meam aut corpus, quae paulatim occidunt
ac senescunt, sed gloriam diligit. nec aliud decet tuis manibus 6
educatam, tuis praeceptis institutam, quae nihil in
contubernio tuo viderit nisi sanctum honestumque, quae
denique amare me ex tua praedicatione consueverit. nam, 7
cum matrem meam parentis vice vererere, me a pueritia
statim formare, laudare talemque, qualis nunc uxori meae
videor, ominari solebas. certatim ergo tibi gratias agimus, 8

# 7. PARTNERSCHAFT UND LIEBE

4, 19
C. Plinius grüßt seine Hispulla
Da Du ein Muster von Anhänglichkeit bist und Deinen tüchtigen, Dir herzlich verbundenen Bruder mit gleicher Zuneigung umfangen hast, da Du seine Tochter wie Deine eigene liebst und ihr nicht nur die Gefühle einer Tante entgegenbringst, sondern ihr geradezu den verlorenen Vater ersetzt, wirst Du zweifellos mit besonderer Freude hören, daß sie sich ihres Vaters, Deiner selbst und ihres Großvaters würdig erweist. Sie hat viel Verstand, ist äußerst anspruchslos; sie liebt mich, das beste Zeichen ihrer Anständigkeit.

Dazu kommt ihr Interesse für Literatur, das sie aus Liebe zu mir gewonnen hat. Sie nimmt meine Bücher zur Hand, liest sie aufmerksam, lernt sie sogar auswendig. Welche Aufregung, wenn sie sieht, daß ich plädieren muß, welche Freude, wenn ich es hinter mir habe! Sie stellt Posten aus, die ihr melden müssen, ob ich Zustimmung, ob ich Beifall gefunden habe, welchen Ausgang des Prozesses ich heimbringe. Ebenso sitzt sie, wenn ich einmal rezitiere, ganz in meiner Nähe, durch einen Vorhang von mir getrennt, und lauscht mit gierigen Ohren den mir gespendeten Komplimenten. Sie vertont auch meine Lieder, ohne Unterweisung durch einen Musiker, einfach aus Liebe, die doch die beste Lehrmeisterin ist.

Aus all diesen Gründen hoffe ich zuversichtlich, daß unser Einvernehmen ewig dauern und von Tag zu Tag inniger sein wird. Denn nicht meine Jugend, meine körperliche Erscheinung bindet sie an mich – das alles altert und vergeht –, sondern mein Ruhm. Und so ist es auch recht für die unter Deinen Händen Aufgewachsene, durch Deine Lehren Unterwiesene, die doch im Umgang mit Dir nur Tugendhaftigkeit und Ehrbarkeit gesehen, die schließlich als Folge Deines Lobes mich liebgewonnen hat. Denn da Du meine Mutter wie Deine eigene verehrtest, sahst Du Deine Aufgabe darin, mich gleich von Kindheit an zu formen und anzuspornen, und hegtest von je die Erwartung, daß ich so werden würde, wie meine Frau mich jetzt sieht. Darum danken wir Dir um die Wette, ich, daß Du sie mir,

ego, quod illam mihi, illa, quod me sibi dederis, quasi invicem elegeris.

Vale.

## VI. IV
## C. PLINIVS CALPVRNIAE SVAE S.

Numquam sum magis de occupationibus meis questus, 1 quae me non sunt passae aut proficiscentem te valetudinis causa in Campaniam prosequi aut profectam e vestigio subsequi. nunc enim praecipue simul esse cupiebam, ut 2 oculis meis crederem, quid viribus, quid corpusculo apparares, ecquid denique secessus voluptates regionisque abundantiam inoffensa transmitteres.

Equidem etiam fortem te non sine cura desiderarem; est 3 enim suspensum et anxium de eo, quem ardentissime diligas, interdum nihil scire. nunc vero me cum absentiae tum 4 infirmitatis tuae ratio incerta et varia sollicitudine exterret. vereor omnia, imaginor omnia, quaeque natura metuentium est, ea maxime mihi, quae maxime abominor, fingo. quo impensius rogo, ut timori meo cottidie singu- 5 lis vel etiam binis epistulis consulas. ero enim securior, dum lego, statimque timebo, cum legero.

Vale.

## VI. VII
## C. PLINIVS CALPVRNIAE SVAE S.

Scribis te absentia mea non mediocriter adfici unumque 1 habere solacium, quod pro me libellos meos teneas, saepe etiam in vestigio meo colloces. gratum est, quod nos 2 requiris, gratum, quod his fomentis adquiescis; invicem ego epistulas tuas lectito atque identidem in manus quasi novas sumo; sed eo magis ad desiderium tui accendor. nam, cuius litterae tantum habent suavitatis, huius sermo- 3

sie, daß Du mich ihr gegeben hast, als hättest Du uns füreinander bestimmt.

Leb' wohl!

### 6, 4
### C. Plinius grüßt seine Calpurnia

Nie habe ich mehr über meine umfangreiche Arbeit geklagt, die es mir nicht erlaubte, Dich zu begleiten, als Du Deiner Gesundheit wegen nach Campanien reistest, oder nach Deiner Abreise Dir auf dem Fuße zu folgen. Denn gerade jetzt möchte ich bei Dir sein, um mich mit eigenen Augen zu überzeugen, was du für Deine Kräfte, Deinen Körper dabei gewinnst, und ob Du auch die Vergnügungen des Kurortes und das üppige Leben dort ohne Beschwerden verträgst.

Auch wenn Du Dich gekräftigt fühlst, würde ich Dich nicht ohne Sorge vermissen; es ist ja doch quälend und beunruhigend, von jemandem, den man glühend liebt, vorübergehend nichts zu wissen. Jetzt aber erfüllt mich nicht nur Deine Abwesenheit, sondern vor allem der Gedanke an Deine schwache Konstitution mit mancherlei unbestimmter Unruhe. Ich befürchte alles Mögliche, bilde mir alles Mögliche ein, und wie es zu gehen pflegt, wenn man sich Sorgen macht, stelle ich mir gerade das vor, wovor ich am meisten zittere. Um so inständiger bitte ich Dich, meiner Angst tagtäglich mit einem oder lieber noch mit zwei Briefen abzuhelfen. Ich werde ruhiger sein, wenn ich sie lese, und gleich wieder voll Angst, sobald ich sie gelesen habe.

Leb' wohl!

### 6, 7
### C. Plinius grüßt seine Calpurnia

Wie Du mir schreibst, leidest Du nicht wenig unter der Trennung von mir, und nur eines tröste Dich: daß Du an meiner Stelle meine Schriften zur Hand hast, sie oft sogar neben Dich auf meinen Platz legst. Lieb von Dir, daß Du mich so vermißt, lieb von Dir, daß Du mit diesem Trostmittel zur Ruhe kommst. Ich meinerseits lese dauernd Deine Briefe und nehme sie immer wieder zur Hand, als wären sie neu, aber um so mehr regt sich die Sehnsucht nach Dir. Denn wessen

nibus quantum dulcedinis inest! tu tamen quam frequentissime scribe, licet hoc ita me delectet, ut torqueat.

Vale.

## VII. V
### C. PLINIVS CALPVRNIAE SVAE S.

Incredibile est, quanto desiderio tui tenear. in causa 1 amor primum, deinde quod non consuevimus abesse. inde est, quod magnam noctium partem in imagine tua vigil exigo, inde, quod interdiu, quibus horis te visere solebam, ad diaetam tuam ipsi me, ut verissime dicitur, pedes ducunt, quod denique aeger et maestus ac similis excluso a vacuo limine recedo. unum tempus his tormentis caret, quo in foro et amicorum litibus conteror.

Aestima tu, quae vita mea sit, cui requies in labore, in 2 miseria curisque solacium!
Vale.

## VIII. X
### C. PLINIVS FABATO PROSOCERO SVO S.

Quo magis cupis ex nobis pronepotes videre, hoc tristi- 1 or audies neptem tuam abortum fecisse, dum se praegnantem esse puellariter nescit ac per hoc quaedam custodienda praegnantibus omittit, facit omittenda; quem errorem magnis documentis expiavit in summum periculum adducta.

Igitur, ut necesse est graviter accipias senectutem tuam 2 quasi paratis posteris destitutam, sic debes agere dis gratias, quod ita tibi in praesentia pronepotes negaverunt, ut servarent neptem, illos reddituri, quorum nobis spem certiorem haec ipsa quamquam parum prospere explorata fecunditas facit.

Briefe so viel Anmut haben, wie viel Süße bietet dessen Gespräch! Schreib mir doch so oft wie möglich, mag auch die Freude darüber mit Qual verbunden sein!
Leb' wohl!

### 7, 5
#### C. Plinius grüßt seine Calpurnia
Du glaubst gar nicht, wie ich mich nach Dir sehne. Warum? Weil ich Dich liebe, und weil wir es nicht gewohnt sind, getrennt zu sein. Daher kommt es auch, daß ich einen großen Teil der Nacht wach mit Deinem Bild vor Augen verbringe; daher, daß mich bei Tage zu den Stunden, wo ich gewöhnlich mit Dir zusammen bin, wie man ganz richtig sagt, die Füße selbst zu Deinem Zimmer führen, und daß ich schließlich trübsinnig und niedergeschlagen, als hätte man mich nicht eingelassen, Dein leeres Gemach verlasse. Nur die Zeit, wo ich mich auf dem Forum mit den Prozessen meiner Freunde abplage, ist frei von diesen Qualen.

Danach kannst Du Dir vorstellen, was für ein Leben ich führe, der ich Ruhe in der Arbeit, Trost in Kummer und Sorgen suchen muß!
Leb' wohl!

### 8, 10
#### C. Plinius grüßt seinen Schwiegergroßvater Fabatus
Je sehnlicher Du wünschst, von uns Urenkel zu bekommen, um so mehr wird es Dich betrüben, wenn Du hörst, daß Deine Enkelin eine Fehlgeburt gehabt hat; in mädchenhafter Unkenntnis wußte sie nicht, daß sie Mutter wurde, und unterließ deshalb manches, was Schwangere zu beachten haben, tat manches, was besser unterblieben wäre. Diese Unwissenheit hat sie in höchste Lebensgefahr gebracht.

Du wirst Dich also, wie es nicht anders sein kann, nur schwer damit abfinden, daß Dein Alter um die so gut wie sichere Nachkommenschaft betrogen worden ist; andrerseits mußt Du aber doch den Göttern danken, daß sie Dir zwar für jetzt Urenkel versagt, aber jedenfalls Deine Enkelin am Leben erhalten haben, um Dir später welche zu bescheren, worauf wir jetzt um so sicherer hoffen dürfen, nachdem gerade dieser freilich nicht ganz glücklich verlaufene Versuch ihre Fruchtbarkeit erwiesen hat.

Isdem nunc ego te quibus ipsum me hortor, moneo, 3
confirmo. neque enim ardentius tu pronepotes quam ego
liberos cupio, quibus videor a meo tuoque latere pronum
ad honores iter et audita latius nomina et non subitas imagines relicturus. nascantur modo et hunc nostrum dolorem gaudio mutent!

Vale.

## VIII. XI
### C. PLINIVS HISPVLLAE SVAE S.

Cum adfectum tuum erga fratris filiam cogito etiam 1
materna indulgentia molliorem, intellego prius tibi, quod
est posterius, nuntiandum, ut praesumpta laetitia sollicitudini locum non relinquat. quamquam vereor, ne post
gratulationem quoque in metum redeas atque ita gaudeas
periculo liberatam, ut simul, quod periclitata sit, perhorrescas.

Iam hilaris, iam sibi, iam mihi reddita incipit refici 2
transmissumque discrimen convalescendo metiri. fuit
alioqui in summo discrimine, impune dixisse liceat, fuit
nulla sua culpa, aetatis aliqua. inde abortus et ignorati
uteri triste experimentum.

Proinde, etsi non contigit tibi desiderium fratris amissi 3
aut nepote eius aut nepte solari, memento tamen dilatum
magis istud quam negatum, cum salva sit, ex qua sperari
potest. simul excusa patri tuo casum, cui paratior apud
feminas venia.

Vale.

Nunmehr ermahne, tröste und beruhige ich Dich mit denselben Gedanken wie mich selbst. Denn ebenso glühend, wie Du Dir Urenkel wünschst, wünsche ich mir Kinder, denen ich von meiner wie von Deiner Seite einen gebahnten Weg zu Ehrenstellungen, einen weithin bekannten Namen und unverblaßte Ahnenbilder zu hinterlassen gedenke, wenn sie nur erst zur Welt kommen und unsern jetzigen Schmerz in Freude verwandeln.
Leb' wohl!

## 8, 11
### C. Plinius grüßt seine Hispulla

Wenn ich an Deine Zuneigung zu Deiner Nichte denke, die noch zärtlicher ist als mütterliche Nachsicht, dann weiß ich, daß ich Dir zunächst das Spätere mitteilen muß, damit die vorweggenommene gute Nachricht der Beunruhigung keinen Platz läßt. Allerdings fürchte ich, Du fällst auch nach der Freudenbotschaft wieder in Angst, freust Dich zwar, daß sie außer Gefahr ist, erschrickst aber doch, daß sie in Gefahr geschwebt hat.

Nun, sie ist bereits wieder heiter, bereits sich und mir wiedergegeben und beginnt, sich zu erholen und die überstandene Krise an dem Fortschritt ihrer Genesung zu messen. Allerdings schwebte sie in höchster Gefahr – jetzt darf ich es wohl ungestraft sagen –, aber ohne eigenes Verschulden, zum Teil infolge ihres jugendlichen Alters. Daher die Fehlgeburt und die traurigen Folgen einer nicht erkannten Schwangerschaft.

Wenn Dir also auch nicht das Glück zuteil geworden ist, Dich über den Schmerz um den Verlust Deines Bruders durch einen Enkel oder eine Enkelin von ihm trösten zu können, so vergiß doch nicht, daß dies mehr aufgeschoben als aufgehoben ist, denn die, von der wir es erhoffen dürfen, ist wohlauf. Entschuldige auch Deinem Vater gegenüber das Verhängnis, das bei einer Frau eher Verständnis findet.
Leb' wohl!

## IX. XIII
## C. PLINIVS QVADRATO SVO S.

Quanto studiosius intentiusque legisti libros, quos de 1
Helvidi ultione composui, tanto impensius postulas, ut
perscribam tibi, quaeque extra libros quaeque circa libros,
totum denique ordinem rei, cui per aetatem non interfuisti.

Occiso Domitiano statui mecum ac deliberavi esse ma- 2
gnam pulchramque materiam insectandi nocentes, miseros vindicandi, se proferendi. porro inter multa scelera
multorum nullum atrocius videbatur, quam quod in senatu senator senatori, praetorius consulari, reo iudex manus
intulisset. fuerat alioqui mihi cum Helvidio amicitia, 3
quanta potuerat esse cum eo, qui metu temporum nomen
ingens paresque virtutes secessu tegebat, fuerat cum Arria
et Fannia, quarum altera Helvidi noverca, altera mater
novercae. sed non ita me iura privata ut publicum fas et
indignitas facti et exempli ratio incitabat.

Ac primis quidem diebus redditae libertatis pro se quis- 4
que inimicos suos, dumtaxat minores, incondito turbidoque clamore postulaverat simul et oppresserat. ego et modestius et constantius arbitratus immanissimum reum
non communi temporum invidia, sed proprio crimine
urgere, cum iam satis primus ille impetus defremuisset et
languidior in dies ira ad iustitiam redisset, quamquam tum
maxime tristis amissa nuper uxore, mitto ad Anteiam
(nupta haec Helvidio fuerat), rogo, ut veniat, quia me

# 8. VERGANGENHEITSBEWÄLTIGUNG

9, 13
C. Plinius grüßt seinen Quadratus

Je eifriger und aufmerksamer Du meine Schrift zur Rechtfertigung des Helvidius gelesen hast, um so dringender verlangst Du, von mir zu hören, was nicht drinsteht und was es mit der Schrift auf sich hat, kurz, den ganzen Hergang der Affäre, die Du wegen Deines Alters nicht miterlebt hast.

Nach der Ermordung Domitians ging ich mit mir zu Rate und sagte mir, daß es doch eine schöne, lohnende Aufgabe sei, die Schuldigen zu verfolgen, ihre Opfer zu rächen und damit die Aufmerksamkeit auf sich zu ziehen. Nun schien unter all den von vielen begangenen Schandtaten keine verabscheuungswürdiger als die, daß im Senat ein Senator dem andern, ein Prätorier einem Konsular, ein Richter dem Angeklagten Gewalt angetan hatte. Außerdem war ich seit langem mit Helvidius so eng befreundet, wie man es mit einem Manne, der aus Furcht vor den Zeitverhältnissen seinen großen Namen und seine nicht weniger bedeutenden Tugenden in ländlicher Einsamkeit verbarg, nur sein konnte, befreundet mit Arria und Fannia, der Stiefmutter des Helvidius und deren Mutter. Aber mich trieben nicht so sehr diese persönlichen Beziehungen als vielmehr die Staatsraison, das Empörende des Vorgangs und die exemplarische Bedeutung des Falles.

In den ersten Tagen der wiedergewonnenen Freiheit hatte jeder für sich seine persönlichen Feinde, jedenfalls die unbedeutenderen, mit wüstem, stürmischem Lärm vor Gericht gezogen und auch unschädlich gemacht. Ich hielt es für angemessener und konsequenter, dem abscheulichsten Täter nicht mit der allgemeinen, zeitbedingten Erbitterung, sondern mit seinen ganz persönlichen Verbrechen zu Leibe zu gehen, und als der erste Sturm sich so ziemlich ausgetobt hatte, der Zorn nach und nach verrauchte und geordneter Rechtspflege Platz machte, schickte ich, obwohl gerade damals in Trauer um den kürzlichen Verlust meiner Frau, zu Anteia – sie war die Frau des Helvidius gewesen – und bat sie, zu mir zu kommen, da

recens adhuc luctus limine contineret. ut venit, 'destina- 5
tum est' inquam 'mihi maritum tuum non inultum pati.
nuntia Arriae et Fanniae' (ab exsilio redierant), 'consule
te, consule illas, an velitis adscribi facto, in quo ego comi-
te non egeo; sed non ita gloriae meae faverim, ut vobis
societate eius invideam.' perfert Anteia mandata, nec illae
morantur.

Opportune senatus intra diem tertium. omnia ego sem- 6
per ad Corellium rettuli, quem providentissimum aetatis
nostrae sapientissimumque cognovi; in hoc tamen contentus consilio meo fui veritus, ne vetaret; erat enim cunc-
tantior cautiorque. sed non sustinui inducere in animum,
quo minus illi eodem die facturum me indicarem, quod an
facerem, non deliberabam, expertus usu de eo, quod desti-
naveris, non esse consulendos, quibus consultis obsequi
debeas.

Venio in senatum, ius dicendi peto, dico paulisper ma- 7
ximo adsensu. ubi coepi crimen attingere, reum destinare,
adhuc tamen sine nomine, undique mihi reclamari. alius:
'sciamus, quis sit, de quo extra ordinem referas'; alius:
'quis est ante relationem reus?'; alius: 'salvi simus, qui
supersumus.' audio imperturbatus, interritus; tantum 8
susceptae rei honestas valet tantumque ad fiduciam vel
metum differt, nolint homines, quod facias, an non probent.

Longum est omnia, quae tunc hinc inde iacta sunt,
recensere. novissime consul: 'Secunde, sententiae loco
dices, si quid volueris.' – 'permiseras' inquam, 'quod 9
usque adhuc omnibus permisisti.' resido; aguntur alia.

Interim me quidam ex consularibus amicis secreto 10
curatoque sermone quasi nimis fortiter incauteque pro-

mich die frische Trauer noch ans Haus fessele. Als sie erschien, sagte ich „Ich bin fest entschlossen, deinen Gatten nicht ungerächt zu lassen. Teile das Arria und Fannia mit" – sie waren inzwischen aus der Verbannung zurückgekehrt –, „frage dich, frage sie, ob ihr euch meinem Vorgehen anschließen wollt, bei dem ich an sich keinen Mitstreiter benötige; aber ich bin nicht so versessen auf meinen alleinigen Ruhm, daß ich euch die Teilnahme daran mißgönnte." Anteia überbrachte mein Angebot, und beide besannen sich nicht lange.

Da traf es sich gut, daß innerhalb der nächsten drei Tage eine Senatssitzung stattfand. Ich habe sonst immer alles mit Corellius besprochen, in welchem ich den umsichtigsten, klügsten Mann unserer Zeit sah; in diesem Falle begnügte ich mich jedoch mit meinem eigenen Rate in der Befürchtung, er könne mir abraten; er war nämlich ziemlich bedächtig und vorsichtig. Doch brachte ich es nicht über mich, ihn nicht jedenfalls am entscheidenden Tage von meinem Vorhaben in Kenntnis zu setzen, zu dessen Ausführung ich fest entschlossen war, durch Erfahrung gewitzigt, daß man sich über einen gefaßten Beschluß nicht mit Leuten beraten darf, deren Ratschlägen zu folgen man verpflichtet ist.

Ich gehe in den Senat, bitte ums Wort, spreche eine Weile unter lautem Beifall. Als ich beginne, das Verbrechen zu berühren und auf den Schuldigen hinzudeuten, zunächst jedoch ohne Namensnennung, Zwischenrufe von allen Seiten: „Wir wollen wissen, wer es ist, von dem du außer der Reihe sprichst." „Wer ist schuldig, ehe sein Fall auf der Tagesordnung steht?" „Wir sind froh, am Leben zu sein, und wollen unsre Ruhe haben." Ich höre mir das an, unerschüttert, unbeeindruckt; so viel vermag die Ehrbarkeit eines Vorhabens zu erwirken, so entscheidend ist es für unser Selbstvertrauen oder unsere Furcht, ob die Leute nicht wünschen, was man tut, oder es nicht billigen.

Es würde zu weit führen, wollte ich alles wiedergeben, was damals von rechts und links geäußert wurde. Schließlich der Konsul: „Secundus, sprich bitte, wenn du an der Reihe bist abzustimmen, falls du etwas zu sagen hast." – „Du hattest mir gestattet, was du bisher allen gestattet hast", sagte ich und setzte mich; man ging zu andern Dingen über.

Inzwischen nimmt mich einer meiner Freunde unter den Konsularen beiseite, redet eifrig auf mich ein, tadelt meinen Schritt als

gressum corripit, revocat, monet, ut desistam, adicit etiam: 'notabilem te futuris principibus fecisti.' – 'esto' inquam, 'dum malis.' vix ille discesserat, rursus alter: 'quid audes? quo ruis? quibus te periculis obicis? quid praesentibus confidis incertus futurorum? lacessis hominem iam praefectum aerarii et brevi consulem, praeterea qua gratia, quibus amicitiis fultum!' nominat quendam, qui tunc ad orientem amplissimum et famosissimum exercitum non sine magnis dubiisque rumoribus obtinebat. ad haec ego: 'omnia praecepi atque animo mecum ante peregi, nec recuso, si ita casus attulerit, luere poenas ob honestissimum factum, dum flagitiossimum ulciscor.'


Iam censendi tempus. dicit Domitius Apollinaris, consul designatus, dicit Fabricius Veiento, Fabius Postuminus, Bittius Proculus, collega Publici Certi, de quo agebatur, uxoris autem meae, quam amiseram, vitricus, post hos Ammius Flaccus. omnes Certum nondum a me nominatum ut nominatum defendunt crimenque quasi in medio relictum defensione suscipiunt. quae praeterea dixerint, non est necesse narrare, in libris habes; sum enim cuncta ipsorum verbis persecutus.

Dicunt contra Avidius Quietus, Cornutus Tertullus; Quietus, iniquissimum esse querelas dolentium excludi, ideoque Arriae et Fanniae ius querendi non auferendum, nec interesse, cuius ordinis quis sit, sed quam causam habeat; Cornutus, datum se a consulibus tutorem Helvidi filiae petentibus matre eius et vitrico; nunc quoque non sustinere deserere officii sui partes, in quo tamen et suo dolori modum imponere et optimarum feminarum perferre modestissimum adfectum, quas contentas esse admonere senatum Publici Certi cruentae adulationis et petere, si poena flagitii manifestissimi remittatur, nota

reichlich forsch und unüberlegt, sucht mich zurückzuhalten, drängt mich, mein Vorhaben aufzugeben, fügt gar hinzu: „Du hast die Aufmerksamkeit der zukünftigen Herrscher auf Dich gezogen!" – „Sei's drum", sage ich, „wenn's nur die der bösen ist." Kaum war der gegangen, wieder ein andrer: „Was riskierst du! Worauf läßt du dich ein! Welchen Gefahren setzt du dich aus! Wie kannst du dem Heute trauen, wo du nicht weißt, was morgen wird! Du reizt den Mann, der bereits Ärarpräfekt und demnächst Konsul ist, sich überdies auf sein hohes Ansehen und einflußreiche Freunde stützen kann!" Er nannte jemanden, der damals im Orient eine ansehnliche, übelbeleumundete Armee in der Hand hatte, und über den viele zweideutige Gerüchte umliefen. Darauf ich: „Alles nahm ich vorweg und erwog es früher im Herzen und sträubte mich nicht, wenn das Schicksal es so fügt, für eine ehrenhafte Tat zu büßen, während ich die schändlichste räche."

Damit war der Augenblick der Abstimmung gekommen. Es sprach Domitius Apollinaris, der designierte Konsul, es sprachen Fabricius Veiento, Fabius Postuminus, Bittius Proculus, der Kollege des Publicius Certus, um den es sich handelte, der Stiefvater meiner verstorbenen Frau, nach ihnen Ammius Flaccus. Alle nahmen Certus, den ich noch nicht namentlich genannt hatte, in Schutz, als hätte ich ihn bereits genannt, und ließen einem sozusagen anonym Beschuldigten ihre Verteidigung angedeihen. Was sie sonst noch vorbrachten, brauche ich Dir nicht zu erzählen, es steht in meiner Schrift. Ich habe nämlich alles wörtlich angeführt.

Dagegen sprachen Avidius Quietus, Cornutus Tertullus; Quietus: es sei höchst unangemessen, die Klagen der Geschädigten abzuweisen, und deshalb dürfe man Arria und Fannia das Recht zur Klage nicht verweigern, und es komme nicht darauf an, welchen Standes jemand sei, sondern was er vorzubringen habe; Cornutus: er sei auf Wunsch ihrer Mutter und ihres Stiefvaters als Vormund der Tochter des Helvidius eingesetzt; auch jetzt könne er es nicht verantworten, seine Pflicht zu vernachlässigen, wobei er jedoch seiner persönlichen Erbitterung eine Grenze setze und mit der maßvollen Forderung der beiden Frauen einverstanden sei, die sich damit begnügten, den Senat an die blutdürstige Liebedienerei des Publicius Certus zu erinnern und ihn zu bitten, falls ihm die Strafe für seine handgreifliche

certe quasi censoria inuratur. tum Satrius Rufus medio 17
ambiguoque sermone 'puto' inquit 'iniuriam factam
Publicio Certo, si non absolvitur; nominatus est ab amicis
Arriae et Fanniae, nominatus ab amicis suis. nec debemus
solliciti esse; idem enim nos, qui bene sentimus de homine, et iudicaturi sumus. si innocens est, sicut et spero et
malo et, donec aliquid probetur, credo, poteritis absol-
vere.'

Haec illi, quo quisque ordine citabantur. venitur ad me. 18
consurgo, utor initio, quod in libro est, respondeo singulis. mirum, qua intentione, quibus clamoribus omnia
exceperint, qui modo reclamabant; tanta conversio vel
negotii dignitatem vel proventum orationis vel actoris
constantiam subsecuta est. finio. incipit respondere Vei- 19
ento, nemo patitur; obturbatur, obstrepitur, adeo quidem,
ut diceret: 'rogo, patres conscripti, ne me cogatis implor-
are auxilium tribunorum.' et statim Murena tribunus:
'permitto tibi, vir clarissime Veiento, dicere.' tunc quoque
reclamatur. inter moras consul citatis nominibus et perac- 20
ta discessione mittit senatum ac paene adhuc stantem
temptantemque dicere Veientonem relinquit. multum ille
de hac (ita vocabat) contumelia questus est Homerico
versu:

ὦ γέρον, ἦ μάλα δή σε νέοι τείρουσι μαχηταί.

Non fere quisquam in senatu fuit, qui non me complec- 21
teretur, exoscularetur certatimque laude cumularet, quod
intermissum iam diu morem in publicum consulendi sus-
ceptis propriis simultatibus reduxissem, quod denique
senatum invidia liberassem, qua flagrabat apud ordines
alios, quod severus in ceteros senatoribus solis dissimula-
tione quasi mutua parceret.

Schandtat erlassen werde, ihn jedenfalls mit einer Art zensorischer Rüge zu brandmarken. Darauf erklärte Satrius Rufus in vermittelnden, aber zweideutigen Ausführungen: „Meiner Meinung nach geschieht Publicius Certus Unrecht, wenn er nicht freigesprochen wird; sein Name ist von Freunden der Arria und Fannia, ist von seinen eigenen Freunden ausgesprochen worden. Und wir brauchen uns gar nicht aufzuregen, denn wir, die wir gut von ihm denken, werden ja auch das Urteil zu sprechen haben. Ist er unschuldig, wie ich hoffe und wünsche und, solange nicht das Gegenteil erwiesen ist, auch glaube, werdet ihr ihn freisprechen können."

So äußerten sie sich in der Reihenfolge, in der sie aufgerufen wurden. Als ich an der Reihe bin, erhebe ich mich, fange an, wie es in meiner Schrift zu lesen steht, antworte jedem einzelnen. Sonderbar, mit welcher Spannung, welchem Beifall sie alles aufnahmen, die eben noch protestiert hatten; solch ein Umschwung wurde durch die Bedeutung des Falles, durch den Erfolg meiner Rede oder die Festigkeit des Klägers herbeigeführt. Als ich fertig bin, versucht Veiento zu antworten. Niemand läßt ihn zu Worte kommen; man unterbricht ihn, überschreit ihn, so daß er schließlich ausrief: „Bitte, Patres Conscripti, zwingt mich nicht, die Hilfe der Tribunen anzurufen!" Und sofort erklärte der Tribun Murena: „Ich gestatte dir zu sprechen, hochedler Veiento!" Auch da wieder Proteste. Nach einer Weile rief der Konsul die weiteren Namen auf, schloß nach Durchführung der Abstimmung die Senatssitzung und ließ Veiento, der immer noch dastand und zu reden versuchte, einfach stehen. Der beklagte sich laut über diesen Schimpf, wie er es nannte, mit dem Homervers:

„Wahrlich, Greis, gar heftig bedrängt dich die kämpfende Jugend."

Da war kaum jemand im Senat, der mich nicht umarmt, geküßt und mir um die Wette Komplimente gemacht hätte, daß ich die schon lange in Vergessenheit geratene Sitte, für die öffentlichen Interessen einzutreten, ohne Rücksicht auf persönliche Anfeindungen wieder aufgenommen, daß ich schließlich den Senat von der lodernden Erbitterung befreit hätte, mit der die anderen Stände ihm gegenüberständen, weil er, sonst unerbittlich gegen jedermann, nur Senatoren wie in gegenseitigem Versteckspiel schone.

Haec acta sunt absente Certo; fuit enim seu tale aliquid 22
suspicatus sive, ut excusabatur, infirmus. et relationem
quidem de eo Caesar ad senatum non remisit; obtinui
tamen, quod intenderam. nam collega Certi consulatum, 23
successorem Certus accepit planeque factum est, quod
dixeram in fine: 'reddat praemium sub optimo principe,
quod a pessimo accepit.'

Postea actionem meam, utcumque potui, recollegi, 24
addidi multa. accidit fortuitum, sed non tamquam fortuitum, quod editis libris Certus intra paucissimos dies
implicitus morbo decessit. audivi referentis hanc imagi- 25
nem menti eius, hanc oculis oberrasse, tamquam videret
me sibi cum ferro imminere. verane haec, adfirmare non
ausim; interest tamen exempli, ut vera videantur.

Habes epistulam, si modum epistulae cogites, libris, 26
quos legisti, non minorem, sed imputabis tibi, qui contentus libris non fuisti.

Vale.

Das alles ging in Abwesenheit des Certus vor sich; er hatte nämlich so etwas kommen sehen oder war wirklich, womit er sich entschuldigen ließ, unpäßlich. Der Kaiser verwies zwar den Fall nicht zur endgültigen Entscheidung an den Senat zurück; immerhin habe ich erreicht, was ich beabsichtigt hatte: Certus' Kollege erhielt das Konsulat, Certus einen Ersatzmann, und was ich zum Schluß gesagt hatte, trat voll und ganz ein: „Er soll die Belohnung, die er unter dem schlechtesten Prinzeps erhalten hat, unter dem besten zurückgeben."

Hinterher habe ich meine Ausführungen, so gut ich konnte, aus dem Gedächtnis aufgezeichnet und manches hinzugetan. Der Zufall hat es gefügt, und doch war es eigentlich kein Zufall, daß Certus ganz wenige Tage nach Erscheinen des Buches erkrankte und starb. Ich habe mir erzählen lassen, ein Bild habe ihm vor seinem Geist, vor Augen geschwebt: er glaubte zu sehen, wie ich ihn mit dem Dolch bedrohte. Ob das wahr ist, wage ich nicht zu entscheiden; immerhin wäre es ein gutes Exempel, wenn man es glauben dürfte.

Da hast Du nun einen Brief, der, wenn Du an das übliche Maß eines Briefes denkst, nicht weniger umfangreich ist als das Buch, das Du gelesen hast; aber das hast Du Dir selbst zuzuschreiben, das Buch genügte Dir ja nicht!

Leb' wohl!

## II. XVIII
## C. PLINIVS MAVRICO SVO S.

Quid a te mihi iucundius potuit iniungi, quam ut praeceptorem fratris tui liberis quaererem? nam beneficio tuo in scholam redeo et illam dulcissimam aetatem quasi resumo; sedeo inter iuvenes, ut solebam, atque etiam experior, quantum apud illos auctoritatis ex studiis habeam. nam proxime frequenti auditorio inter se coram multis ordinis nostri clare iocabantur; intravi, conticuerunt, quod non referrem, nisi ad illorum magis laudem quam ad meam pertineret, ac nisi sperare te vellem posse fratris tui filios probe discere.

Quod superest, cum omnis, qui profitentur, audiero quid de quoque sentiam, scribam efficiamque, quantum tamen epistula consequi potero, ut ipse omnes audisse videaris. debeo enim tibi, debeo memoriae fratris tui hanc fidem, hoc studium, praesertim super tanta re. nam quid magis interest vestra, quam ut liberi (dicerem tui, nisi nunc illos magis amares) digni illo patre, te patruo reperiantur? quam curam mihi, etiam si non mandasses, vindicassem. nec ignoro suscipiendas offensas in eligendo praeceptore; sed oportet me non modo offensas, verum etiam simultates pro fratris tui filiis tam aequo animo subire quam parentes pro suis.

Vale.

# 9. VERANTWORTUNG FÜR DIE JUGEND

2, 18

C. Plinius grüßt seinen Mauricus

Welcher Auftrag von Dir konnte mir willkommener sein, als nach einem Lehrer für die Kinder Deines Bruders zu suchen! Dank Deines Vertrauens fühle ich mich nämlich auf die Schulbank zurückversetzt und erlebe dieses selige Alter gleichsam noch einmal: ich sitze wie damals unter den jungen Leuten und mache auch die Probe, wieviel Respekt ich auf Grund meiner Studien bei ihnen finde. Denn kürzlich trieben sie im vollbesetzten Auditorium unter den Augen vieler unsrer Standesgenossen Unfug miteinander. Ich trat ein, und sie verstummten. Ich würde Dir das nicht erzählen, spräche es nicht mehr für sie als für mich, und wollte ich nicht Dir Hoffnung machen, daß Deine Neffen tüchtig etwas lernen können.

Im übrigen werde ich Dir, sobald ich mir alle Professoren angehört habe, schreiben, was ich von dem einzelnen halte, und dafür sorgen, jedenfalls soweit sich das brieflich erreichen läßt, daß Du sie alle selbst gehört zu haben meinst. Denn ich schulde Dir, schulde dem Andenken Deines Bruders diese Gewissenhaftigkeit, diesen Eifer, zumal in einer so wichtigen Angelegenheit. Denn woran könnte Euch mehr liegen, als daß sich die Kinder – „Deine" würde ich sagen, wenn Dir augenblicklich nicht diese noch mehr am Herzen lägen – ihres Vaters und Deiner, ihres Onkels, würdig erweisen. Diese Aufgabe hätte ich mir auch ohne Deinen Auftrag angemaßt. Ich weiß wohl, daß die Auswahl eines Lehrers Ärger mit sich bringt, aber es ist nur recht und billig, daß ich für Deine Neffen nicht nur Ärger, sondern sogar Feindschaft gelassen hinnehme, wie Eltern für ihre eigenen Söhne.

Leb' wohl!

## IV. XIII
## C. PLINIVS TACITO SVO S.

Salvum in urbem venisse gaudeo; venisti autem, si 1
quando alias, nunc maxime mihi desideratus.

Ipse pauculis adhuc diebus in Tusculano commorabor, ut opusculum, quod est in manibus, absolvam. vereor 2
enim, ne, si hanc intentionem iam in fine laxavero, aegre resumam. interim, ne quid festinationi meae pereat, quod sum praesens petiturus, hac quasi praecursoria epistula rogo. sed prius accipe causas rogandi!

Proxime cum in patria mea fui, venit ad me salutandum 3
municipis mei filius praetextatus. huic ego 'studes?' inquam. respondit: 'etiam.' – 'ubi?' – 'Mediolani.' – 'cur non hic?' et pater eius (erat enim una atque etiam ipse adduxerat puerum): 'quia nullos hic praeceptores habemus.' – 'quare nullos? nam vehementer intererat vestra, 4
qui patres estis' (et opportune complures patres audiebant), 'liberos vestros hic potissimum discere. ubi enim aut iucundius morarentur quam in patria aut pudicius continerentur quam sub oculis parentum aut minore sumptu quam domi? quantulum est ergo collata pecunia 5
conducere praeceptores, quodque nunc in habitationes, in viatica, in ea, quae peregre emuntur (omnia autem peregre emuntur), impenditis, adicere mercedibus?

Atque adeo ego, qui nondum liberos habeo, paratus sum pro re publica nostra quasi pro filia vel parente tertiam partem eius, quod conferre vobis placebit, dare. totum etiam pollicerer, nisi timerem, ne hoc munus meum 6
quandoque ambitu corrumperetur, ut accidere multis in locis video, in quibus praeceptores publice conducuntur. huic vitio occurri uno remedio potest, si parentibus solis 7
ius conducendi relinquatur isdemque religio recte iudicandi necessitate collationis addatur. nam, qui fortasse de 8

## VERANTWORTUNG FÜR DIE JUGEND

4, 13

C. Plinius grüßt seinen Tacitus

Es freut mich, daß Du wohlbehalten in die Stadt gekommen bist; Dein Kommen wurde, wenn jemals, gerade jetzt sehnlich von mir erwartet.

Ich selbst werde noch ein paar Tage auf dem Landgut bei Tusculum bleiben, um das kleine Werk abzuschließen, mit dem ich mich gerade befasse. Wenn ich nämlich so dicht vor dem Ende den Faden fallen lasse, werde ich ihn wahrscheinlich nur schwer wiederfinden. Damit jedoch meiner Ungeduld kein Augenblick verlorengeht, kündige ich Dir mit diesem Brief als Vorboten schon jetzt an, um was ich Dich mündlich zu bitten gedenke. Vorweg aber vernimm den Anlaß meiner Bitte, dann diese selbst.

Als ich kürzlich in meiner Heimat war, kam der junge Sohn eines meiner Landsleute zu mir, um mir seine Aufwartung zu machen. Ich fragte ihn: „Du studierst?" – „Ja." – „Wo?" – „In Mailand." – „Warum nicht hier?" Darauf sein Vater – der war nämlich dabei, hatte den Jungen selbst gebracht –: „Weil wir hier keine Lehrer haben." – „Warum denn nicht? Euch Vätern" – es traf sich gut, daß mehrere Väter es hörten – „müßte doch eigentlich sehr daran liegen, daß Eure Kinder gerade hier ihre Ausbildung erhalten. Denn wo könnten sie bequemer leben als in der Heimat oder besser zu einem ordentlichen Leben angehalten werden als unter den Augen ihrer Eltern oder weniger kosten als daheim? Es wäre doch eine Kleinigkeit, Geld zu sammeln und Lehrer anzustellen und alles, was ihr jetzt für Unterkunft, Reisegeld und Anschaffungen in der Fremde aufwendet – und dort muß man alles bezahlen – der Besoldung zuzulegen.

Ich, der ich noch keine Kinder habe, bin bereit, für unsre Gemeinde, als wäre sie meine Tochter oder meine Mutter, ein Drittel dessen beizusteuern, was euch aufzubringen beliebt. Ich würde sogar das Ganze auf mich nehmen, müßte ich nicht befürchten, daß diese meine Gabe über kurz oder lang durch Intrigen entwertet würde, wie es ja vielerorts geschieht, wo Lehrer von der Gemeinde angestellt werden. Gegen dieses Übel gibt es nur ein Mittel: daß man das Recht der Anstellung allein den Eltern überläßt und diese sich durch den Zwang zur finanziellen Beteiligung in ihrem Gewissen gebunden fühlen, die rechte Entscheidung zu treffen. Denn wer es mit fremdem

alieno neglegentes, certe de suo diligentes erunt dabuntque operam, ne a me pecuniam non nisi dignus accipiat, si accepturus et ab ipsis erit. proinde consentite, conspirate 9 maioremque animum ex meo sumite, qui cupio esse quam plurimum, quod debeam conferre.

Nihil honestius praestare liberis vestris, nihil gratius patriae potestis. educentur hic, qui hic nascuntur, statimque ab infantia natale solum amare, frequentare consuescant. atque utinam tam claros praeceptores inducatis, ut finitimis oppidis studia hinc petantur, utque nunc liberi vestri aliena in loca, ita mox alieni in hunc locum confluant!'

Haec putavi altius et quasi a fonte repetenda, quo magis 10 scires, quam gratum mihi foret, si susciperes, quod iniungo. iniungo autem et pro rei magnitudine rogo, ut ex copia studiosorum, quae ad te ex admiratione ingenii tui convenit, circumspicias praeceptores, quos sollicitare possimus, sub ea tamen condicione, ne cui fidem meam obstringam. omnia enim libera parentibus servo; illi iudicent, illi eligant, ego mihi curam tantum et impendium vindico. pro- 11 inde, si quis fuerit repertus, qui ingenio suo fidat, eat illuc ea lege, ut hinc nihil aliud certum quam fiduciam suam ferat.

Vale.

## VI. XI
### C. PLINIVS MAXIMO SVO S.

O diem laetum! adhibitus in consilium a praefecto urbis 1 audivi ex diverso agentes summae spei, summae indolis iuvenes, Fuscum Salinatorem et Ummidium Quadratum, egregium par nec modo temporibus nostris, sed litteris ipsis ornamento futurum. mira utrique probitas, constan- 2 tia salva, decorus habitus, os Latinum, vox virilis, tenax

Gut vielleicht nicht so genau nimmt, wird sicher mit seinem eigenen gewissenhaft umgehen und darauf sehen, daß das von mir gestiftete Geld nur ein Würdiger bekommt, wenn er auch aus ihrer Tasche etwas zu bekommen hat. Darum tut euch zusammen, verständigt euch und nehmt euch ein Beispiel an meinem Wagemut; ich möchte mich zu einem möglichst hohen Betrag verpflichtet sehen.

Nichts Ehrenwerteres könnt ihr für eure Kinder, nichts Erwünschteres für eure Heimat tun. Mag hier erzogen werden, wer hier geboren wird, und gleich von Kindheit an lernen, die Stätte seiner Geburt zu lieben und gern an ihr zu weilen. Ich wünschte, ihr engagiertet so angesehene Lehrer, daß die Nachbarstädte sich hier ihre Ausbildung holten und, wie jetzt eure Kinder in auswärtige Orte, so künftig Auswärtige hierher strömten."

Ich hielt es für notwendig, Dir dies weiter ausholend und sozusagen von der Quelle an darzulegen, damit Du besser weißt, wie lieb es mir wäre, wenn Du auf Dich nähmest, was ich Dir zumute. Ich mute Dir zu und bitte Dich in Anbetracht der Bedeutung der Sache, Dich in dem Schwarm von Studierenden, der sich aus Bewunderung für Dein Genie bei Dir einfindet, nach Lehrern umzusehen, die wir dafür interessieren könnten, allerdings mit dem Vorbehalt, daß ich keine bindenden Zusicherungen machen kann. Denn ich halte alles den Eltern offen; sie sollen urteilen, sie sollen wählen; für mich beanspruche ich nur die Vermittlung und die Besoldung. Findet sich also jemand, der seinem Talent traut, dann mag er hingehen mit dem Bewußtsein, daß er von hier keine andere Sicherheit mitnimmt als sein Selbstvertrauen.

Leb' wohl!

6, 11

C. Plinius grüßt seinen Maximus

Welch froher Tag! Vom Stadtpräfekten zur Beratung herangezogen, habe ich zwei hoffnungsvolle, hochbegabte junge Männer gegeneinander plädieren hören, Fuscus Salinator und Ummidius Quadratus, ein glänzendes Paar, das nicht nur unsrer Zeit, sondern der Literatur überhaupt zur Zierde gereichen wird. Beide zeichnen sich aus durch außergewöhnliche Rechtschaffenheit, unerschütterliche Charakterfestigkeit, anständige Haltung, reines Latein, eine männli-

memoria, magnum ingenium, iudicium aequale; quae singula mihi voluptati fuerunt atque inter haec illud, quod et ipsi me ut rectorem, ut magistrum intuebantur et iis, qui audiebant, me aemulari, meis instare vestigiis videbantur.

O diem (repetam enim) laetum notandumque mihi candidissimo calculo! quid enim aut publice laetius quam clarissimos iuvenes nomen et famam ex studiis petere, aut mihi optatius quam me ad recta tendentibus quasi exemplar esse propositum? quod gaudium ut perpetuo capiam, deos oro; ab isdem teste te peto, ut omnis, qui me imitari tanti putabunt, meliores esse quam me velint.

Vale.

## VI. XXXII
## C. PLINIVS QVINTILIANO SVO S.

Quamvis et ipse sis continentissimus et filiam tuam ita institueris, ut decebat tuam filiam, Tutili neptem, cum tamen sit nuptura honestissimo viro, Nonio Celeri, cui ratio civilium officiorum necessitatem quandam nitoris imponit, debet secundum condicionem mariti uti veste, comitatu, quibus non quidem augetur dignitas, ornatur tamen et instruitur.

Te porro animo beatissimum, modicum facultatibus scio. itaque partem oneris tui mihi vindico et tamquam parens alter puellae nostrae confero quinquaginta milia nummum, plus collaturus, nisi a verecundia tua sola mediocritate munusculi impetrari posse confiderem, ne recusares.

Vale.

che Stimme, ein zuverlässiges Gedächtnis, bedeutendes Talent und dementsprechendes Urteilsvermögen; jede dieser Eigenschaften für sich hat mir Spaß gemacht und unter anderem auch der Umstand, daß sie selbst mich als ihren Lenker und Lehrer betrachteten und, wie es den Hörern schien, mir nachstrebten, meiner Spur folgten.

Um es noch einmal zu sagen: welch froher Tag, den ich mir im Kalender dick anstreichen muß! Denn was könnte für die Allgemeinheit erfreulicher sein, als daß zwei angesehene junge Leute in den Studien Ruf und Namen suchen, oder für mich erwünschter, als daß ich zum Rechten strebenden Talenten als Vorbild vor Augen stehe? Ich bete zu den Göttern, daß mir dies Glück immer zuteil werde, bitte sie auch – und Du bist mein Zeuge –, daß sie es alle besser machen lassen, die in Zukunft darauf aus sind, mir nachzustreben.

Leb' wohl!

6,32
C. Plinius grüßt seinen Quintilianus

Wohl bist Du selbst überaus bescheiden und hast Deine Tochter so erzogen, wie es Deiner Tochter, des Tutilius Enkelin, angemessen war; aber sie heiratet doch einen hochangesehenen Mann, Nonius Celer, dem die Rücksicht auf seine zivilen Verpflichtungen eine gewisse Eleganz gebietet, und so muß sie dem Range ihres Gatten entsprechend reichlicher mit Kleidung und Dienerschaft ausgestattet werden, Dinge, von denen innere Würde zwar nichts gewinnt, aber doch Schmuck und Glanz erhält.

Ferner weiß ich, daß Du mit geistigen Gütern reich gesegnet, mit materiellen aber nur mäßig versehen bist. Deshalb beanspruche ich einen Teil Deiner Belastung für mich und steuere gleichsam als zweiter Vater unsres Mädchens 50000 Sestertien bei und würde noch mehr beisteuern, wenn ich nicht überzeugt wäre, daß Dein Zartgefühl sich allein durch die Bescheidenheit meiner Gabe bewegen lassen wird, diese nicht abzulehnen.

Leb' wohl!

## III. XIV
## C. PLINIVS ACILIO SVO S.

Rem atrocem nec tantum epistula dignam Larcius 1
Macedo, vir praetorius, a servis suis passus est, superbus
alioqui dominus et saevus, et qui servisse patrem suum
parum, immo nimium meminisset.

Lavabatur in villa Formiana; repente eum servi circum- 2
sistunt, alius fauces invadit, alius os verberat, alius pectus
et ventrem atque etiam, foedum dictu, verenda contundit;
et, cum exanimem putarent, abiciunt in fervens pavimen-
tum, ut experirentur, an viveret. ille, sive quia non sentie-
bat, sive quia se non sentire simulabat, immobilis et exten-
tus fidem peractae mortis implevit. tum demum quasi 3
aestu solutus effertur; excipiunt servi fideliores, concu-
binae cum ululatu et clamore concurrunt. ita et vocibus
excitatus et recreatus loci frigore sublatis oculis agitato-
que corpore vivere se (et iam tutum erat) confitetur. diffu- 4
giunt servi; quorum magna pars comprehensa est, ceteri
requiruntur. ipse paucis diebus aegre focilatus non sine
ultionis solacio decessit, ita vivus vindicatus, ut occisi
solent.

Vides, quot periculis, quot contumeliis, quot ludibriis 5
simus obnoxii; nec est, quod quisquam possit esse securus, quia sit remissus et mitis; non enim iudicio domini,
sed scelere perimuntur. verum haec hactenus.

Quid praeterea novi? quid? nihil; alioqui subiungerem, 6
nam et charta adhuc superest et dies feriatus patitur plura

# 10. UNGEWÖHNLICHES HANDELN UND VERHALTEN, SELTSAME ERSCHEINUNGEN

### 3, 14

C. Plinius grüßt seinen Acilius

Einer grausigen Untat seiner Sklaven, wert, nicht nur in einem Brief geschildert zu werden, ist Larcius Macedo, ein Mann vom Rang eines Prätors, zum Opfer gefallen; übrigens ein hochnäsiger, grimmiger Herr, der zu selten oder vielmehr zu oft daran dachte, daß sein Vater noch Sklave gewesen war.

Er war beim Baden in seiner Villa in Formiae; plötzlich umstellten ihn seine Sklaven, einer packte ihn an der Gurgel, ein andrer schlug ihm ins Gesicht, ein dritter auf die Brust, den Leib und sogar – scheußlich! – die Scham, und als sie ihn für tot hielten, warfen sie ihn auf den glühend heißen Estrich, um zu sehen, ob er noch lebe. Sei's daß er wirklich nichts fühlte, sei's daß er nur so tat, als fühle er nichts – er lag unbeweglich ausgestreckt da und erweckte so den Eindruck, daß der Tod eingetreten sei. Da erst trugen sie ihn hinaus, als wäre er in der Hitze erstickt. Die treueren Sklaven nahmen sich seiner an, seine Beischläferinnen liefen unter lautem Jammern und Klagen zusammen. So durch das Stimmengewirr aufgeweckt und durch die Kühle der Umgebung belebt, schlug er die Augen auf, regte seine Glieder und gab dadurch zu erkennen – und jetzt ohne Gefahr –, daß er lebte. Die Sklaven stoben auseinander; viele von ihnen wurden aufgegriffen, nach den übrigen wird noch gesucht. Er selbst, für einige Tage mit Mühe ins Leben zurückgerufen, verschied mit dem tröstlichen Gedanken, noch lebend so gerächt worden zu sein wie sonst nur Tote.

Du siehst, welch mannigfachen Gefahren, Entwürdigungen, Verhöhnungen wir ausgesetzt sind, und niemand darf sich in Sicherheit wiegen, weil er ein nachsichtiger, milder Herr ist; der Sklave, der seinen Herrn umbringt, macht keinen Unterschied, sondern geht brutal zu Werke. Doch genug davon!

Was gibt es sonst noch Neues? Nun? Nichts! Sonst würde ich es anfügen, denn das Blatt ist noch nicht voll, und der Ferientag läßt es

contexi. addam, quod opportune de eodem Macedone succurrit. cum in publico Romae lavaretur, notabilis atque etiam, ut exitus docuit, ominosa res accidit. eques Roma- 7 nus a servo eius, ut transitum daret, manu leviter admonitus convertit se nec servum, a quo erat tactus, sed ipsum Macedonem tam graviter palma percussit, ut paene concideret. ita balineum illi quasi per gradus quosdam primum 8 contumeliae locus, deinde exitii fuit.

Vale.

## III. XVI
## C. PLINIVS NEPOTI SVO S.

Adnotasse videor facta dictaque virorum feminarum- 1 que alia clariora esse, alia maiora.

Confirmata est opinio mea hesterno Fanniae sermone. 2 neptis haec Arriae illius, quae marito et solacium mortis et exemplum fuit. multa referebat aviae suae non minora hoc, sed obscuriora; quae tibi existimo tam mirabilia legenti fore, quam mihi audienti fuerunt.

Aegrotabat Caecina Paetus, maritus eius, aegrotabat et 3 filius, uterque mortifere, ut videbatur. filius decessit eximia pulchritudine, pari verecundia et parentibus non minus ob alia carus, quam quod filius erat. huic illa ita 4 funus paravit, ita duxit exsequias, ut ignoraret maritus; quin immo, quotiens cubiculum eius intraret, vivere filium atque etiam commodiorem esse simulabat ac persaepe interroganti, quid ageret puer, respondebat: 'bene quievit, libenter cibum sumpsit.' deinde, cum diu cohibitae lacri- 5 mae vincerent prorumperentque, egrediebatur; tunc se dolori dabat; satiata siccis oculis, composito vultu redibat, tamquam orbitatem foris reliquisset.

zu, noch einiges hinzuzufügen. Da fällt mir eben eine Geschichte von demselben Macedo ein, und die sollst Du noch hören. Als er in einem öffentlichen Bade in Rom badete, passierte etwas Bemerkenswertes und, wie sich später herausstellen sollte, mit böser Vorbedeutung. Ein römischer Ritter, von Macedos Sklaven mit der Hand leicht angerührt, damit er den Weg freigebe, drehte sich um und schlug – nicht den Sklaven, der ihn angerührt hatte, sondern Macedo selbst so hart mit der flachen Hand, daß er beinahe hinfiel. So war das Bad für ihn sozusagen schrittweise zunächst der Schauplatz der Ehrenkränkung, dann des Verderbens.

Leb' wohl!

3, 16
C. Plinius grüßt seinen Nepos

Ich glaube bemerkt zu haben, daß gewisse Taten und Aussprüche von Männern und Frauen allbekannt, andere aber eigentlich großartiger sind.

Diese meine Auffassung fand ich gestern in einem Gespräch mit Fannia bestätigt. Es ist dies die Enkelin jener Arria, die ihrem Gatten im Tode Trost und Vorbild war. Sie erzählte mir mancherlei von ihrer Großmutter, was nicht weniger großartig, aber weniger bekannt ist als dies und Dir wahrscheinlich ebenso wunderbar erscheinen wird, wenn Du es liest, wie mir, als ich es hörte.

Caecina Paetus, ihr Gatte, war krank und krank auch ihr Sohn, beide todkrank, wie es schien. Der Sohn starb, ein außergewöhnlich hübscher, sittsamer Junge, den Eltern nicht nur deshalb lieb und teuer, weil er ihr Sohn war. Sie bereitete ihm das Leichenbegängnis, vollzog seine Bestattung so, daß ihr Gatte nichts davon merkte. Ja, sooft sie das Krankenzimmer betrat, tat sie so, als lebte der Sohn noch und als ginge es ihm besser, und auf seine wiederholte Frage, was der Junge mache, antwortete sie: „Er hat gut geschlafen, hat mit Appetit gegessen." Wenn dann die lange zurückgedrängten Tränen sie überwältigten und hervorstürzten, ging sie hinaus und gab sich dann erst ihrem Schmerz hin; wenn sie sich ausgeweint hatte, kehrte sie mit trockenen Augen und mit gefaßter Miene zurück, als hätte sie den herben Verlust draußen gelassen.

Praeclarum quidem illud eiusdem, ferrum stringere, 6
perfodere pectus, extrahere pugionem, porrigere marito,
addere vocem immortalem ac paene divinam: 'Paete, non
dolet.' sed tamen ista facienti, ista dicenti gloria et aeternitas ante oculos erant; quo maius est sine praemio aeternitatis, sine praemio gloriae abdere lacrimas, operire luctum
amissoque filio matrem adhuc agere.

Scribonianus arma in Illyrico contra Claudium mo- 7
verat; fuerat Paetus in partibus et occiso Scriboniano
Romam trahebatur. erat ascensurus navem; Arria milites 8
orabat, ut simul imponeretur. 'nempe enim' inquit 'daturi estis consulari viro servolos aliquos, quorum e manu
cibum capiat, a quibus vestiatur, a quibus calcietur; omnia
sola praestabo.' non impetravit; conduxit piscatoriam 9
nauculam ingensque navigium minimo secuta est.

Eadem apud Claudium uxori Scriboniani, cum illa profiteretur indicium, 'ego' inquit 'te audiam, cuius in gremio
Scribonianus occisus est, et vivis?' ex quo manifestum est
ei consilium pulcherrimae mortis non subitum fuisse.
quin etiam, cum Thrasea, gener eius, deprecaretur, ne 10
mori pergeret, interque alia dixisset: 'vis ergo filiam tuam,
si mihi pereundum fuerit, mori mecum?', respondit: 'si
tam diu tantaque concordia vixerit tecum quam ego cum
Paeto, volo.' auxerat hoc responso curam suorum, atten- 11
tius custodiebatur; sensit et 'nihil agitis' inquit; 'potestis
enim efficere, ut male moriar, ut non moriar, non potestis.'
dum haec dicit, exsiluit cathedra adversoque parieti caput 12
ingenti impetu impegit et corruit. focilata 'dixeram' inquit
'vobis inventuram me quamlibet duram ad mortem viam,
si vos facilem negassetis.'

Videnturne haec tibi maiora illo 'Paete, non dolet', ad 13
quod per haec perventum est? cum interim illud quidem

Gewiß, großartig ist auch das andere, das Schwert zu zücken, sich in die Brust zu stoßen, den Dolch aus der Wunde zu ziehen, dem Gatten hinzureichen mit den unsterblichen, nahezu übermenschlichen Worten: „Paetus, es tut nicht weh!" Aber als sie das tat und sagte, stand ihr doch der ewige Ruhm vor Augen; größer als dies ist es, ohne Aussicht auf den Lohn der Ewigkeit, den Lohn des Ruhmes seine Tränen zu verbergen und nach Verlust des Sohnes noch die glückliche Mutter zu spielen.

Scribonianus hatte in Illyrien die Waffen gegen Claudius erhoben; Paetus war daran beteiligt gewesen und wurde nach dem Tode des Scribonianus nach Rom geschleppt. Er wollte eben das Schiff besteigen, da bat Arria die Soldaten, sie mitfahren zu lassen. „Ihr wollt dem Konsular doch gewiß ein paar Sklaven als Begleiter mitgeben, aus deren Hand er Nahrung empfangen kann, die ihm in die Kleider und in die Schuhe helfen können; das alles werde ich allein besorgen", sagte sie. Sie fand kein Gehör, mietete ein Fischerboot und folgte dem großen Schiffe in dem kleinen Boot.

Als sich dann die Frau des Scribonianus vor Claudius zu einem Geständnis bereit erklärte, sagte sie: „Dich soll ich anhören, in deren Schoß Scribonianus ermordet worden ist, und du lebst noch?" Woraus sich klar ergibt, daß der Entschluß zu ihrem schönen Tode ihr nicht von ungefähr gekommen ist. Ja, als Thrasea, ihr Schwiegersohn, sie anflehte, dem Tode Einhalt zu tun, und unter anderem sagte: „Du willst also, daß deine Tochter, wenn ich einmal davongehen muß, mit mir stirbt?", da antwortete sie: „Wenn sie so lange und so einträchtig mit dir gelebt hat wie ich mit Paetus, ja!" Diese Antwort hatte die Besorgnis ihrer Lieben noch gesteigert, und so beobachtete man sie noch schärfer; sie merkte das und sagte: „Es nützt euch nichts; ihr könnt machen, daß ich unschön sterbe, nicht, daß ich nicht sterbe!" Bei diesen Worten sprang sie vom Sessel auf, rannte in gewaltigem Schwung mit dem Kopf gegen die Wand und brach zusammen. Als man sie wieder zu sich brachte, sagte sie: „Ihr wußtet ja, daß ich einen vielleicht harten Weg zum Tode finden würde, wenn ihr mir den leichten versagtet!"

Erscheinen Dir diese Vorgänge nicht großartiger als jenes „Paetus, es tut nicht weh", das durch sie vorbereitet wurde? Davon spricht niemand, während von jenem Ausspruch mittlerweile viel Wesens

ingens fama, haec nulla circumfert. unde colligitur, quod initio dixi, alia esse clariora, alia maiora.

Vale.

## IV. XI
## C. PLINIVS MINICIANO SVO S.

Audistine Valerium Licinianum in Sicilia profiteri? nondum te puto audisse; est enim recens nuntius. praetorius modo hic inter eloquentissimos causarum actores habebatur; nunc eo decidit, ut exul de senatore, rhetor de oratore fieret.

Itaque ipse in praefatione dixit dolenter et graviter: 'quos tibi, Fortuna, ludos facis? facis enim ex senatoribus professores, ex professoribus senatores.' cui sententiae tantum bilis, tantum amaritudinis inest, ut mihi videatur ideo professus, ut hoc diceret.

Idem, cum Graeco pallio amictus intrasset (carent enim togae iure, quibus aqua et igni interdictum est), postquam se composuit circumspexitque habitum suum, 'Latine' inquit 'declamaturus sum'.

Dices tristia et miseranda, dignum tamen illum, qui haec ipsa studia incesti scelere macularit. confessus est quidem incestum, sed incertum, utrum quia verum erat, an quia graviora metuebat, si negasset. fremebat enim Domitianus aestuabatque in ingenti invidia destitutus. nam cum Corneliam, Vestalium maximam, defodere vivam concupisset, ut qui inlustrari saeculum suum eius modi exemplis arbitraretur, pontificis maximi iure seu potius immanitate tyranni, licentia domini reliquos pontifices non in Regiam, sed in Albanam villam convocavit. nec minore scelere, quam quod ulcisci videbatur, absentem inauditamque damnavit incesti, cum ipse fratris filiam

gemacht wird. Woraus hervorgeht, was ich zu Anfang gesagt habe: mancherlei ist allbekannt, andres eigentlich großartiger.

Leb' wohl!

### 4, 11
C. Plinius grüßt seinen Minicianus

Hast Du schon gehört, daß Valerius Licinianus in Sizilien Schule hält? Wahrscheinlich noch nicht, denn die Nachricht ist ganz neu. Kürzlich noch ein Mann von prätorischem Rang, galt er als einer der gewandtesten Prozeßredner; jetzt ist er so tief gesunken, daß er vom Senator zum Verbannten, vom Redner zum Rhetor geworden ist.

So hat er sich denn auch selbst in sein neues Metier eingeführt mit den schwermütigen, melancholischen Worten: „O Fortuna, welches Spiel treibst du mit uns! Aus Senatoren machst du Schulmeister, aus Schulmeistern Senatoren!" Dieser Ausspruch enthält so viel Galle, so viel Bitterkeit, daß er anscheinend nur deshalb Schulmeister geworden ist, um dies sagen zu können.

Ebenso, als er, mit griechischem Mantel bekleidet – Verbannte haben ja nicht das Recht, die Toga zu tragen –, den Hörsaal betreten hatte. Er setzte sich in Positur, warf einen Blick auf seine Kleidung und begann: „Ich werde lateinisch vortragen!"

Du wirst sagen: trostlos, jammervoll; aber hat er es besser verdient, wo er unseren Beruf durch das Verbrechen des Inzests entehrt hat? Den Inzest hat er zugegeben, nur ist nicht ganz klar, ob deshalb, weil es wahr ist, oder nur, weil er Schlimmeres befürchtete, wenn er es bestritte. Denn Domitian tobte und kochte vor Wut, hilflos einer Woge von Haß preisgegeben. Er hatte sich nämlich in den Kopf gesetzt, Cornelia, die Obervestalin, lebendig zu begraben – er meinte wohl, seiner Regierung durch ein derartiges Exempel besonderen Glanz zu verleihen –, und so berief er mit dem Recht des Pontifex Maximus oder besser: mit der Unmenschlichkeit des Tyrannen, der Willkür des Herrn die übrigen Pontifices nicht in die Regia, sondern auf seine Villa in Alba. Und war es schon ein Frevel, daß er die Miene des Strafrichters annahm, so nicht minder, daß er sie in ihrer Abwesenheit und ohne sie vernommen zu haben wegen Inzests verurteilte, wo er doch selbst die Tochter seines Bruders durch Inzest nicht

incesto non polluisset solum, verum etiam occidisset, nam vidua abortu periit.

Missi statim pontifices, qui defodiendam necandamque 7 curarent. illa nunc ad Vestam, nunc ad ceteros deos manus tendens, multa, sed hoc frequentissime clamitabat: 'me Caesar incestam putat, qua sacra faciente vicit, triumphavit!' blandiens haec an inridens, ex fiducia sui an ex contemptu principis dixerit, dubium est; dixit, donec ad supplicium, nescio an innocens, certe tamquam innocens ducta est. quin etiam, cum in illud subterraneum cubiculum demitteretur haesissetque descendenti stola, vertit se ac recollegit, cumque ei manum carnifex daret, aversata est et resiluit foedumque contactum quasi plane a casto puroque corpore novissima sanctitate reiecit omnibusque numeris pudoris πολλὴν πρόνοιαν ἔσχεν εὐσχήμων πεσεῖν. praeterea Celer, eques Romanus, cui Cornelia obiciebatur, cum in comitio virgis caederetur, in hac voce perstiterat: 'quid feci? nihil feci.'

Ardebat ergo Domitianus et crudelitatis et iniquitatis 11 infamia. arripit Licinianum, quod in agris suis occultasset Corneliae libertam. ille ab his, quibus erat curae, praemonetur, si comitium et virgas pati nollet, ad confessionem confugeret quasi ad veniam; fecit. locutus est pro 12 absente Herennius Senecio tale quiddam, quale est illud κεῖται Πάτροκλος. ait enim: 'ex advocato nuntius factus sum; Licinianus recessit.' gratum hoc Domitiano adeo 13 quidem, ut gaudio proderetur diceretque: 'absolvit nos Licinianus.' adiecit etiam non esse verecundiae eius instandum; ipsi vero permisit, si qua posset, ex rebus suis rapere, ante quam bona publicarentur, exiliumque molle velut praemium dedit. ex quo tamen postea clementia divi 14

nur geschändet, sondern auch umgebracht hatte, denn sie starb als Witwe an den Folgen einer Abtreibung.

Sofort wurden die Pontifices ausgeschickt, um sie vergraben und töten zu lassen. Sie, ihre Hände bald zu Vesta, bald zu allen andern Göttern erhebend, schrie alles mögliche heraus, unter anderem immer wieder dies: „Caesar hält mich für eine Dirne, mich, die für seine Siege und Triumphe die Opfer vollzogen hat." Ob das Schmeichelei oder Hohn sein sollte, ob sie es aus Selbstgefühl oder Verachtung für den Prinzeps sagte, weiß man nicht. Sie rief es, bis sie, vielleicht wirklich unschuldig, jedenfalls als unschuldig betrachtet, zur Hinrichtung geführt wurde. Ja, als sie in das unterirdische Verlies hinabgeführt wurde und beim Hinabsteigen ihre Stola sich verfing, drehte sie sich um, um sie aufzuraffen, und als ihr der Henker die Hand reichen wollte, wandte sie sich ab, zuckte zurück und wies in letzter Erhabenheit die garstige Berührung von sich, als wäre ihr Leib völlig rein und unberührt, und schamhaft bis zum letzten „trug sie viel Vorsorge, anständig zu fallen". Außerdem hatte Celer, ein römischer Ritter, dem man das Vergehen an Cornelia in die Schuhe schob, als man ihn auf dem Comitium auspeitschte, immer wieder ausgerufen: „Was habe ich getan? Ich habe nichts getan!"

Also, Domitian kochte vor Wut, daß man ihm Grausamkeit und Ungerechtigkeit nachsagte. Er ließ Licinianus verhaften, weil er auf seinen Gütern eine Freigelassene der Cornelia versteckt gehalten habe. Er wurde von den mit seiner Verhaftung Beauftragten gewarnt; wenn er sich dem Comitium und der Auspeitschung entziehen wolle, solle er seine Zuflucht zum Geständnis nehmen, als ob er dann Nachsicht erwarten dürfte. Er tat es. In seiner Abwesenheit sprach Herennius Senecio für ihn, etwa in dem Sinne, wie es bei Homer heißt: „Patroklos liegt nun tot!" Er sagte nämlich: „Aus dem Anwalt bin ich zum Boten geworden; Licinianus hat verzichtet." Das kam Domitian so zupaß, daß er sich in seiner Freude verriet und ausrief: „Licinianus hat mich freigesprochen!" Er fügte noch hinzu, man solle seinem Schamgefühl nicht weiter zusetzen; ihm selbst gestattete er, von seinem Eigentum alles, was er könne, an sich zu raffen, ehe seine Güter versteigert würden, und gewährte ihm gleichsam als Belohnung ein mildes Exil. Von dort wurde er jedoch hernach durch

Nervae translatus est in Siciliam, ubi nunc profitetur seque de fortuna praefationibus vindicat.

Vides, quam obsequenter paream tibi, qui non solum 15 res urbanas, verum etiam peregrinas tam sedulo scribo, ut altius repetam. et sane putabam te, quia tunc afuisti, nihil aliud de Liciniano audisse quam relegatum ob incestum. summam enim rerum nuntiat fama, non ordinem. mereor, 16 ut vicissim, quid in oppido tuo, quid in finitimis agatur (solent enim quaedam notabilia incidere), perscribas, denique, quidquid voles, dum modo non minus longa epistula, nuntia! ego non paginas tantum, sed versus etiam syllabasque numerabo.

Vale.

## VII. XXVII
### C. PLINIVS SVRAE SVO S.

Et mihi discendi et tibi docendi facultatem otium prae- 1 bet. igitur perquam velim scire, esse phantasmata et habere propriam figuram numenque aliquod putes an inania et vana ex metu nostro imaginem accipere.

Ego ut esse credam, in primis eo ducor, quod audio 2 accidisse Curtio Rufo. tenuis adhuc et obscurus obtinenti Africam comes haeserat. inclinato die spatiabatur in porticu. offertur ei mulieris figura humana grandior pulchriorque; perterrito Africam se, futurorum praenuntiam dixit; iturum enim Romam honoresque gesturum atque etiam cum summo imperio in eandem provinciam reversurum ibique moriturum. facta sunt omnia. praeterea 3 accedenti Carthaginem egredientique nave eadem figura in litore occurrisse narratur. ipse certe implicitus morbo, futura praeteritis, adversa secundis auguratus, spem salutis nullo suorum desperante proiecit.

die Gnade des verewigten Nerva nach Sizilien versetzt, wo er jetzt Schule hält und sich in seinen Antrittsreden am Schicksal rächt.

Du siehst, wie willig ich Dir willfahre; ich schreibe Dir nicht nur von den Vorgängen in der Stadt, sondern auch in der Fremde, so hingebungsvoll, daß ich mich sogar in die Vergangenheit verliere. Und ich glaube ja auch wirklich, Du hast, da Du damals nicht hier warst, über Licinianus nichts weiter gehört, als daß er wegen Inzests relegiert wurde. Denn nur die Hauptpunkte der Ereignisse meldet die Fama, nicht die Einzelheiten. Als Gegengabe verdiene ich, daß Du mir berichtest, was in Deiner Stadt und ihrer Umgebung vorgeht – meist passiert ja etwas Bemerkenswertes – kurz, was Du willst, aber gefälligst in einem nicht weniger langen Brief! Ich werde nicht nur die Seiten, sondern sogar die Zeilen und Silben zählen!

Leb' wohl!

## 7, 27
### C. Plinius grüßt seinen Sura

Die Muße gibt mir die Möglichkeit, etwas zu lernen, und Dir, mich zu belehren. Also: ich möchte gar zu gerne wissen, ob Du glaubst, daß es Gespenster gibt und daß sie eine eigene Gestalt und irgendeine Wirksamkeit haben oder leere, eitle Gebilde sind und nur in unserer Furcht Gestalt gewinnen.

Ich glaube an ihre Existenz, und dazu bestimmt mich vornehmlich, was, wie ich höre, Curtius Rufus passiert ist. Noch unbekannt und in dürftigen Verhältnissen lebend, befand er sich im Gefolge des Statthalters von Afrika. Eines Tages ging er gegen Abend in einer Wandelhalle spazieren. Da trat ihm eine weibliche Gestalt von übernatürlicher Größe und Schönheit entgegen; betroffen hörte er sie sagen, sie sei Afrika und kenne die Zukunft; er werde nach Rom gehen, dort zu Ehrenämtern emporsteigen, dann als Statthalter nach Afrika zurückkehren und dort sterben. Alles ist eingetroffen! Als er in Karthago landete und aus dem Schiff stieg, soll ihm außerdem dieselbe Gestalt am Ufer erschienen sein. Jedenfalls wurde er bald krank, und von der Vergangenheit auf die Zukunft, vom Glück aufs Unglück schließend, ließ er alle Hoffnung auf Genesung fahren, während alle seine Angehörigen nicht daran zweifelten.

Iam illud nonne et magis terribile et non minus mirum 4
est, quod exponam, ut accepi? erat Athenis spatiosa et 5
capax domus, sed infamis et pestilens. per silentium noctis sonus ferri et, si attenderes acrius, strepitus vinculorum longius primo, deinde e proximo reddebatur. mox apparebat idolon, senex macie et squalore confectus, promissa barba, horrenti capillo; cruribus compedes, manibus catenas gerebat quatiebatque. inde inhabitantibus tristes 6
diraeque noctes per metum vigilabantur; vigiliam morbus et crescente formidine mors sequebatur. nam interdiu quoque, quamquam abscesserat imago, memoria imaginis oculis inerrabat, longiorque causis timoris timor erat. deserta inde et damnata solitudine domus totaque illi monstro relicta; proscribebatur tamen, seu quis emere seu quis conducere ignarus tanti mali vellet.

Venit Athenas philosophus Athenodorus, legit titulum 7
auditoque pretio, quia suspecta vilitas, percunctatus omnia docetur ac nihilo minus, immo tanto magis conducit.

Ubi coepit advesperascere, iubet sterni sibi in prima domus parte, poscit pugillares, stilum, lumen; suos omnes in interiora dimittit, ipse ad scribendum animum, oculos, manum intendit, ne vacua mens audita simulacra et inanes sibi metus fingeret.

Initio, quale ubique, silentium noctis, dein concuti ferrum, vincula moveri. ille non tollere oculos, non remittere stilum, sed offirmare animum auribusque praetendere. tum crebrescere fragor, adventare et iam ut in limine, iam ut intra limen audiri. respicit, videt agnoscitque narratam sibi effigiem. stabat innuebatque digito similis vocanti; hic 9
contra, ut paulum exspectaret, manu significat rursusque ceris et stilo incumbit. illa scribentis capiti catenis insona-

## UNGEWÖHNLICHES HANDELN UND VERHALTEN 169

Ist nicht auch folgende Geschichte, die ich Dir erzählen will, wie ich sie gehört habe, ebenso grausig und ebenso wunderbar? Da war in Athen ein weitläufiges, geräumiges, aber verrufenes, Unheil bringendes Haus. In der Stille der Nacht hörte man Eisen klirren, und wenn man schärfer hinhörte, Ketten rasseln, zuerst in der Ferne, dann ganz in der Nähe. Schließlich erschien ein Gespenst, ein alter Mann, abgemagert und von Schmutz starrend, mit langem Bart und struppigen Haaren; an den Beinen trug er Fußfesseln, an den Händen Ketten, die er schüttelte. Infolgedessen durchwachten die Bewohner aus Angst trostlose, grausige Nächte; die Schlaflosigkeit führte zu Krankheiten und bei zunehmender Angst zum Tode. Denn auch bei Tage war das Gespenst zwar verschwunden, gaukelte aber in ihrer Phantasie vor ihren Augen, und die Angst hielt länger vor als deren Ursache. Schließlich wurde das Haus aufgegeben, dazu verdammt, verlassen zu bleiben, und gänzlich jenem Unhold ausgeliefert; immerhin wurde es zum Verkauf angeboten, falls es jemand in Unkenntnis jener schauerlichen Vorgänge kaufen oder mieten wollte.

Da kommt der Philosoph Athenodor nach Athen, liest den Anschlag, fragt nach dem Preise, und da er ihm verdächtig niedrig vorkommt, forscht er nach, erfährt alles und mietet das Haus trotzdem, ja, nun erst recht.

Als es Abend wird, läßt er sich im vorderen Teil des Hauses ein Bett aufstellen, läßt sich Schreibtafel, Griffel und Lampe bringen; seine Leute schickt er alle in die inneren Gemächer, er selbst konzentriert Geist, Augen und Hand aufs Schreiben, damit ihm sein Gehirn nicht unbeschäftigt die Trugbilder vorspiegele, von denen er gehört hatte, und ihm unbegründete Furcht einjage.

Anfangs wie überall nächtliche Stille, dann Klirren von Eisen, Rasseln von Ketten. Er hebt nicht die Augen, legt den Griffel nicht aus der Hand, faßt sich ein Herz und zwingt sich, nicht hinzuhören. Da verstärkt sich das Getöse, kommt näher und ist bereits wie an der Schwelle, wie innerhalb der Schwelle zu hören. Er blickt auf, sieht und erkennt die Gestalt, wie man sie ihm beschrieben hat. Sie steht da und winkt mit dem Finger, als wollte sie ihn zu sich rufen. Er dagegen gibt ihr mit der Hand ein Zeichen, einen Augenblick zu warten, wendet sich wieder der Schreibtafel und dem Griffel zu. Da rasselt sie über dem Kopf des Schreibenden mit den Ketten. Als er

bat; respicit rursus idem quod prius innuentem, nec moratus tollit lumen et sequitur.

Ibat illa lento gradu, quasi gravis vinculis. postquam 10 deflexit in aream domus, repente dilapsa deserit comitem. desertus herbas et folia concerpta signum loco ponit.

Postero die adit magistratus, monet, ut illum locum 11 effodi iubeant. inveniuntur ossa inserta catenis et implicita, quae corpus aevo terraque putrefactum nuda et exesa reliquerat vinculis; collecta publice sepeliuntur. domus postea rite conditis manibus caruit.

Et haec quidem adfirmantibus credo; illud adfirmare 12 aliis possum. est libertus mihi non inlitteratus. cum hoc minor frater eodem lecto quiescebat. is visus est sibi cernere quendam in toro residentem admoventemque capiti suo cultros atque etiam ex ipso vertice amputantem capillos. ubi inluxit, ipse circa verticem tonsus, capilli iacentes reperiuntur.

Exiguum temporis medium, et rursus simile aliud priori fidem fecit. puer in paedagogio mixtus pluribus dormiebat; venerunt per fenestras (ita narrat) in tunicis albis duo cubantemque detonderunt et, qua venerant, recesserunt. hunc quoque tonsum sparsosque circa capillos dies ostendit.

Nihil notabile secutum, nisi forte quod non fui reus, 14 futurus, si Domitianus, sub quo haec acciderunt, diutius vixisset. nam in scrinio eius datus a Caro de me libellus inventus est; ex quo coniectari potest, quia reis moris est summittere capillum, recisos meorum capillos depulsi, quod imminebat, periculi signum fuisse.

hinsieht, winkt sie wieder genau wie eben, und jetzt nimmt er unverzüglich die Lampe und folgt ihr.

Langsamen Schrittes, wie von den Ketten beschwert, schreitet das Gespenst voran. Als es in den Hofraum des Hauses einbiegt, verflüchtigt es sich plötzlich und läßt seinen Begleiter allein. Der rupft Gras und Blätter zusammen und bezeichnet damit die Stelle.

Am nächsten Tag geht er zu den Behörden und bittet, an der bezeichneten Stelle nachgraben zu lassen. Man findet in Ketten verstrickte Knochen, die der im Laufe der Zeit durch die Einwirkung des Erdreichs verweste Leichnam nackt und zerfressen übriggelassen hatte; man sammelt sie und setzt sie auf Staatskosten bei. Nachdem so die Manen angemessen Ruhe gefunden hatten, blieb das Haus von nun an von ihnen verschont.

Diese Geschichte muß ich den Leuten glauben, die sich dafür verbürgen. Für folgendes kann ich selbst mich anderen gegenüber verbürgen. Ich habe einen nicht ganz ungebildeten Freigelassenen. Mit dem schlief sein jüngerer Bruder zusammen in einem Bett. Dieser Junge hatte einen Traum. Jemand setzte sich an sein Lager, näherte sich mit einer Schere seinem Kopfe und schnitt ihm sogar die Haare vom Scheitel. Als es Tag wurde, fand man ihn um den Scheitel geschoren und die Haare rings herumliegend.

Gar nicht lange danach bestätigte ein zweiter, ähnlicher Vorfall den früheren. Einer meiner jungen Sklaven schlief zusammen mit mehreren anderen im Sklavenraum. Da kamen zwei Gestalten in weißen Gewändern durchs Fenster – so erzählt er –, schoren ihm die Haare ab, während er im Bette lag, und verschwanden dann auf dem Weg, auf dem sie gekommen waren. Auch ihn fand man bei Tage geschoren und die Haare rings verstreut.

Es geschah nichts Besonderes, außer vielleicht, daß ich nicht angeklagt wurde, was gewiß geschehen wäre, wenn Domitian, unter dessen Regierung dies passierte, länger gelebt hätte. Denn unter seinen Papieren fand sich eine von Carus eingereichte Klageschrift gegen mich. Da es nun Sitte ist, daß Angeklagte ihr Haar wild wachsen lassen, könnte man auf den Gedanken kommen, daß die abgeschnittenen Haare meiner Leute die Abwendung der mir drohenden Gefahr bedeuteten.

Proinde rogo, eruditionem tuam intendas. digna res est, 15
quam diu multumque consideres, ne ego quidem indignus,
cui copiam scientiae tuae facias. licet etiam utramque in 16
partem, ut soles, disputes, ex altera tamen fortius, ne me
suspensum incertumque dimittas, cum mihi consulendi
causa fuerit, ut dubitare desinerem.

Vale.

## IX. XXXIII
## C. PLINIVS CANINIO SVO S.

Incidi in materiam veram, sed simillimam fictae di- 1
gnamque isto laetissimo, altissimo planeque poetico ingenio; incidi autem, dum super cenam varia miracula hinc
inde referuntur. magna auctori fides; tametsi quid poetae
cum fide? is tamen auctor, cui bene vel historiam scripturus credidisses.


Est in Africa Hipponensis colonia mari proxima. adia- 2
cet navigabile stagnum; ex hoc in modum fluminis aestuarium emergit, quod vice alterna, prout aestus aut repressit
aut impulit, nunc infertur mari, nunc redditur stagno.
omnis hic aetas piscandi, navigandi atque etiam natandi 3
studio tenetur, maxime pueri, quos otium lususque sollicitat. his gloria et virtus altissime provehi; victor ille, qui
longissime ut litus ita simul natantes reliquit.

Hoc certamine puer quidam audentior ceteris in ulter- 4
iora tendebat. delphinus occurrit et nunc praecedere
puerum, nunc sequi, nunc circumire, postremo subire,
deponere, iterum subire trepidantemque perferre primum
in altum, mox flectit ad litus redditque terrae et aequalibus.

Serpit per coloniam fama; concurrere omnes, ipsum 5
puerum tamquam miraculum adspicere, interrogare,

Ich bitte Dich also, biete all Deine Gelehrsamkeit auf! Die Sache verdient es, lange und gründlich bedacht zu werden, und auch ich verdiene es doch wohl, daß Du mir von Deinem Wissen abgibst. Meinetwegen kannst Du dabei auch, wie es Deine Art ist, das Für und Wider erörtern, nur entscheide Dich klipp und klar so oder so und laß mich nicht in Unruhe und Ungewißheit, denn ich habe Dich um Auskunft gebeten, um nicht länger zweifeln zu müssen.
Leb' wohl!

9, 33
C. Plinius grüßt seinen Caninius

Da bin ich auf eine wahre Geschichte gestoßen, die freilich aussieht, als wäre sie erfunden, und die Deines glücklichen, reichen, ausgesprochen dichterischen Talents würdig ist; bin auf sie gestoßen, als kürzlich allerhand Wundergeschichten von hier und da bei Tisch erzählt wurden. Der Erzähler verdient vollen Glauben, doch was kümmert einen Dichter die Glaubwürdigkeit? Immerhin, der Erzähler ist ein Mann, dem Du, selbst wenn Du Geschichte schreiben wolltest, Glauben geschenkt hättest.

In Afrika gibt es eine Kolonie Hippo, dicht am Meere gelegen. In der Nähe befindet sich eine schiffbare Lagune; aus ihr führt ein Kanal wie eine Art Fluß ins Meer, der abwechselnd, je nachdem Flut oder Ebbe ist, bald sich ins Meer ergießt, bald zur Lagune zurückströmt. Leute jeden Alters vergnügen sich hier mit Fischen, Kahnfahren und auch Schwimmen, besonders die Jugend, die ihre Freizeit und ihr Spieltrieb dazu reizt. Ihr gilt es als Heldentat, so weit wie möglich hinauszuschwimmen; Sieger ist, wer das Ufer und zugleich seine Mitschwimmer am weitesten hinter sich läßt.

Bei diesem Wettkampf wagte sich ein Knabe, der wagemutiger als seine Kameraden war, besonders weit hinaus. Da begegnet ihm ein Delphin, schwimmt vor ihm her, folgt ihm, umkreist ihn, nimmt ihn schließlich auf den Rücken, wirft ihn wieder ab, nimmt ihn noch einmal auf den Rücken, trägt den Verängstigten auf die hohe See hinaus, kehrt dann um und bringt ihn wieder ans Land und zu seinen Kameraden.

Die Geschichte macht in der Kolonie die Runde, alles strömt zusammen, bestaunt den Knaben wie ein Wundertier, fragt ihn aus,

audire, narrare. postero die obsident litus, prospectant mare et si quid est mari simile. natant pueri, inter hos ille, sed cautius. delphinus rursus ad tempus, rursus ad puerum. fugit ille cum ceteris. delphinus, quasi invitet, revocet, exsilit, mergitur variosque orbes implicat expeditque.

Hoc altero die, hoc tertio, hoc pluribus, donec homines 6 innutritos mari subiret timendi pudor. accedunt et adludunt et appellant, tangunt etiam pertrectantque praebentem. crescit audacia experimento. maxime puer, qui primus expertus est, adnatat nanti, insilit tergo, fertur referturque, agnosci se, amari putat, amat ipse; neuter timet, neuter timetur; huius fiducia, mansuetudo illius augetur. nec non alii pueri dextra laevaque simul eunt hor- 7 tantes monentesque.

Ibat una (id quoque mirum) delphinus alius, tantum spectator et comes; nihil enim simile aut faciebat aut patiebatur, sed alterum illum ducebat reducebatque, ut puerum ceteri pueri.

Incredibile, tam verum tamen quam priora, delphinum 8 gestatorem collusoremque puerorum in terram quoque extrahi solitum harenisque siccatum, ubi incaluisset, in mare revolvi. constat Octavium Avitum, legatum procon- 9 sulis, in litus educto religione prava superfudisse unguentum, cuius illum novitatem odoremque in altum refugisse nec nisi post multos dies visum languidum et maestum, mox redditis viribus priorem lasciviam et solita ministeria repetisse. confluebant omnes ad spectaculum magistratus, 10 quorum adventu et mora modica res publica novis sumptibus atterebatur. postremo locus ipse quietem suam

hört ihn an, erzählt es weiter. Am folgenden Tage belagern sie das Ufer, blicken aufs Meer und alles, was wie Meer aussieht. Die Knaben schwimmen, unter ihnen der Held des Tages, aber vorsichtiger. Wieder ist der Delphin pünktlich zur Stelle, wieder nähert er sich dem Jungen. Der flieht mit den übrigen. Der Delphin schnellt in die Höhe, als wollte er ihn einladen und zurückrufen, taucht, umkreist ihn verschiedentlich und läßt ihn wieder frei.

So ging es auch am zweiten, am dritten, an weiteren Tagen, bis die am Meere aufgewachsenen Kinder sich allmählich ihrer Furcht zu schämen beginnen. Sie machen sich an ihn heran, spielen mit ihm, rufen ihn an, berühren ihn sogar und streicheln ihn, und er läßt es sich gefallen. Mit dem geglückten Versuch wächst ihre Kühnheit. Besonders der Knabe, der als erster die Probe gemacht hatte, schwimmt an ihn heran, schwingt sich auf seinen Rücken, läßt sich hin- und hertragen, glaubt, von ihm wiedererkannt und geliebt zu werden und erwidert seine Liebe; keiner hat Angst vor dem anderen. Der Junge gewinnt immer mehr Vertrauen, der Delphin wird immer zahmer. Auch andere Knaben schwimmen ihnen rechts und links zur Seite und ermuntern die beiden durch Zurufe.

Ein weiteres Wunder: ein zweiter Delphin schloß sich ihnen an, aber nur als Zuschauer und Begleiter, denn er tat und duldete nichts dergleichen, geleitete nur den anderen hier- und dorthin, wie den Knaben seine Kameraden.

Unglaublich, aber doch ebenso wahr wie alles andre: der Delphin, Reittier und Spielgefährte der Knaben, ließ sich sogar ans Land ziehen und wälzte sich, wenn er auf dem Sande trocken geworden war und es ihm zu warm wurde, wieder ins Meer. Soviel ist jedenfalls gewiß, daß Octavius Avitus, ein Legat des Statthalters, das Tier, als es einmal auf den Strand geworfen war, in törichtem Aberglauben mit Salben übergoß, dieses daraufhin vor dem neuartigen, ungewohnten Geruch aufs hohe Meer floh und erst nach vielen Tagen wieder zum Vorschein kam, matt und traurig, dann aber, als es wieder zu Kräften gekommen war, sein altes Spiel und den gewohnten Dienst wieder aufnahm. Alle Beamten strömten zusammen, um sich das Schauspiel anzusehen, aber ihr Kommen und Verweilen drückte das kleine Gemeinwesen mit ungewöhnlichen Auflagen. Schließlich verlor der

secretumque perdebat; placuit occulte interfici, ad quod coibatur.

Haec tu qua miseratione, qua copia deflebis, ornabis, 11 attolles! quamquam non est opus adfingas aliquid aut adstruas; sufficit, ne ea, quae sunt vera, minuantur.

Vale.

Ort selbst seine ruhige Abgeschiedenheit; man beschloß, heimlich aus dem Weg zu räumen, was diese Anziehungskraft ausübte.

Mit welcher Ergriffenheit wirst Du diese Begebenheit beklagen, mit welcher Fülle ausschmücken, steigern! Indessen brauchtest Du eigentlich nichts hinzuzutun oder hinzuzudichten; es genügt, wenn die Tatsachen voll zur Geltung kommen.

Leb' wohl!

## IV. XXX
## C. PLINIVS SVRAE SVO S.

Attuli tibi ex patria mea pro munusculo quaestionem altissima ista eruditione dignissimam.

Fons oritur in monte, per saxa decurrit, excipitur cenatiuncula manu facta; ibi paulum retentus in Larium lacum decidit.

Huius mira natura: ter in die statis auctibus ac diminutionibus crescit decrescitque. cernitur id palam et cum summa voluptate deprehenditur. iuxta recumbis et vesceris atque etiam ex ipso fonte (nam est frigidissimus) potas; interim ille certis dimensisque momentis vel subtrahitur vel adsurgit. anulum seu quid aliud ponis in sicco, adluitur sensim ac novissime operitur, detegitur rursus paulatimque deseritur. si diutius observes, utrumque iterum ac tertio videas.

Spiritusne aliquis occultior os fontis et fauces modo laxat, modo includit, prout aut inlatus occurrit aut decessit expulsus? quod in ampullis ceterisque generis eiusdem videmus accidere, quibus non hians nec statim patens exitus. nam illa quoque, quamquam prona atque vergentia, per quasdam obluctantis animae moras crebris quasi singultibus sistunt, quod effundunt. an, quae oceano natura, fonti quoque, quaque ille ratione aut impellitur aut resorbetur, hac modicus hic umor vicibus alternis supprimitur vel egeritur? an, ut flumina, quae in mare deferuntur, adversantibus ventis obvioque aestu retorquentur, ita est aliquid, quod huius fontis excursum repercutiat? an latentibus venis certa mensura, quae dum colligit, quod exhau-

# 11. BEMERKENSWERTE
NATURERSCHEINUNGEN

4, 30

C. Plinius grüßt seinen Sura

Aus meiner Heimat habe ich Dir als kleines Geschenk ein Deiner hohen Gelehrsamkeit angemessenes Problem mitgebracht.

Im Gebirge entspringt eine Quelle, eilt über Felsen zu Tal, wird in einer künstlichen Grotte aufgefangen; dort ein wenig aufgehalten, ergießt sie sich in den Larius-See.

Mit dieser Quelle hat es eine sonderbare Bewandtnis: dreimal am Tag steigt und fällt sie in regelmäßigem An- und Abschwellen. Man sieht das ganz deutlich und beobachtet es mit dem größten Vergnügen. Man setzt sich daneben zu Tisch, ißt und nimmt auch ab und zu einen Schluck aus der Quelle – sie ist nämlich schön kühl –, unterdessen hebt oder senkt sie sich in bestimmten, regelmäßigen Abständen. Man legt einen Ring oder dergleichen an den trockenen Rand; nach und nach wird er bespült und zuletzt ganz zugedeckt, kommt wieder zum Vorschein und wird allmählich freigelegt. Wenn man lange genug zuschaut, kann man beides zwei- und dreimal beobachten.

Ist es eine Art geheimen Atems, der Mund und Schlund der Quelle bald öffnet, bald schließt, je nachdem er beim Einatmen den Weg sperrt oder beim Ausatmen freigibt? Ein Vorgang, den wir auch bei kleinen Flaschen und andern derartigen Gefäßen mit engem, sich nicht gleich öffnendem Hals beobachten. Obwohl man sie schräg und nach unten hält, stockt auch bei ihnen infolge des Luftwiderstandes die ausströmende Flüssigkeit, als hätten sie den Schluckauf. Oder geht mit der Quelle dasselbe vor wie mit dem Ozean: wie er an- und abschwillt, so wird auch dieses Wasser in regelmäßigem Wechsel niedergedrückt und emporgehoben? Oder gibt es bei unsrer Quelle so etwas, was das ablaufende Wasser zurückprallen läßt, wie ins Meer mündende Flüsse durch Gegenwinde oder eine entgegenkommende Flutwelle zurückgedrängt werden? Oder ist die Kapazität der unsichtbaren Wasseradern begrenzt, und während sie ersetzen, was

serat, minor rivus et pigrior, cum collegit, agilior maior- 10
que profertur? an nescio quod libramentum abditum et
caecum, quod, cum exinanitum est, suscitat et elicit fontem, cum repletum, moratur et strangulat?

Scrutare tu causas (potes enim), quae tantum miracu- 11
lum efficiunt; mihi abunde est, si satis expressi, quod effi-
citur.

Vale.

## VI. XVI
### C. PLINIVS TACITO SVO S.

Petis, ut tibi avunculi mei exitum scribam, quo verius 1
tradere posteris possis. gratias ago; nam video morti eius,
si celebretur a te, immortalem gloriam esse propositam.
quamvis enim pulcherrimarum clade terrarum, ut populi, 2
ut urbes, memorabili casu quasi semper victurus occiderit, quamvis ipse plurima opera et mansura condiderit,
multum tamen perpetuitati eius scriptorum tuorum aeternitas addet. equidem beatos puto, quibus deorum mune- 3
re datum est aut facere scribenda aut scribere legenda,
beatissimos vero, quibus utrumque. horum in numero
avunculus meus et suis libris et tuis erit. quo libentius sus-
cipio, deposco etiam, quod iniungis.


Erat Miseni classemque imperio praesens regebat. no- 4
num kal. Septembres hora fere septima mater mea indicat
ei apparere nubem inusitata et magnitudine et specie. usus 5
ille sole, mox frigida, gustaverat iacens studebatque; poscit soleas, ascendit locum, ex quo maxime miraculum
illud conspici poterat. nubes, incertum procul intuentibus,
ex quo monte (Vesuvium fuisse postea cognitum est), orie-
batur, cuius similitudinem et formam non alia magis arbor
quam pinus expresserit. nam longissimo velut trunco elata 6
in altum quibusdam ramis diffundebatur, credo, quia

abgeflossen ist, ergießt sich ein kleineres, trägeres Rinnsal, wenn es ersetzt ist, ein größeres, flinkeres? Oder ist da in der Tiefe versteckt eine Art Regulator, der, wenn er leer ist, das Wasser in Bewegung setzt und anzieht, wenn er wieder voll ist, es aufhält und drosselt?

Forsche Du nach den Ursachen, die diese Merkwürdigkeit bewirken, denn Du verstehst etwas davon. Mir genügt es vollauf, wenn ich Dir einigermaßen deutlich gemacht habe, was da vorgeht.

Leb' wohl!

### 6, 16
### C. Plinius grüßt seinen Tacitus

Du bittest mich, das Ende meines Onkels zu schildern, damit Du es recht wahrheitsgetreu für die Nachwelt darstellen kannst. Ich danke Dir, sehe ich doch, daß seinem Tode unvergänglicher Ruhm winkt, wenn er von Dir verherrlicht wird. Denn obwohl er bei der Verwüstung der schönsten Landschaften, wie die Bevölkerung und die Städte durch ein denkwürdiges Naturereignis den Tod gefunden hat und schon deshalb sozusagen ewig fortleben wird, obwohl er selbst viele bleibende Werke geschaffen hat, so wird doch die Unvergänglichkeit Deiner Schriften sein Fortleben wesentlich fördern. Ich halte jeden für glücklich, dem die Götter die Gabe verliehen haben, entweder Darstellungswürdiges zu vollbringen oder Lesenswertes darzustellen, für doppelt glücklich, wem beides gegeben ist. Zu ihnen wird mein Oheim durch seine und Deine Schriften gehören. Um so lieber nehme ich auf mich, ja fordere geradezu, was Du mir auferlegst.

Er befand sich in Misenum und führte persönlich das Kommando über die Flotte. Am 24. August etwa um die siebte Stunde ließ meine Mutter ihm sagen, am Himmel stehe eine Wolke von ungewöhnlicher Gestalt und Größe. Er hatte sich gesonnt, dann kalt gebadet, hatte im Liegen einen Imbiß genommen und studierte jetzt. Er ließ sich seine Sandalen bringen und stieg auf eine Anhöhe, von der aus man das Naturschauspiel besonders gut beobachten konnte. Es erhob sich eine Wolke, für den Beobachter aus der Ferne unkenntlich, auf welchem Berge – später erfuhr man, es sei der Vesuv gewesen –, deren Gestalt am ehesten einer Pinie ähnelte. Denn sie stieg wie ein Riesenstamm in die Höhe und verzweigte sich dann in eine Reihe

recenti spiritu evecta, dein senescente eo destituta aut etiam pondere suo victa in latitudinem vanescebat, candida interdum, interdum sordida et maculosa, prout terram cineremve sustulerat.

Magnum propiusque noscendum, ut eruditissimo viro, visum. iubet Liburnicam aptari; mihi, si venire una vellem, facit copiam; respondi studere me malle, et forte ipse, quod scriberem, dederat.

Egrediebatur domo; accipit codicillos Rectinae Casci imminenti periculo exterritae (nam villa eius subiacebat, nec ulla nisi navibus fuga); ut se tanto discrimini eriperet, orabat. vertit ille consilium et, quod studioso animo incohaverat, obit maximo. deducit quadriremes, ascendit ipse non Rectinae modo, sed multis (erat enim frequens amoenitas orae) laturus auxilium. properat illuc, unde alii fugiunt, rectumque cursum, recta gubernacula in periculum tenet adeo solutus metu, ut omnis illius mali motus, omnis figuras, ut deprenderat oculis, dictaret enotaretque.

Iam navibus cinis incidebat, quo propius accederent, calidior et densior, iam pumices etiam nigrique et ambusti et fracti igne lapides, iam vadum subitum ruinaque montis litora obstantia. cunctatus paulum, an retro flecteret, mox gubernatori, ut ita faceret, monenti 'fortes' inquit 'fortuna iuvat; Pomponianum pete.' Stabiis erat, diremptus sinu medio (nam sensim circumactis curvatisque litoribus mare infunditur); ibi, quamquam nondum periculo appropinquante, conspicuo tamen et, cum cresceret, proximo, sarcinas contulerat in naves certus fugae, si contrarius ventus resedisset; quo tunc avunculus meus secundissimo invectus complectitur trepidantem, consolatur,

von Ästen, wohl weil ein kräftiger Luftzug sie emporwirbelte und dann nachließ, so daß sie den Auftrieb verlor oder auch aufgrund ihres Eigengewichtes sich in die Breite verflüchtigte, manchmal weiß, dann wieder schmutzig und fleckig, je nachdem sie Erde oder Asche mit sich emporgerissen hatte.

Als einem Manne mit wissenschaftlichen Interessen erschien ihm die Sache bedeutsam und wert, aus größerer Nähe beobachtet zu werden. Er befahl, ein Boot bereitzumachen; mir stellte er es frei, wenn ich wollte, mitzukommen; ich antwortete, ich wolle lieber bei meiner Arbeit bleiben, und zufällig hatte er mir selbst das Thema gestellt.

Beim Verlassen des Hauses erhielt er ein Billet von Rectina, der Frau des Cascus, die sich wegen der drohenden Gefahr ängstigte – ihr Besitz lag nämlich am Fuße des Vesuvs, und nur zu Schiffe konnte man fliehen –; sie bat, sie aus der bedenklichen Lage zu befreien. Daraufhin änderte er seinen Entschluß und vollzog mit Leidenschaft, was er aus Wißbegier begonnen hatte. Er ließ Vierdecker zu Wasser bringen, ging selbst an Bord, um nicht nur Rectina, sondern auch vielen anderen zu Hilfe zu kommen, denn die liebliche Küste war dicht besiedelt. Er eilte dorthin, von wo andere flohen, und hielt geradewegs auf die Gefahr zu, so gänzlich unbeschwert von Furcht, daß er alle Phasen, alle Gebilde des Unheils, wie er sie mit den Augen wahrnahm, seinem Sekretär in die Feder diktierte.

Bald fiel Asche auf die Schiffe, immer heißer und dichter, je näher sie herankamen, bald auch Bimsstein und schwarze, halbverkohlte, vom Feuer geborstene Steine, bald trat das Meer plötzlich zurück, und das Ufer wurde durch Felsbrocken vom Berge her unpassierbar. Einen Augenblick war er unschlüssig, ob er nicht umkehren solle, dann rief er dem Steuermann, der dazu riet, zu: „Dem Mutigen hilft das Glück; halt auf Pomponianus zu!" Dieser befand sich in Stabiae, am andern Ende des Golfs – das Meer drängt sich hier in sanft gekrümmtem Bogen ins Land –; dort hatte er, obwohl noch keine unmittelbare Gefahr bestand, aber doch sichtbar drohte und, wenn sie wuchs, in nächster Nähe war, sein Gepäck auf die Schiffe verladen lassen, entschlossen zu fliehen, wenn der Gegenwind sich legte. Dorthin fuhr jetzt mein Oheim mit dem für ihn günstigen Wind, schloß den Verängstigten in die Arme, tröstete ihn, redete ihm gut

hortatur, utque timorem eius sua securitate leniret, deferri in balineum iubet; lotus accubat, cenat aut hilaris aut, quod aeque magnum, similis hilari.

Interim e Vesuvio monte pluribus locis latissimae flammae altaque incendia relucebant, quorum fulgor et claritas tenebris noctis excitabatur. ille agrestium trepidatione ignes relictos desertasque villas per solitudinem ardere in remedium formidinis dictitabat. tum se quieti dedit et quievit verissimo quidem somno. nam meatus animae, qui illi propter amplitudinem corporis gravior et sonantior erat, ab iis, qui limini obversabantur, audiebatur. sed area, ex qua diaeta adibatur, ita iam cinere mixtisque pumicibus oppleta surrexerat, ut, si longior in cubiculo mora, exitus negaretur. excitatus procedit seque Pomponiano ceterisque, qui pervigilaverant, reddit. in commune consultant, intra tecta subsistant an in aperto vagentur. nam crebris vastisque tremoribus tecta nutabant et quasi emota sedibus suis nunc huc nunc illuc abire aut referri videbantur. sub dio rursus quamquam levium exesorumque pumicum casus metuebatur, quod tamen periculorum collatio elegit. et apud illum quidem ratio rationem, apud alios timorem timor vicit. cervicalia capitibus imposita linteis constringunt; id munimentum adversus incidentia fuit.

Iam dies alibi, illic nox omnibus noctibus nigrior densiorque, quam tamen faces multae variaque lumina solabantur. placuit egredi in litus et ex proximo adspicere, ecquid iam mare admitteret; quod adhuc vastum et adversum permanebat. ibi super abiectum linteum recubans semel atque iterum frigidam poposcit hausitque. deinde flammae flammarumque praenuntius odor sulpuris alios

zu, und um seine Angst durch seine eigene Ruhe zu beschwichtigen, ließ er sich ins Bad tragen. Nach dem Bade ging er zu Tische und speiste seelenruhig oder – was nicht weniger großartig ist – anscheinend seelenruhig.

Inzwischen leuchteten vom Vesuv her an mehreren Stellen weite Flammenherde und hohe Feuersäulen auf, deren strahlende Helle durch die dunkle Nacht noch gehoben wurde. Um das Grauen der andern zu beschwichtigen, erklärte mein Oheim, Bauern hätten in der Aufregung die Herdfeuer brennen lassen, und nun ständen ihre verlassenen Hütten unbehütet in Flammen. Dann begab er sich zur Ruhe und schlief tatsächlich ganz fest, denn seine wegen seiner Leibesfülle ziemlich tiefen, lauten Atemzüge waren vernehmlich, wenn jemand an seiner Tür vorbeiging. Aber der Boden des Vorplatzes, von dem aus man das Zimmer betrat, hatte sich, von einem Gemisch aus Asche und Bimsstein bedeckt, schon so weit gehoben, daß man, bliebe man noch länger in dem Gemach, nicht mehr hätte herauskommen können. So weckte man ihn denn; er trat heraus und gesellte sich wieder zu Pomponianus und den übrigen, die die Nacht durchwacht hatten. Gemeinsam berieten sie, ob sie im Hause bleiben oder sich ins Freie begeben sollten, denn infolge häufiger, starker Erdstöße wankten die Gebäude und schienen, gleichsam aus ihren Fundamenten gelöst, hin und her zu schwanken. Im Freien wiederum war das Niedergehen allerdings nur leichter, ausgeglühter Bimssteinstückchen bedenklich, doch entschied man sich beim Vergleich der beiden Gefahren für das letztere, und zwar trug bei ihm eine vernünftige Überlegung über die andere, bei den übrigen eine Befürchtung über die andere den Sieg davon. Sie stülpten sich Kissen über den Kopf und verschnürten sie mit Tüchern; das bot Schutz gegen den Steinschlag.

Schon war es anderswo Tag, dort aber Nacht, schwärzer und dichter als alle Nächte sonst, doch milderten die vielen Fackeln und mancherlei Lichter die Finsternis. Man beschloß, an den Strand zu gehen und sich aus der Nähe zu überzeugen, ob das Meer schon gestatte, etwas zu unternehmen; aber es blieb immer noch rauh und feindlich. Dort legte sich mein Oheim auf eine ausgebreitete Decke, verlangte hin und wieder einen Schluck kalten Wassers und nahm ihn zu sich. Dann jagten Flammen und als ihr Vorbote Schwefelgeruch die ande-

in fugam vertunt, excitant illum. innitens servolis duobus 19
adsurrexit et statim concidit, ut ego colligo, crassiore caligine spiritu obstructo clausoque stomacho, qui illi natura invalidus et angustus et frequenter interaestuans erat. ubi 20
dies redditus (is ab eo, quem novissime viderat, tertius), corpus inventum integrum, inlaesum opertumque, ut fuerat indutus; habitus corporis quiescenti quam defuncto similior.

Interim Miseni ego et mater – sed nihil ad historiam, 21
nec tu aliud quam de exitu eius scire voluisti. finem ergo faciam. unum adiciam, omnia me, quibus interfueram 22
quaeque statim, cum maxime vera memorantur, audieram, persecutum. tu potissima excerpes; aliud est enim epistulam, aliud historiam, aliud amico, aliud omnibus scribere.

Vale.

## VI. XX
### C. PLINIVS TACITO SVO S.

Ais te adductum litteris, quas exigenti tibi de morte 1
avunculi mei scripsi, cupere cognoscere, quos ego Miseni relictus (id enim ingressus abruperam) non solum metus, verum etiam casus pertulerim: 'quamquam animus meminisse horret ... incipiam.'

Profecto avunculo ipse reliquum tempus studiis (ideo 2
enim remanseram) impendi; mox balineum, cena, somnus inquietus et brevis. praecesserat per multos dies tremor 3
terrae minus formidolosus, quia Campaniae solitus; illa vero nocte ita invaluit, ut non moveri omnia, sed verti crederentur. inrumpit cubiculum meum mater; surgebam 4
invicem, si quiesceret, excitaturus. resedimus in area domus, quae mare a tectis modico spatio dividebat.

ren in die Flucht, schreckten ihn auf. Auf zwei Sklaven gestützt, erhob er sich und brach gleich tot zusammen, vermutlich, weil ihm der dichtere Qualm den Atem nahm und die Luftröhre verschloß, die bei ihm von Natur schwach, eng und häufig entzündet war. Sobald es wieder hell wurde – es war der dritte Tag von dem an gerechnet, den er als letzten erlebt hatte –, fand man seinen Leichnam unberührt und unverletzt, zugedeckt, in den Kleidern, die er zuletzt getragen hatte, in seiner äußeren Erscheinung eher einem Schlafenden als einem Toten ähnlich.

Inzwischen hatten ich und meine Mutter in Misenum – doch das ist belanglos für die Geschichte, und Du hast ja auch nur vom Ende meines Onkels hören wollen. Also Schluß! Nur eins will ich noch hinzufügen: ich habe alles, was ich selbst erlebt und was ich gleich nach der Katastrophe – dann kommen ja die Berichte der Wahrheit noch am nächsten – gehört hatte, aufgezeichnet. Du wirst das Wesentlichste herauspicken, denn es ist nicht dasselbe, ob man einen Brief oder ein Geschichtswerk, an einen Freund oder für die Allgemeinheit schreibt.

Leb' wohl!

## 6, 20
### C. Plinius grüßt seinen Tacitus

Du schreibst mir, der Brief, in welchem ich Dir auf Deinen Wunsch vom Ende meines Onkels berichtet habe, wecke in Dir das Verlangen zu erfahren, welche Ängste, welche Gefahren ich, in Misenum zurückgeblieben, ausgestanden habe, denn als ich darauf zu sprechen kam, habe ich abgebrochen. „Wenn auch Schauer mich faßt und Entsetzen, will ich beginnen."

Als mein Oheim fort war, verwendete ich den Rest des Tages auf meine Studien, weswegen ich ja daheim geblieben war; dann Bad, Abendessen, kurzer, unruhiger Schlaf. Vorangegangen waren mehrere Tage lang nicht eben beunruhigende Erdstöße – Campanien ist ja daran gewöhnt –; in jener Nacht wurden sie aber so stark, daß man glauben mußte, alles bewege sich nicht nur, sondern stehe auf dem Kopf. Meine Mutter stürzte in mein Schlafzimmer; ich wollte gerade aufstehen, um sie zu wecken, falls sie schliefe. Wir setzten uns auf den Vorplatz des Hauses, der in mäßiger Entfernung das Meer von den Gebäuden trennte.

Dubito constantiam vocare an imprudentiam debeam 5
(agebam enim duodevicensimum annum): posco librum
Titi Livi et quasi per otium lego atque etiam, ut coeperam,
excerpo. ecce amicus avunculi, qui nuper ad eum ex
Hispania venerat. ut me et matrem sedentis, me vero
etiam legentem videt, illius patientiam, securitatem meam
corripit. nihilo segnius ego intentus in librum.

Iam hora diei prima, et adhuc dubius et quasi languidus 6
dies; iam quassatis circumiacentibus tectis, quamquam in
aperto loco, angusto tamen, magnus et certus ruinae
metus.

Tum demum excedere oppido visum; sequitur vulgus 7
attonitum, quodque in pavore simile prudentiae, alienum
consilium suo praefert ingentique agmine abeuntis premit
et impellit.

Egressi tecta consistimus. multa ibi miranda, multas 8
formidines patimur. nam vehicula, quae produci iussera-
mus, quamquam in planissimo campo, in contrarias partes agebantur ac ne lapidibus quidem fulta in eodem vestigio quiescebant. praeterea mare in se resorberi et tremore 9
terrae quasi repelli videbamus. certe processerat litus multaque animalia maris siccis harenis detinebat. ab altero
latere nubes atra et horrenda ignei spiritus tortis vibratis-
que discursibus rupta in longas flammarum figuras dehis-
cebat; fulguribus illae et similes et maiores erant.

Tum vero idem ille ex Hispania amicus acrius et instan- 10
tius 'si frater' inquit 'tuus, tuus avunculus vivit, vult esse
vos salvos; si periit, superstites voluit. proinde quid cessa-
tis evadere?' respondimus non commissuros nos, ut de
salute illius incerti nostrae consuleremus. non moratus 11
ultra proripit se effusoque cursu periculo aufertur.

Ich weiß nicht, soll ich es Gleichmut oder Unüberlegtheit nennen – ich war ja erst 18 Jahre alt –: ich lasse mir ein Buch des Titus Livius bringen, lese, als hätte ich nichts Besseres zu tun, exzerpiere auch, wie ich begonnen hatte. Da kommt ein Freund meines Onkels, der kürzlich bei ihm aus Spanien eingetroffen war, und als er mich und meine Mutter dasitzen sieht, mich sogar lesend, schilt er ihre Gleichgültigkeit, meine Unbekümmertheit; trotzdem blieb ich bei meinem Buch.

Es war bereits um die erste Stunde, und der Tag kam zögernd, sozusagen schläfrig herauf. Die umliegenden Gebäude waren schon stark in Mitleidenschaft gezogen, und obwohl wir uns auf freiem, allerdings beengtem Raum befanden, empfanden wir starke und begründete Furcht, daß sie einstürzen könnten.

Jetzt erst schien es uns ratsam, die Stadt zu verlassen. Eine verstörte Menschenmenge schließt sich uns an, läßt sich – was bei einer Panik beinahe wie Klugheit aussieht – lieber von fremder statt von der eigenen Einsicht leiten und stößt und drängt uns in endlosem Zuge mit sich fort.

Als wir die Häuser hinter uns hatten, blieben wir stehen. Da sahen wir allerlei Sonderbares, Beklemmendes geschehen. Die Wagen, die wir hatten herausbringen lassen, rollten hin und her, obwohl sie auf ganz ebenem Terrain standen, und blieben nicht einmal auf demselben Fleck, wenn wir Steine unterlegten. Außerdem sahen wir, wie das Meer sich in sich selbst zurückzog und durch die Erdstöße gleichsam zurückgedrängt wurde. Jedenfalls war der Strand vorgerückt und hielt zahllose Seetiere auf dem trockenen Sand fest. Auf der andern Seite eine schaurige, schwarze Wolke, kreuz und quer von feurigen Schlangenlinien durchzuckt, die sich in lange Flammengarben spalteten, Blitzen ähnlich, nur größer.

Da drängte wieder der Freund aus Spanien heftiger und dringender: „Wenn dein Bruder, dein Onkel noch lebt, möchte er auch euch lebend wiedersehen; ist er tot, war es gewiß sein Wunsch, daß ihr am Leben bliebet. Was säumt ihr also, euch zu retten?" Wir erwiderten, wir könnten es nicht über uns gewinnen, an uns zu denken, solange wir über sein Schicksal im ungewissen seien. Er ließ sich nicht länger halten, stürzte davon und entzog sich Hals über Kopf der Gefahr.

Nec multo post illa nubes descendere in terras, operire maria; cinxerat Capreas et absconderat, Miseni quod procurrit, abstulerat. tum mater orare, hortari, iubere, quoquo modo fugerem; posse enim iuvenem, se et annis et corpore gravem bene morituram, si mihi causa mortis non fuisset. ego contra salvum me nisi una non futurum; dein manum eius amplexus addere gradum cogo. paret aegre incusatque se, quod me moretur.

Iam cinis, adhuc tamen rarus. respicio: densa caligo tergis imminebat, quae nos torrentis modo infusa terrae sequebatur. 'deflectamus' inquam, 'dum videmus, ne in via strati comitantium turba in tenebris obteramur.' vix consideramus, et nox, non qualis inlunis aut nubila, sed qualis in locis clausis lumine exstincto. audires ululatus femirarum, infantum quiritatus, clamores virorum; alii parentes, alii liberos, alii coniuges vocibus requirebant, vocibus noscitabant; hi suum casum, illi suorum miserabantur; erant, qui metu mortis mortem precarentur; multi ad deos manus tollere, plures nusquam iam deos ullos aeternamque illam et novissimam noctem mundo interpretabantur. nec defuerunt, qui fictis mentitisque terroribus vera pericula augerent. aderant, qui Miseni illud ruisse, illud ardere falso, sed credentibus nuntiabant.

Paulum reluxit, quod non dies nobis, sed adventantis ignis indicium videbatur. et ignis quidem longius substitit, tenebrae rursus, cinis rursus multus et gravis. hunc identidem adsurgentes excutiebamus; operti alioqui atque etiam oblisi pondere essemus. possem gloriari non gemitum mihi, non vocem parum fortem in tantis periculis

Nicht lange danach senkte sich jene Wolke auf die Erde, bedeckte das Meer, hatte bereits Capri eingehüllt und unsichtbar gemacht, hatte das Kap Misenum unseren Blicken entzogen. Da bat und drängte meine Mutter, befahl mir schließlich, mich irgendwie in Sicherheit zu bringen; ich als junger Mann könne es noch, sie, alt und gebrechlich, werde ruhig sterben, wenn sie nur nicht meinen Tod verschuldet habe. Ich dagegen: ich wolle mit ihr zusammen am Leben bleiben; damit faßte ich sie bei der Hand und nötigte sie, ihre Schritte zu beschleunigen. Widerstrebend fügte sie sich und machte sich Vorwürfe, daß sie mich aufhalte.

Schon regnete es Asche, doch zunächst nur dünn. Ich schaute zurück: im Rücken drohte dichter Qualm, der uns, sich über den Erdboden ausbreitend, wie ein Gießbach folgte. „Laß uns den Weg verlassen", rief ich, „solange wir noch sehen können, sonst kommen wir auf der Straße unter die Räder und werden im Dunkeln von der mitziehenden Masse tot getrampelt." Kaum hatten wir uns gesetzt, da wurde es Nacht, aber nicht wie bei mondlosem, wolkenverhangenem Himmel, sondern wie in einem geschlossenen Raum, wenn man das Licht gelöscht hat. Man hörte Frauen heulen, Kinder jammern, Männer schreien: die einen riefen nach ihren Eltern, die andern nach ihren Kindern, wieder andere nach ihren Männern oder Frauen und suchten sie an der Stimme zu erkennen; die einen beklagten ihr Unglück, andre das ihrer Angehörigen, manche wünschten sich den Tod aus Angst vor dem Tod, viele beteten zu den Göttern, andere wieder erklärten, es gebe nirgends noch Götter, die letzte, ewige Nacht sei über die Welt hereingebrochen. Auch fehlte es nicht an Leuten, die mit erfundenen, erlogenen Schreckensnachrichten die wirkliche Gefahr übersteigerten. Einige behaupteten, in Misenum sei dies und das eingestürzt, anderes stehe in Flammen – blinder Lärm, aber sie fanden Glauben.

Dann hellte es sich ein wenig auf, doch war es anscheinend nicht das Tageslicht, sondern ein Vorbote des nahenden Feuers. Aber das Feuer blieb in ziemlicher Entfernung stehen; es wurde wieder dunkel, wieder fiel Asche, dicht und schwer, die wir, fortgesetzt aufstehend, abschüttelten; wir wären sonst verschüttet und durch ihre Last erdrückt worden. Ich könnte damit prahlen, daß ich trotz der furchtbaren Gefahr keinen Seufzer, kein verzagtes Wort ausgestoßen habe,

excidisse, nisi me cum omnibus, omnia mecum perire misero, magno tamen mortalitatis solacio credidissem.

Tandem illa caligo tenuata quasi in fumum nebulamve 18 discessit; mox dies verus, sol etiam effulsit, luridus tamen, qualis esse, cum deficit, solet. occursabant trepidantibus adhuc oculis mutata omnia altoque cinere tamquam nive obducta.

Regressi Misenum curatis utcumque corporibus sus- 19 pensam dubiamque noctem spe ac metu exegimus. metus praevalebat; nam et tremor terrae perseverabat, et plerique lymphati terrificis vaticinationibus et sua et aliena mala ludificabantur. nobis tamen ne tunc quidem, quam- 20 quam et expertis periculum et exspectantibus, abeundi consilium, donec de avunculo nuntius.

Haec nequaquam historia digna non scripturus leges et tibi, scilicet qui requisisti, imputabis, si digna ne epistula quidem videbuntur.

Vale.

## VIII. VIII
## C. PLINIVS ROMANO SVO S.

Vidistine aliquando Clitumnum fontem? si nondum (et 1 puto nondum; alioqui narrasses mihi), vide, quem ego (paenitet tarditatis) proxime vidi.

Modicus collis adsurgit antiqua cupresso nemorosus et 2 opacus. hunc subter exit fons et exprimitur pluribus venis, sed imparibus, eluctatusque, quem facit gurgitem, lato gremio patescit purus et vitreus, ut numerare iactas stipes et relucentis calculos possis.

hätte ich nicht – ein schwacher, aber für uns Menschen immerhin ein im Tode wirksamer Trost – fest geglaubt, ich ginge mit allem und alles mit mir zugrunde.

Endlich wurde der Qualm dünner und verflüchtigte sich sozusagen zu Dampf oder Nebel. Bald wurde es richtig Tag, sogar die Sonne kam heraus, doch nur fahl wie bei einer Sonnenfinsternis. Den noch verängstigten Augen erschien alles verwandelt und mit einer hohen Aschenschicht wie mit Schnee überzogen.

Wir kehrten nach Misenum zurück, machten uns notdürftig wieder zurecht und verbrachten eine unruhige Nacht, schwankend zwischen Furcht und Hoffnung. Die Furcht überwog, denn die Erdstöße hielten an, und viele Leute, wie wahnsinnig von schreckenerregenden Prophezeiungen, witzelten über ihr eigenes und das Unglück der anderen. Wir aber konnten uns, obwohl wir die Gefahr aus eigener Erfahrung kannten und weiter auf sie gefaßt waren, nicht entschließen wegzugehen, ehe wir nicht Nachricht von meinem Onkel hatten.

Dies alles gehört gewiß nicht in ein Geschichtswerk, und so wirst Du es lesen, ohne Gebrauch davon zu machen; aber Du hast ja danach gefragt und hast es somit Dir selbst zuzuschreiben, wenn es Dir nicht einmal einen Brief zu verdienen scheint.

Leb' wohl!

## 8, 8

### C. Plinius grüßt seinen Romanus

Hast Du schon einmal die Clitumnus-Quelle gesehen? Wenn noch nicht – und wahrscheinlich noch nicht, sonst hättest Du mir davon erzählt –, sieh sie Dir an; ich habe sie mir kürzlich angesehen, und ich bedaure, daß es erst jetzt geschehen ist.

Da erhebt sich ein Hügel von mäßiger Höhe, von einem Hain alter Zypressen beschattet. An seinem Fuße entspringt eine Quelle und sprudelt in mehreren ungleich starken Adern aus dem Boden, und nachdem sie den Strudel, den sie bildet, überwunden hat, verbreitet sie sich zu einem weiten Becken, rein und kristallklar, so daß man die hineingeworfenen Geldstücke und glitzernden Kieselsteine zählen kann.

Inde non loci devexitate, sed ipsa sui copia et quasi pon- 3
dere impellitur, fons adhuc et iam amplissimum flumen
atque etiam navium patiens, quas obvias quoque et con-
trario nisu in diversa tendentis transmittit et perfert, adeo
validus, ut illa, qua properat ipse, quamquam per solum
planum, remis non adiuvetur, idem aegerrime remis con-
tisque superetur adversus. iucundum utrumque per 4
iocum ludumque fluitantibus, ut flexerint cursum, labo-
rem otio, otium labore variare.

Ripae fraxino multa, multa populo vestiuntur, quas per-
spicuus amnis velut mersas viridi imagine adnumerat.
rigor aquae certaverit nivibus, nec color cedit. adiacet 5
templum priscum et religiosum; stat Clitumnus ipse
amictus ornatusque praetexta; praesens numen atque
etiam fatidicum indicant sortes. sparsa sunt circa sacella
complura totidemque di. sua cuique veneratio, suum
nomen, quibusdam vero etiam fontes. nam praeter illum
quasi parentem ceterorum sunt minores capite discreti;
sed flumini miscentur, quod ponte transmittitur. is termi- 6
nus sacri profanique. in superiore parte navigare tantum,
infra etiam natare concessum. balineum Hispellates, quibus illum locum divus Augustus dono dedit, publice
praebent, praebent et hospitium. nec desunt villae, quae
secutae fluminis amoenitatem margini insistunt.

In summa nihil erit, ex quo non capias voluptatem. nam 7
studebis quoque et leges multa multorum omnibus
columnis, omnibus parietibus inscripta, quibus fons ille
deusque celebratur. plura laudabis, non nulla ridebis;
quamquam tu vero, quae tua humanitas, nulla ridebis.

Vale.

Von dort fließt sie weiter, nicht durch das Gefälle des Bodens, sondern durch ihren Wasserreichtum, sozusagen ihr Eigengewicht getrieben, eben noch ein Bach und schon bald ein bedeutender Fluß, der sogar Schiffe trägt, die er, auch wenn sie einander begegnen und nach entgegengesetzten Richtungen fahren, durchläßt und ans Ziel bringt, mit so starker Strömung, daß man flußabwärts, obwohl es durch ebenes Gelände geht, der Hilfe der Ruder nicht bedarf, andrerseits aber gegen den Strom nur mühsam mit Ruder und Stangen vorankommt. Beides macht Spaß, wenn man zu Scherz und Spiel hin- und hergondelt, je nachdem man die Fahrtrichtung nimmt, Anstrengung mit Ausruhen und Ausruhen mit Anstrengung wechseln zu lassen.

Die Ufer sind mit zahllosen Eschen, zahllosen Pappeln bestanden, die der klare Wasserspiegel gleichsam in der Versenkung an ihrem grünen Spiegelbild abzuzählen gestattet. Die Kühle des Wassers könnte mit der des Schnees wetteifern, und auch in der Farbe gleicht es ihm völlig. Ganz in der Nähe ist ein altehrwürdiger Tempel. Da steht Clitumnus in eigener Person, bekleidet und geschmückt mit der Prätexta; Lose weisen darauf hin, daß die Gottheit zugegen ist und Orakel erteilt. Ringsherum stehen mehrere Kapellen verstreut, jede mit einer besonderen Gottheit. Jede hat ihren eigenen Kult, ihren eigenen Namen, manche auch ihren eigenen Wasserlauf. Denn außer dem einen, gleichsam dem Vater aller übrigen, sind noch kleinere mit eigener Quelle vorhanden, aber sie ergießen sich in den Fluß, den man auf einer Brücke überschreitet. Sie bildet die Grenze zwischen dem geweihten und dem profanen Gelände; oberhalb darf man nur mit dem Boot fahren, unterhalb auch schwimmen. Die Hispellaten, denen der verewigte Augustus diese Stätte zum Geschenk gemacht hat, stellen dort Bad und auch Herberge unentgeltlich zur Verfügung. Auch fehlt es nicht an Landhäusern, die, angezogen durch die Lieblichkeit des Flusses, an seinem Ufer stehen.

Kurz und gut, Du wirst nichts finden, was Dir nicht Vergnügen bereiten würde. Denn Du wirst dort auch Studien machen können; an allen Pfeilern, allen Wänden wirst Du viele Weihinschriften lesen von mancherlei Volk, in denen die Quelle und der Gott gepriesen wird. Vieles wirst Du hübsch finden, manches belächeln – aber nein, Du bist ein gebildeter Mann und wirst nichts belächeln.

Leb' wohl!

## VIII. XVII
## C. PLINIVS MACRINO SVO S.

Num istic quoque immite et turbidum caelum? hic adsiduae tempestates et crebra diluvia.

Tiberis alveum excessit et demissioribus ripis alte superfunditur; quamquam fossa, quam providentissimus imperator fecit, exhaustus premit valles, innatat campis, quaque planum solum, pro solo cernitur. inde, quae solet flumina accipere et permixta devehere, velut obvius retro cogit atque ita alienis aquis operit agros, quos ipse non tangit.

Anio, delicatissimus amnium ideoque adiacentibus villis velut invitatus retentusque, magna ex parte nemora, quibus inumbratur, et fregit et rapuit; subruit montes et decidentium mole pluribus locis clausas, dum amissum iter quaerit, impulit tecta ac se super ruinas eiecit atque extulit.

Viderunt, quos excelsioribus terris illa tempestas deprehendit, alibi divitum apparatus et gravem supellectilem, alibi instrumenta ruris, ibi boves, aratra, rectores, hic soluta et libera armenta atque inter haec arborum truncos aut villarum trabes atque culmina varie lateque fluitantia. ac ne illa quidem malo vacaverunt, ad quae non ascendit amnis, nam pro amne imber adsiduus et deiecti nubibus turbines, proruta opera, quibus pretiosa rura cinguntur, quassata atque etiam decussa monimenta. multi eius modi casibus debilitati, obruti, obtriti, et aucta luctibus damna.

Ne quid simile istic, pro mensura periculi vereor teque rogo, si nihil tale, quam maturissime sollicitudini meae consulas; sed et si tale, id quoque nunties. nam parvulum differt, patiaris adversa an exspectes; nisi quod tamen est

8, 17

C. Plinius grüßt seinen Macrinus

Ist etwa auch bei Euch so unfreundliches, stürmisches Wetter? Hier haben wir dauernd Sturm und häufig Überschwemmungen.

Der Tiber ist aus seinem Bett getreten und setzt an flacheren Stellen seine Ufer tief unter Wasser. Obwohl abgeleitet durch den Kanal, den der Kaiser in weiser Voraussicht hat graben lassen, steht er in den Niederungen, überflutet die Felder, und wo der Boden eben ist, sieht man statt des Bodens eine Wasserfläche. Infolgedessen stemmt er sich gewissermaßen gegen die Gewässer, die er sonst aufnimmt und mit sich vereint zum Meere führt, zwingt sie, sich zurückzustauen, und bedeckt so Äcker, die er selbst nicht berührt, mit fremden Wassern.

Der Anio, der reizendste aller Flüsse, den deshalb die anliegenden Landhäuser gleichsam zum Verweilen einladen und festhalten, hat die Waldungen, die ihn beschatten, zum großen Teil niedergelegt und fortgerissen; er hat die Berge unterspült, hat, an mehreren Stellen durch den herabstürzenden Schutt abgedämmt, auf der Suche nach dem versperrten Wege Häuser umgerissen und die Ruinen reißend fortgewälzt.

Wen das Unheil an höher gelegenen Stellen überraschte, der sah hier den Hausrat und das massive Geschirr der Wohlhabenden, dort landwirtschaftliche Geräte, Stiere und Pflüge mitsamt ihren Führern, hier losgerissenes, sich selbst überlassenes Vieh, dazwischen Baumstämme oder Balken und Dächer von Landhäusern weit und breit wahllos dahintreiben. Aber auch die Stellen, bis zu denen der Fluß nicht emporstieg, blieben von dem Unglück nicht verschont, denn statt des Flusses gab es hier Dauerregen und Wolkenbrüche. Die Einfriedigungen wertvoller Ländereien wurden umgerissen, Grabdenkmäler beschädigt oder gar umgestürzt. Viele Menschen sind bei derartigen Unglücksfällen verletzt, verschüttet oder zerquetscht worden, und zu dem materiellen Verlust kam noch die Trauer.

Angesichts der großen Gefahr befürchte ich, daß es bei Euch ähnlich aussieht, und ich bitte Dich, wenn es nicht der Fall ist, schnellstens meine Besorgnis als grundlos zu erweisen, ist es aber doch so, mir auch davon Nachricht zu geben. Denn es ist ziemlich einerlei, ob man ein Unglück erleidet oder erwartet, nur daß der Schmerz seine

dolendi modus, non est timendi. doleas enim, quantum scias accidisse, timeas, quantum possit accidere.

Vale.

## VIII. XX
### C. PLINIVS GALLO SVO S.

Ad quae noscenda iter ingredi, transmittere mare solemus, ea sub oculis posita neglegimus, seu quia ita natura comparatum, ut proximorum incuriosi longinqua sectemur, seu quod omnium rerum cupido languescit, cum facilis occasio, seu quod differimus tamquam saepe visuri, quod datur videre, quotiens velis cernere. quacumque de causa permulta in urbe nostra iuxtaque urbem non oculis modo, sed ne auribus quidem novimus, quae si tulisset Achaia, Aegyptus, Asia aliave quaelibet miraculorum ferax commendatrixque terra, audita, perlecta, lustrata haberemus. 1 2

Ipse certe nuper, quod nec audieram ante nec videram, audivi pariter et vidi. exegerat prosocer meus, ut Amerina praedia sua inspicerem. haec perambulanti mihi ostenditur subiacens lacus nomine Vadimonis; simul quaedam incredibilia narrantur. perveni ad ipsum. lacus est in similitudinem iacentis rotae circumscriptus et undique aequalis; nullus sinus, obliquitas nulla, omnia dimensa, paria et quasi artificis manu cavata et excisa. color caerulo albidior, viridi pressior, sulpuris odor saporque medicatus, vis, qua fracta solidantur. spatium modicum, quod tamen sentiat ventos et fluctibus intumescat. nulla in hoc navis (sacer enim), sed innatant insulae, herbidae omnes harundine et iunco, quaeque alia fecundior palus ipsaque illa extremitas lacus effert. sua cuique figura ut modus; cunc- 3 4 5

Grenze hat, die Furcht aber nicht. Denn man bedauert nur so viel, wie man weiß, daß es geschehen ist, fürchtet aber alles, was geschehen kann.

Leb' wohl!

8, 20

C. Plinius grüßt seinen Gallus

Wir pflegen Reisen zu unternehmen, das Meer zu überqueren, um Dinge kennenzulernen, die uns, wenn wir sie immer vor Augen haben, nicht interessieren, weil es unserer Natur entspricht, gleichgültig gegen die nächste Umgebung in die Ferne zu schweifen, weil das Verlangen nach allem, was bequem zu erreichen ist, erkaltet, oder weil wir es aufschieben, als könnten wir jederzeit in Augenschein nehmen, was sich vor unseren Augen befindet, sooft man es sehen will. Wie dem auch sei, jedenfalls haben wir von vielem in unserer Stadt und ihrer Umgebung weder je etwas gesehen noch auch nur gehört, was wir, befände es sich in Achaia, Ägypten, Asien oder sonst einem beliebigen Lande, das reich ist an Naturwundern und für sie Reklame zu machen weiß, längst gehört, gelesen und besichtigt hätten.

Mir selbst ist es jedenfalls neulich so ergangen: wovon ich vorher nie etwas gehört oder gesehen hatte, das hörte und sah ich zugleich. Mein Schwiegergroßvater hatte den Wunsch geäußert, ich solle seine Güter bei Ameris inspizieren. Als ich sie durchstreifte, zeigte man mir in der Tiefe einen See mit Namen Vadimo; gleichzeitig erzählte man mir allerlei unglaubliche Dinge. Ich ging hin. Der See hat die Form eines liegenden Rades, wie mit dem Zirkel gezogen, kreisrund, keine Einbuchtung, keine Abschrägung, alles wohlabgemessen, gleichmäßig und wie von Künstlerhand gegraben und ausgeschnitten. Die Farbe heller als stahlblau, dunkler als grasgrün; das Wasser riecht nach Schwefel, hat mineralischen Geschmack und vermag Knochenbrüche zu heilen. Der See ist nicht übermäßig groß, aber doch so, daß er die Winde spürt und Wellen aufwirft. Kein Schiff findet man dort – er ist nämlich heilig –, aber Inseln schwimmen auf ihm herum, alle mit Schilf und Binsen bewachsen, und was sonst ein leidlich fruchtbarer Sumpfboden und eben das Seeufer dort hervorbringt. Jede hat ihre besondere Gestalt und Ausdehnung; alle sind am

tis margo derasus, quia frequenter vel litori vel sibi inlisae terunt terunturque. par omnibus altitudo, par levitas; quippe in speciem carinae humili radice descendunt. haec 6 ab omni latere perspicitur eademque suspensa pariter et mersa. interdum iunctae copulataeque et continenti similes sunt, interdum discordantibus ventis digeruntur, non numquam destitutae tranquillitate singulae fluitant. saepe 7 minores maioribus velut cumbulae onerariis adhaerescunt, saepe inter se maiores minoresque quasi cursum certamenque desumunt; rursus omnes in eundem locum appulsae, qua steterunt, promovent terram et modo hac, modo illa lacum reddunt auferuntque ac tum demum, cum medium tenuere, non contrahunt. constat pecora 8 herbas secuta sic in insulas illas ut in extremam ripam procedere solere nec prius intellegere mobile solum, quam litori abrepta quasi inlata et imposita circumfusum undique lacum paveant; mox, quo tulerit ventus, egressa non magis se descendisse sentire, quam senserint ascendisse.

Idem lacus in flumen egeritur, quod, ubi se paulisper 9 oculis dedit, specu mergitur alteque conditum meat ac, si quid, antequam subduceretur, accepit, servat et profert.

Haec tibi scripsi, quia nec minus ignota quam mihi nec 10 minus grata credebam. nam te quoque ut me nihil aeque ac naturae opera delectant.

Vale.

Rande kahl, weil sie häufig mit dem Ufer oder miteinander zusammenstoßen und sich aneinander reiben. Alle sind gleich hoch, gleich leicht, denn wie ein Kielboot haben sie mit ihrer Grundfläche nur geringen Tiefgang. Diese ist von allen Seiten deutlich zu erkennen, sie schwebt auf dem Wasserspiegel und taucht zugleich in ihn ein. Bisweilen vereinigen die Inseln sich, hängen aneinander und sehen dann aus wie festes Land, dann wieder jagen umlaufende Winde sie auseinander; manchmal, bei Windstille, sind sie sich selbst überlassen und treiben dann einzeln dahin. Oft hängen die kleineren an den größeren wie Beiboote an Frachtschiffen, oft veranstalten die kleineren und die größeren gleichsam einen Wettlauf miteinander; werden sie wiederum alle an einer Stelle ans Ufer getrieben, erweitern sie dort, wo sie zum Stehen kommen, das Festland, lassen bald hier, bald dort den See sichtbar werden oder verschwinden und engen ihn erst dann nicht ein, wenn sie sich in der Mitte befinden. Man hat mir gesagt, daß das Vieh auf der Suche nach Futter immer wieder diese Inseln betritt, als wäre es der Uferrand, und die Beweglichkeit des Bodens nicht eher bemerkt, als bis es, vom Ufer abgetrieben, sich sozusagen verladen und eingeschifft sieht und vor dem Wasser ringsum erschrickt, dann aber, wenn es an der Stelle, wohin der Wind es treibt, ans Land tritt, ebenso wenig merkt, daß es ausgestiegen, wie vorher, daß es eingestiegen ist.

Eben dieser See ergießt sich in einen Fluß, der sich zunächst ein Weilchen den Augen zeigt, dann aber in einer Höhle verschwindet und tief unter der Erde weiterströmt; alles, was man hineinwirft, bevor er unsichtbar wird, behält er bei sich und bringt es nachher wieder zum Vorschein.

Dies alles erzähle ich Dir, weil es für Dich wahrscheinlich ebenso neu ist wie für mich und Du Dich ebenso freuen wirst. Auch Dich interessiert ja genau wie mich nichts so brennend wie die Schöpfungen der Natur.

Leb' wohl!

## V. V
## C. PLINIVS MAXIMO SVO S.

Nuntiatur mihi C. Fannium decessisse; qui nuntius me 1 gravi dolore confudit, primum quod amavi hominem elegantem, disertum, deinde quod iudicio eius uti solebam. erat enim acutus natura, usu exercitatus, veritate promptissimus. angit me super ista casus ipsius: decessit veteri 2 testamento, omisit, quos maxime diligebat, prosecutus est, quibus offensior erat. sed hoc utcumque tolerabile, gravius illud, quod pulcherrimum opus imperfectum reliquit. quamvis enim agendis causis distringeretur, scribe- 3 bat tamen exitus occisorum aut relegatorum a Nerone et iam tres libros absolverat subtiles et diligentes et Latinos atque inter sermonem historiamque medios, ac tanto magis reliquos perficere cupiebat, quanto frequentius hi lectitabantur.

Mihi autem videtur acerba semper et immatura mors 4 eorum, qui immortale aliquid parant. nam, qui voluptatibus dediti quasi in diem vivunt, vivendi causas cottidie finiunt; qui vero posteros cogitant et memoriam sui operibus extendunt, his nulla mors non repentina est, ut quae semper incohatum aliquid abrumpat.

Gaius quidem Fannius, quod accidit, multo ante prae- 5 sensit. visus est sibi per nocturnam quietem iacere in lectulo suo compositus in habitum studentis, habere ante se scrinium (ita solebat); mox imaginatus est venisse Neronem, in toro resedisse, prompsisse primum librum, quem de sceleribus eius ediderat, eumque ad extremum revolvisse, idem in secundo ac tertio fecisse, tunc abisse. expa- 6

## 12. VERGÄNGLICHKEIT
## UND UNSTERBLICHKEIT

5, 5

C. Plinius grüßt seinen Maximus

Wie ich höre, ist C. Fannius gestorben. Diese Nachricht hat mich tief erschüttert, einmal, weil ich den feinsinnigen, redegewandten Mann geliebt habe, zum anderen, weil ich Wert legte auf sein Urteil. Denn er war von Natur scharfsinnig, durch Erfahrung geübt und hielt nie mit der Wahrheit hinter dem Berge. Darüber hinaus bedauere ich sein persönliches Mißgeschick: er ist gestorben und hat ein überholtes Testament hinterlassen, in welchem die übergangen sind, die er am meisten schätzte, und Leute bedacht, mit denen er jetzt zerfallen war. Aber damit kann man sich so oder so abfinden, schwerer wiegt, daß er ein großartiges Werk unvollendet hinterlassen hat. Denn obwohl er durch Prozeßführungen ganz in Anspruch genommen war, verfaßte er doch „Das Ende der von Nero Getöteten oder Verbannten" und hatte bereits drei feinsinnige, sorgfältige Bücher fertig, lateinisch im besten Sinne des Worts, die Mitte haltend zwischen Umgangssprache und geschichtlicher Darstellung, und wünschte um so mehr, die übrigen zu vollenden, je fleißiger diese gelesen wurden.

Mir erscheint der Tod eines Mannes, der etwas Unsterbliches schafft, immer schmerzlich und verfrüht. Denn wer dem sinnlichen Genuß ergeben sozusagen in den Tag hinein lebt, dem erfüllt jeder Tag seinen Lebenszweck; wer aber an die Nachwelt denkt und die Erinnerung an sich durch Schriftwerke zu verewigen sucht, für den kommt der Tod stets zu früh, da er in jedem Falle etwas Begonnenes abbricht.

C. Fannius hat lange vorausgeahnt, was jetzt eingetreten ist. Er hatte eine Vision: In nächtlicher Ruhe lag er auf seinem Bett ausgestreckt in der Haltung eines Studierenden, wie gewöhnlich das Bücherregal neben sich. Da bildete er sich ein, Nero sei gekommen, setze sich auf sein Lager, nehme das erste Buch, in welchem seine Verbrechen behandelt waren, in die Hand, blättere es bis zur letzten Seite durch, mache es ebenso mit dem zweiten und dritten und ver-

vit et sic interpretatus est, tamquam idem sibi futurus esset scribendi finis, qui fuisset illi legendi; et fuit idem.

Quod me recordantem miseratio subit, quantum vigili- 7 arum, quantum laboris exhauserit frustra. occursant animo mea mortalitas, mea scripta, nec dubito te quoque eadem cogitatione terreri pro istis, quae inter manus habes. proinde, dum suppetit vita, enitamur, ut mors 8 quam paucissima, quae abolere possit, inveniat.

Vale.

## V. VIII
### C. PLINIVS CAPITONI SVO S.

Suades, ut historiam scribam, et suades non solus; multi 1 hoc me saepe monuerunt, et ego volo, non quia commode facturum esse confidam (id enim temere credas nisi expertus), sed quia mihi pulchrum in primis videtur non pati occidere, quibus aeternitas debeatur, aliorumque famam cum sua extendere. me autem nihil aeque ac diu- 2 turnitatis amor et cupido sollicitat, res homine dignissima, eo praesertim, qui nullius sibi conscius culpae posteritatis memoriam non reformidet. itaque diebus ac 3 noctibus cogito, si 'qua me quoque possim tollere humo'; id enim voto meo sufficit, illud supra votum, 'victorque virum volitare per ora; ... quamquam o ...' sed hoc satis est, quod prope sola historia polliceri videtur. orationi 4 enim et carmini parva gratia, nisi eloquentia est summa; historia quoquo modo scripta delectat. sunt enim homines natura curiosi et quamlibet nuda rerum cognitione capiuntur, ut qui sermunculis etiam fabellisque ducantur.

Me vero ad hoc studium impellit domesticum quoque exemplum. avunculus meus idemque per adoptionem 5 pater historias et quidem religiosissime scripsit. invenio

schwinde dann wieder. Fannius war entsetzt und deutete die Erscheinung dahin, daß er mit Schreiben dort aufhören werde, wo jener mit Lesen aufgehört hatte. Und so ist es denn auch geschehen.

Wenn ich daran denke, überkommt mich der Jammer, wie viele durchwachte Nächte, wie viel Mühe und Arbeit er vergebens vertan hat. Meine eigene Vergänglichkeit tritt mir vor die Seele, meine eigenen Schriften, und zweifellos schreckt auch Dich dieser Gedanke hinsichtlich dessen, was Du gerade in Arbeit hast. Darum wollen wir, solange wir noch am Leben sind, danach trachten, daß der Tod möglichst wenig findet, was er vernichten könnte.

Leb' wohl!

5, 8
C. Plinius grüßt seinen Capito

Du rätst mir, Geschichte zu schreiben, und Du bist nicht der einzige, der das tut; viele haben mich schon mehrfach dazu aufgefordert, und ich möchte wohl; nicht, weil ich glaubte, es würde mir nicht schwer fallen – das wäre Leichtsinn, wenn man es noch nicht versucht hat –, sondern weil es mir als eine besonders schöne Aufgabe erscheint, Männer, denen Ewigkeit gebührt, nicht in Vergessenheit geraten zu lassen und den Ruhm anderer zugleich mit dem eigenen zu verbreiten. Mich aber reizt nichts so sehr wie heißes Verlangen nach dauerndem Fortleben, ein echt menschliches Verlangen zumal für den, der sich keiner Schuld bewußt ist und das Andenken der Nachwelt nicht zu scheuen braucht. Darum sinne ich Tag und Nacht darüber nach, „wie auch ich mich vom Boden erheben könnte", denn das genügt meinen Wünschen; was folgt, würde über sie hinausgehen: „siegreich weiterzuleben dereinst im Munde der Nachwelt; freilich wie gern ..." Aber das erste genügt mir, und das verheißt, wie mir scheint, einzig die Geschichtsschreibung. Rede und Gedicht finden wenig Gnade, wenn sie nicht hohen Stil aufweisen; die Geschichte wirkt in jeder Form anziehend. Der Mensch ist ja von Natur wißbegierig und fühlt sich durch eine noch so dürftige Darstellung angezogen; läßt er sich doch gar durch Anekdoten und Märchen fesseln.

Mich aber treibt zu dieser Beschäftigung auch das Vorbild im eigenen Hause. Mein Onkel, durch Adoption auch mein Vater, hat Geschichte geschrieben, und zwar mit außerordentlicher Gewissen-

autem apud sapientis honestissimum esse maiorum vestigia sequi, si modo recto itinere praecesserint. cur ergo cunctor? egi magnas et graves causas; has, etiamsi mihi 6 tenuis ex his spes, destino retractare, ne tantus ille labor meus, nisi hoc, quod reliquum est studii, addidero, mecum pariter intercidat. nam, si rationem posteritatis 7 habeas, quidquid non est peractum, pro non incohato est. dices: 'potes simul et rescribere actiones et componere historiam.' utinam! sed utrumque tam magnum est, ut abunde sit alterum efficere.

Undevicensimo aetatis anno dicere in foro coepi et 8 nunc demum, quid praestare debeat orator, adhuc tamen per caliginem video. quid, si huic oneri novum accesserit? habet quidem oratio et historia multa communia, sed 9 plura diversa in his ipsis, quae communia videntur. narrat illa, narrat haec, sed aliter; huic pleraque humilia et sordida et ex medio petita, illi omnia recondita, splendida, excelsa conveniunt; hanc saepius ossa, musculi, nervi, 10 illam tori quidam et quasi iubae decent; haec vel maxime vi, amaritudine, instantia, illa tractu et suavitate atque etiam dulcedine placet; postremo alia verba, alius sonus, alia constructio. nam plurimum refert, ut Thucydides ait, 11 κτῆμα sit an ἀγώνισμα; quorum alterum oratio, alterum historia est.

His ex causis non adducor, ut duo dissimilia et hoc ipso diversa, quod maxima, confundam misceamque, ne tanta quasi colluvione turbatus ibi faciam, quod hic debeo; ideoque interim veniam, ut ne a forensibus verbis recedam, advocandi peto.

Tu tamen iam nunc cogita, quae potissimum tempora 12 adgrediar. vetera et scripta aliis? parata inquisitio, sed

haftigkeit, und bei den Weisen finde ich den Ausspruch, daß es ehrenvoll ist, den Spuren der Ahnen nachzugehen, jedenfalls wenn sie auf rechtem Wege vorangeschritten sind. Also warum zaudere ich? Ich habe bedeutsame, schwierige Prozeßreden gehalten; zwar verspreche ich mir nicht übermäßig viel von ihnen, beabsichtige aber doch, sie zu überarbeiten, damit die gewaltige Mühe, die darin steckt, nicht mit mir zusammen untergeht, wenn ich nicht das, was noch daran fehlt, dazugebe. Denn wenn man mit der Nachwelt rechnet – was nicht vollendet ist, gilt als gar nicht begonnen. Du wirst sagen: „Du könntest doch die Prozeßreden überarbeiten und daneben Geschichte schreiben." Ach, könnte ich es! Aber beides ist so schwierig, daß es vollauf genügt, mit einem fertig zu werden.

Im Alter von 19 Jahren habe ich zum ersten Male auf dem Forum gesprochen, und jetzt erst sehe ich, und auch jetzt doch nur nebelhaft, was ein echter Redner leisten muß. Wie nun, wenn zu dieser Last eine neue hinzukommt? Gewiß, Rede und Geschichtsschreibung haben viel Gemeinsames, aber noch mehr Gegensätzliches gerade in dem, was ihnen anscheinend gemeinsam ist. Die Geschichte erzählt, die Rede erzählt auch, aber anders; die Rede befaßt sich mit Gemeinheit und Schmutz, mit Alltäglichkeiten, die Geschichte mit lauter abgelegenen, glänzenden, erhabenen Vorgängen; der Rede stehen Mark, Muskeln und Sehnen an, der Geschichte zuweilen sozusagen Wulst und Mähne; dort findet vor allem Kraft, Herbheit und Ungestüm Beifall, hier ruhiger Fluß, Behagen und sogar Anmut; schließlich ist der Ausdruck anders, anders Ton und Satzbau. Denn es macht sehr viel aus, ob es sich, wie Thukydides sagt, um „einen Besitz für immer" oder „eine Glanzleistung für den Augenblick" handelt; das eine gilt für die Geschichte, das andere für die Rede.

Aus diesen Gründen kann ich mich nicht dazu entschließen, zwei verschiedene und eben deshalb, weil sie beide bedeutsam sind, einander entgegengesetzte Ziele miteinander zu vermengen, damit ich nicht in diesem Wirbel, möchte ich sagen, durcheinandergerate und dort tue, was ich hier tun müßte, und so bitte ich Dich denn – um im Jargon des Forums zu bleiben – einstweilen um eine Frist, mit mir ins Reine zu kommen.

Immerhin überlege Dir schon jetzt, welche Zeiten ich am besten angreifen könnte. Alte, schon von andern behandelte? Da ist die For-

onerosa collatio. intacta et nova? graves offensae, levis gratia. nam praeter id, quod in tantis vitiis hominum plura 13 culpanda sunt quam laudanda, tum, si laudaveris, parcus, si culpaveris, nimius fuisse dicaris, quamvis illud plenissime, hoc restrictissime feceris. sed haec me non retardant 14 (est enim mihi pro fide satis animi), illud peto praesternas, ad quod hortaris, eligasque materiam, ne mihi iam scribere parato alia rursus cunctationis et morae iusta ratio nascatur.

Vale.

## VI. X
## C. PLINIVS ALBINO SVO S.

Cum venissem in socrus meae villam Alsiensem, quae 1 aliquamdiu Rufi Vergini fuit, ipse mihi locus optimi illius et maximi viri desiderium non sine dolore renovavit. hunc enim colere secessum atque etiam senectutis suae nidulum vocare consueverat. quocumque me contulissem, illum 2 animus, illum oculi requirebant. libuit etiam monimentum eius videre, et vidisse paenituit. est enim adhuc 3 imperfectum, nec difficultas operis in causa modici ac potius exigui, sed inertia eius, cui cura mandata est. subit indignatio cum miseratione post decimum mortis annum reliquias neglectumque cinerem sine titulo, sine nomine iacere, cuius memoria orbem terrarum gloria pervagetur. at ille mandaverat caveratque, ut divinum illud et immor- 4 tale factum versibus inscriberetur:

'Hic situs est Rufus, pulso qui Vindice quondam
  imperium adseruit non sibi, sed patriae.'

Tam rara in amicitiis fides, tam parata oblivio mortuo- 5 rum, ut ipsi nobis debeamus etiam conditoria exstruere

schungsarbeit getan, aber der Vergleich unbequem. Unberührtes Neues? Schwere Anstöße und wenig Dank! Denn abgesehen davon, daß es bei all den Lastern der Menschen mehr zu tadeln als zu loben gibt, heißt es, wenn man lobt, man habe gekargt, tadelt man, man habe übertrieben, auch wenn man das eine in reichem Maße, das andere mit aller Vorsicht getan hat. Aber das soll mich nicht aufhalten, denn ich meine es ehrlich, und so fehlt es mir nicht an Mut; nur um eins bitte ich Dich: ebne mir den Weg zu dem Ziel, das Du mir zeigst, und wähle den Stoff aus, damit sich mir nicht wieder ein andrer triftiger Grund zu Zaudern und Aufschub einstellt, wenn ich schon zum Schreiben bereit bin.

Leb' wohl!

6, 10
C. Plinius grüßt seinen Albinus

Als ich auf dem Landgut meiner Schwiegermutter bei Alsium war, das einst Rufus Verginius gehört hat, weckte schon der Ort an sich in mir das schmerzliche Verlangen nach dem trefflichen, bedeutenden Mann. Denn hier in dieser Abgeschiedenheit pflegte er seinen Wohnsitz zu haben, den er auch das „Nest seines Alters" zu nennen liebte. Wohin ich mich wandte, überall suchte ich ihn mit Herz und Augen. Ich wünschte auch, sein Grabmal zu sehen, und es reut mich, es gesehen zu haben. Es ist immer noch unvollendet, und das liegt nicht an der Schwierigkeit des bescheidenen, eher noch dürftigen Bauwerks, sondern an der Trägheit dessen, dem es in Auftrag gegeben ist. Unwille und Bedauern überkommt einen, daß zehn Jahre nach seinem Tode die sterblichen Reste, die Asche des Mannes ohne Inschrift, ohne Namen unbeachtet daliegen, dessen ruhmreiches Andenken über die ganze Welt verbreitet ist. Und er hatte doch den Auftrag gegeben und Vorsorge getroffen, daß seine unvergleichliche, unsterbliche Tat in Versen auf sein Grab geschrieben würde:

„Hier liegt Rufus, der einst, nachdem er den Vindex geschlagen,
nur seinem Vaterland, nicht sich die Herrschaft gewann."

So selten ist Treue in der Freundschaft, so rasch bei der Hand Vergessen der Toten, daß wir uns sogar unser Grabmal selbst bauen und

omniaque heredum officia praesumere. nam cui non est 6
verendum, quod videmus accidisse Verginio? cuius iniuriam ut indigniorem sic etiam notiorem ipsius claritas facit.

Vale.

## IX. III
## C. PLINIVS PAVLINO SVO S.

Alius aliud, ego beatissimum existimo, qui bonae man- 1
suraeque famae praesumptione perfruitur certusque posteritatis cum futura gloria vivit. ac mihi nisi praemium aeternitatis ante oculos, pingue illud altumque otium placeat. etenim omnes homines arbitror oportere aut immor- 2
talitatem suam aut mortalitatem cogitare et illos quidem contendere, eniti, hos quiescere, remitti nec brevem vitam caducis laboribus fatigare, ut video multos misera simul et ingrata imagine industriae ad vilitatem sui pervenire.

Haec ego tecum, quae cottidie mecum, ut desinam 3
mecum, si dissenties tu; quamquam non dissenties, ut qui semper clarum aliquid et immortale meditere.

Vale.

## IX. XIV
## C. PLINIVS TACITO SVO S.

Nec ipse tibi plaudis, et ego nihil magis ex fide quam de te scribo. posteris an aliqua cura nostri, nescio; nos certe meremur, ut sit aliqua, non dico ingenio (id enim superbum), sed studio et labore et reverentia posterorum. pergamus modo itinere instituto, quod ut paucos in lucem famamque provexit, ita multos e tenebris et silentio protulit.

Vale.

alle Pflichten der Erben vorweg selbst erfüllen müssen! Denn wer braucht nicht zu befürchten, was, wie wir hier sehen, Verginius passiert ist? Wenn das Unrecht an ihm besonders empörend erscheint und nicht ganz unbekannt bleibt, so hat er das nur seiner Berühmtheit zu danken.
Leb' wohl!

## 9, 3
### C. Plinius grüßt seinen Paulinus

Der eine so, der andere so; ich halte den für den glücklichsten Menschen, der im Vorgenuß eines guten, bleibenden Rufes, seines Nachlebens sicher, mit seinem zukünftigen Ruhm lebt. Hätte ich nicht den Preis der Unsterblichkeit vor Augen, dann könnte mir jene tiefe, gemächliche Ruhe schon behagen. Alle Menschen müssen sich ja wohl in Gedanken mit ihrer Sterblichkeit oder Unsterblichkeit beschäftigen; die einen müssen kämpfen und streben, die andern ausruhen, sich entspannen und ihr kurzes Leben nicht durch sinnlose Arbeiten ermüden, wie ich es viele tun sehe, die unter dem kläglichen und zugleich unbefriedigenden Schein angestrengter Tätigkeit doch nur zur Erkenntnis ihrer Bedeutungslosigkeit gelangen.

Nur Dir sage ich das, was ich tagtäglich auch mir selbst sage, um damit aufzuhören, wenn Du andrer Meinung bist; freilich wirst Du nicht anderer Meinung sein, wo Deine Gedanken stets bei etwas Großem, Unsterblichem sind.
Leb' wohl!

## 9, 14
### C. Plinius grüßt seinen Tacitus

Du bist zwar selbst nicht mit Dir zufrieden, aber ich meine es nie ehrlicher, als wenn ich von Dir schreibe. Ob sich unsere Nachfahren für uns interessieren werden, weiß ich nicht, aber wir verdienen jedenfalls, daß sie es tun; ich meine nicht: wegen unseres Talents – das wäre Hochmut –, sondern wegen unseres Fleißes, unseres Strebens und der Hochachtung vor der Nachwelt. Bleiben wir auf dem eingeschlagenen Weg! Er hat zwar nur wenigen zu strahlendem Ruhm verholfen, manche aber doch aus schweigendem Dunkel ans Licht geführt.
Leb' wohl!

# ANHANG

# EINFÜHRUNG

Gaius Plinius Caecilius Secundus war nach eigenem Zeugnis (Brief 6, 16, 5) 18 Jahre alt, als der Vesuv ausbrach (79 n. Chr.). Er wurde also 61 oder 62 n. Chr. geboren. Seine Heimatstadt war Comum, das heutige Como am Lago di Como. Sein Vater starb früh. Er wuchs bei seinem Onkel, einem Bruder seiner Mutter, auf und wurde von diesem, dem „älteren Plinius", adoptiert. Von ihm übernahm er auch den Namen „Plinius". Er studierte in Rom bei Quintilian, dem ersten offiziellen Professor für Rhetorik in Rom, und dem griechischen Rhetor Nicetes aus Smyrna. Zunächst arbeitete er als Rechtsanwalt, bekleidete verschiedene öffentliche Ämter, wurde im Jahre 100 „nachgewählter" Konsul (consul suffectus) und verwaltete in den Jahren 111/112 als kaiserlicher Legat die römische Provinz Bithynien.

Aus seiner Tätigkeit als Provinzverwalter stammt sein **Briefwechsel mit Kaiser Trajan**: Diese Korrespondenz besteht aus größtenteils amtlichen Schreiben, in denen Plinius den Kaiser in wichtigen Fragen der Provinzverwaltung um Entscheidung bittet. Besonders berühmt sind die Briefe 10, 96 und 97, die sich mit der Frage befassen, wie die Christen zu behandeln seien.

Der Briefwechsel mit Trajan wurde erst postum herausgegeben und später als 10. Buch dem **Corpus der Briefe in neun Büchern** hinzugefügt, die in den Jahren 97 bis 109 entstanden und vom Autor selbst wahrscheinlich sukzessive – vielleicht in kleinen Gruppen – veröffentlicht wurden. Dieses Corpus besteht aus 247 Briefen, die an über hundert Adressaten – Freunde und Verwandte des Autors – gerichtet sind; darunter befinden sich auch so prominente Persönlichkeiten wie der Historiker Tacitus (11 Briefe an Tacitus) und der Biograph Suetonius Tranquillus (4 Briefe an Sueton).

In engem Zusammenhang mit der politischen Karriere des Plinius steht auch der **Panegyricus**, eine Festansprache, mit der Plinius dem Kaiser Trajan für die Ernennung zum consul suffectus dankt. Der Autor stellte sich mit dieser Rede in die Tradition des Fürstenspiegels, wie er in der römischen Literatur auch mit Ciceros Reden *Pro Marcello* und *Pro Ligario* oder mit Senecas Abhandlung *De clementia* faßbar ist. Plinius entwirft hier ein Herrscherbild, das noch lange Zeit maßgebend sein wird.

Der besondere Charakter der Briefsammlung läßt es zu, eine **repräsentative Auswahl** zu treffen:

Es handelt sich um Kunstbriefe; sie enthalten meist keine realen Mitteilungen wie etwa die Briefe Ciceros, auch wenn sie sich auf durchaus reale Vorgänge und Ereignisse beziehen; der Name des Adressaten ist in der Regel nichts anderes als eine Widmung. Die einzelnen Briefe haben stets nur ein einziges Thema. Aber insgesamt

zeichnen sie sich durch **thematische Vielfalt** aus. Daraus ergibt sich die Möglichkeit, die Briefe nach **Themen** zu ordnen: So kann man Briefe mit gleichartigen Themen zusammenstellen: z. B. Porträts prominenter Zeitgenossen (z. B. Martial, Silius Italicus, Plinius d. Ä.), Beschreibungen von Landhäusern und Landschaften, Versuche der Selbstdarstellung, Schilderungen des Tagesablaufs auf dem Lande und der öffentlichen Tätigkeit im Senat oder vor Gericht, Anekdoten, ungewöhnliche Naturerscheinungen, Rechtsfragen, Gedanken zur Lebensführung und zum zeitgenössischen Kulturleben, autobiographische Mitteilungen; Freundschaft, Ruhm und Unsterblichkeit durch literarische Tätigkeit u. a. So wird es möglich, mehrere Briefe gleicher oder ähnlicher Inhalte zusammenzustellen und auf diesem Wege zu verdeutlichen, wie Plinius das einzelne Thema in mehreren Briefen unter verschiedenen Aspekten behandelt[1].

Die vorliegende Auswahl von 74 Briefen aus dem von Plinius selbst veröffentlichten Corpus der neun Bücher orientiert sich an folgenden Themen:

1. Über die Entstehung der Briefsammlung: 1, 1
2. Wohnen und Umwelt: 1, 3; 1, 24; 2, 17; 5, 6; 9, 7
3. Charakterbilder: 1, 5 (Regulus); 1, 10 (Euphrates); 1, 12 (Corellius Rufus); 1, 22 (Titius Aristo); 2, 3 (Isaeus); 3, 5 (der ältere Plinius); 3, 7 (Silius Italicus); 4, 2 (Regulus); 5, 16 (die Tochter des Fundanus); 7, 19 (Fannia); 7, 25 (Terentius Iunior); 8, 23 (Iunius Avitus)
4. Literatur und Leben: 1, 6; 5, 18; 7, 9; 7, 24; 8, 4; 9, 6; 9, 10; 9, 22; 9, 23
5. Lebensqualität und Lebensstil: 1, 9; 2, 6; 2, 8; 3, 1; 7, 26; 9, 32; 9, 36; 9, 40
6. Freundschaft und Menschlichkeit: 1, 11; 1, 14; 2, 2; 3, 21; 5, 19; 7, 28; 8, 7; 8, 9; 8, 16; 8, 22; 8, 24; 9, 12
7. Partnerschaft und Liebe: 4, 19; 6, 4; 6, 7; 7, 5; 8, 10; 8, 11
8. Vergangenheitsbewältigung: 9,13
9. Verantwortung für die Jugend: 2, 18; 4, 13; 6, 11; 6, 32
10. Ungewöhnliches Handeln und Verhalten, seltsame Erscheinungen: 3, 14; 3, 16; 4, 11; 7, 27; 9, 33
11. Bemerkenswerte Naturerscheinungen: 4, 30; 6, 16 und 6, 20; 8, 8; 8, 17; 8, 20
12. Vergänglichkeit und Unsterblichkeit: 5, 5; 5, 8; 6, 10; 9, 3; 9, 14

---

1 Die thematische Vielfalt der Plinius-Briefe hat H.-P. Bütler: Die geistige Welt des jüngeren Plinius. Studien zur Thematik seiner Briefe, Heidelberg 1970, umfassend erschlossen.

Das breitgestreute thematische Spektrum der Briefe läßt es als sinnvoll erscheinen, in einer Auswahl möglichst alle von Plinius angesprochenen Themen an exemplarischen Beispielen vorkommen zu lassen. Bei aller Subjektivität im einzelnen kann die Auswahl in dem Sinne für das Ganze repräsentativ sein, daß sie Plinius und seinen in seinen Briefen zum Ausdruck gebrachten Vorstellungen insgesamt gerecht wird.

Das Bild, das die Briefe bieten, läßt sich folgendermaßen charakterisieren: „... nicht philosophischer Tiefgang wird angestrebt, sondern leichte Verständlichkeit, nicht Ausdiskutieren aller möglichen Perspektiven eines Problems, sondern Evidenz, Anschaulichkeit. Um Augenöffnen geht es ihm, um Sensibilisierung für die jeweilige Problematik, nicht darum, sie völlig auszuloten"[2]. Um dies zu erreichen, muß der Autor auch spektakuläre (journalistische) Mittel einsetzen und sich der Vergröberung und Simplifizierung bedienen. Die Briefe des Plinius sind daher „nicht tiefschürfende Essays, sondern Feuilletons, besser vielleicht sogar Glossen, Streiflichter, die eine Thematik nur anreißen, den Leser erst einmal packen müssen, um ihn dann leiten zu können"[3]. Mit seinen „Briefen" begründete Plinius „eine neue literarische Gattung, nämlich das Feuilleton in Briefform"[4].

Wenn man die Plinius-Briefe als eine mehr oder weniger bunte Sammlung von Texten über vielfältige interessante Themen versteht, dann ist die Verwandtschaft mit den Texten der *Noctes Atticae* des Aulus Gellius nicht zu übersehen; denn auch Gellius befaßte sich in jeweils abgeschlossenen Texten mit einem Thema, das er für wissenswert und unterhaltsam hielt. Der Unterschied besteht allerdings darin, daß die etwa 400 Texte der *Noctes Atticae* keine Briefform haben, sondern insgesamt als eine Sammlung von Lesefrüchten anzusehen sind, die der „Buntschriftstellerei" zuzurechnen ist.

Plinius bezieht sich an einigen Stellen seiner Briefsammlung auf sein Vorbild Cicero: In 9, 2 sagt er in einem Brief an Sabinus: „Es ist liebenswürdig von Dir, daß Du nicht nur möglichst viele, sondern auch möglichst lange Briefe von mir verlangst; ich bin damit recht sparsam umgegangen, teils deshalb, weil ich auf Deine umfangreiche Arbeit Rücksicht nehmen wollte, teils, weil ich selbst von meinen meistens langweiligen Tätigkeiten stark in Anspruch genommen wurde, die den Geist zugleich ablenken und bedrücken. Außerdem stand mir der Stoff nicht zur Verfügung, mehr zu schreiben. Ich bin nämlich nicht in derselben Lage wie Marcus Tullius, den Du mir als Vorbild hinstellst;

---

2 E. Bury: Humanitas als Lebensaufgabe. Prolegomena zu einer Neukonzeption der Lektüre der Plinius-Briefe, in: Der altsprachliche Unterricht 32, 1, 1989, 42–64.
3 Bury, 62.
4 M. Schuster: Plinius der Jüngere. Briefe, Stuttgart 1957, 68.

denn er hatte ein umfassendes Talent und eine seinem Talent entsprechende Fülle mannigfacher und bedeutender Tatsachen sehr reichlich zur Verfügung. In welche engen Grenzen wir eingeschlossen werden, verstehst Du, auch wenn ich nicht darüber spreche, es sei denn, ich wollte Dir hochgelehrte und sozusagen im Studierzimmer verfaßte Briefe schicken ..." Vielleicht spielt Plinius hier auf Ciceros Brief *Ad Atticum* 1, 19, 1 an, der hier erklärt, er lege trotz unglaublicher Inanspruchnahme Wert darauf, keinen Brief ohne bedeutsamen und sinnvollen Inhalt an den Freund gelangen zu lassen: Deshalb wolle er ihm einerseits die politischen Verhältnisse schildern *(quae sint in re publica, exponam)*, andererseits aber auch über private Dinge schreiben.

In 3, 20, 10–12, einem Brief an Maximus, vergleicht sich Plinius ebenfalls mit Cicero, auch wenn er ihn nicht ausdrücklich mit Namen nennt: „... Ich habe Dir dies geschrieben, um Dir erstens etwas Neues zu schreiben und zweitens um auch einmal über Politik *(de re publica)* zu sprechen, über ein Thema, das wir um so weniger übergehen dürfen, je seltener im Vergleich mit den Menschen früherer Generationen uns die Gelegenheit dazu gegeben ist. Und beim Hercules, wie lange sollen wir noch die abgedroschenen Phrasen verwenden: ‚Was machst du? Geht's dir gut?' Auch unsere Briefe sollen etwas nicht ganz Gewöhnliches, Bedeutungsloses, nur auf die Privatsphäre Bezogenes enthalten! Allerdings ist alles dem Willen eines Mannes unterworfen, der allein um des allgemeinen Nutzens willen die Sorgen und Mühen aller anderen auf sich genommen hat; dennoch fließen sozusagen in maßvoller Dosierung auch zu uns Rinnsale aus jener gütigsten Quelle, die wir sowohl selbst schöpfen als auch unseren abwesenden Freunden gleichsam in Briefen servieren können. Leb' wohl."

Plinius stellt also fest, daß die Möglichkeiten, interessante Briefe zu schreiben, gegenüber Ciceros Zeit aufgrund der andersartigen politischen Verhältnisse eingeschränkt seien. „Plinius will, soweit es die Staatsform seiner Zeit erlaubt, soviel an politischem Gehalt als nur möglich in seine Briefe einbringen und sich damit denen Ciceros nähern. Dies gestattet Trajans Politik, dem Senatorenstand zumindest den Eindruck einer größeren politischen Beteiligung zu vermitteln, die Vermischung von *principatus* und *libertas*, wie Tacitus das in seinem ‚Agricola' (3, 1) ausdrückt ... Die Verhältnisse der Kaiserzeit, in denen das politische Handeln sich in der Person des Kaisers konzentriert, erlauben nach Plinius keine Briefe in der Art Ciceros mehr; nur durch Trajans Konzessionen an den Senat wird eine partielle Rückkehr möglich, und diese will Plinius literarisch in seiner Briefsammlung verwirklichen. Die Erklärung der literarischen Entwicklung des Briefes aus dem politischen Wandel von der Republik zur Kaiserzeit entspricht derjenigen, wie sie Tacitus für die Redekunst in seinem ‚Dialogus' vorgetragen hat. Hiernach ist der Niedergang der Beredsamkeit nach der Zeit Ciceros aus dem Wandel des Staates zu erklären. Die Kämpfe der ausgehenden Republik waren die Voraus-

setzung für die Blüte der Redekunst, die Kaiserzeit hat zwar Ruhe und geordnete Verhältnisse, aber auch den Verfall der Beredsamkeit mit sich gebracht. Plinius war mit Tacitus befreundet, der ‚Dialogus' ist im gleichen Zeitraum wie die Briefe entstanden: So mag in dieser Deutung des Plinius ein Einfluß des Tacitus vorliegen"[5].

Plinius hat einige seiner Briefe nach Ciceros Briefen gestaltet. Ein bekanntes Beispiel ist der Brief 8, 24. Plinius gibt seinem Adressaten Ratschläge für eine humane Verwaltung der Provinz Achaia. Hier zitiert er offensichtlich Ciceros Brief an seinen Bruder Quintus über die Verwaltung der Provinz Asia (Ad Q. fr. 1, 1). Allerdings ist der Brief des Plinius bei aller äußeren Ähnlichkeit der Gedanken aus der aktuellen politischen Situation herausgelöst; „... er soll nur ein allgemeines Dokument der *humanitas* und ein Muster der Paränese sein"[6].

Obwohl die Briefe des Plinius sich stark an Ciceros Briefen orientieren – Plinius bemüht sich, Cicero nachzuahmen (er sagt es selbst – allerdings bezogen auf die Redekunst: *Est enim ... mihi cum Cicerone aemulatio* „ich messe mich nämlich mit Cicero", 1, 5, 12) –, bestehen doch schon auf dem Gebiet der Briefliteratur deutliche Unterschiede zwischen Plinius und Cicero: Die Briefe des Plinius haben nicht nur weniger politisch-historischen Stoff zur Verfügung; sie sind so gestaltet, daß sie den ursprünglichen Adressaten in den Hintergrund treten lassen und sich an eine größere Öffentlichkeit wenden. „Die Einzelbegebenheiten, von denen Plinius spricht, erhalten eine über den Sitz im Leben hinausreichende Relevanz dadurch, daß im Speziellen etwas Allgemeines, Exemplarisches sichtbar gemacht wird"[7].

### Übersicht über die vorliegende Auswahl aus den Büchern 1-9 mit Hinweisen auf einschlägige Fachliteratur

Buch 1: 1 (Über die Publikation der „Briefe"); 3 (Comum)[8]; 5 (Regulus); 6 (Eberjagd)[9]; 9 (Tagesablauf in der Stadt und auf dem Land)[10];

---

5 M. Lausberg: Cicero – Seneca – Plinius. Zur Geschichte des römischen Prosabriefes, in: Anregung 37, 1991, 82–100, zit. 83.
6 Lausberg, 95. Weitere Bezüge auf Cicero: Cicero, Ad fam. 5, 12 → Plinius 7, 33; Cicero, Ad fam. 16, 4 → Plinius 5, 19; Cicero, Ad fam. 7, 1 → Plinius 9, 6.
7 Lausberg, 90.
8 E. Lefèvre: Plinius-Studien III: Die Villa als geistiger Lebensraum (1,3; 1, 24; 2, 8; 6, 31; 9, 36), in: Gymnasium 94, 1987, 247–262.
9 M. v. Albrecht: Meister römischer Prosa von Cato bis Apuleius, Heidelberg 1971, 190–196. E. Lefèvre: Plinius-Studien II: Diana und Minerva. Die beiden Jagdbillette an Tacitus (1, 6; 9, 10), in: Gymnasium 85, 1978, 37–47.
10 W. Suerbaum: Aktualisierte Plinius-Briefe, in: H.-J. Glücklich (Hg.): Lateinische Literatur, heute wirkend. Bd. 2, Göttingen 1987, 77–84.

10 (Der Philosoph Euphrates)[11]; 11 (Bitte um ein Lebenszeichen); 12 (Der Selbstmord des Corellius); 14 (Brautwerbung); 22 (Der schwerkranke Titius Aristo); 24 (Sueton kauft eine Villa)[12]
Buch 2: 2 (Freundschaft); 3 (Der Redner Isaeus); 6 (Ein geiziger Gastgeber)[13]; 8 (Caninius erholt sich am Lago di Como)[14]; 17 (Ekphrasis des Laurentinum)[15]; 18 (Auf der Suche nach einem Lehrer für die Kinder eines Freundes)
Buch 3: 1 (Das ordentliche Leben des Calvisius); 5 (Leben und Schriften des Onkels)[16]; 7 (Silius Italicus)[17]; 14 (Ermordung des Larcius Macedo durch seine Sklaven)[18]; 16 (Das Schicksal der Arria: Großartige facta dictaque virorum feminarumque)[19]; 21 (Nachruf auf Martial)[20]
Buch 4: 2 (Regulus hat seinen Sohn verloren); 11 (Bericht über den Inzest einer Vestalin); 13 (Finanzierung einer Schule in Como)[21]; 19 (Dank an die Schwiegermutter)[22]; 30 (Die seltsame Quelle)[23]
Buch 5: 5 (Der Tod des Biographen C. Fannius); 6 (Das Landgut in

---

11 P. Grimal: Deux figures de la Correspondance de Pline: le philosophe Euphratès et le rhéteur Isée, in: Latomus 14, 1955, 370–383. H. Philips, Kommentierte Plinius-Auswahl, 1986, 30–41.
12 E. Lefèvre: Plinius-Studien III: Die Villa als geistiger Lebensraum(1,3; 1,24; 2,8; 6,31; 9,36), in: Gymnasium 94,1987, 247–262. U. Prutscher: Der Brief als Medium der persönlichen Mitteilung. Eine lernzielorientierte Auswahl aus Cicero und Plinius, in: AU 19, 2, 1976, 25 f.
13 Interpretation bei H. Offermann, MDAV 23, 4, 1980, 7–12. H. Philips: Zeitkritik bei Plinius dem Jüngeren. Interpretation von epist. 2, 6, in: Anregung 22, 6, 1976, 363–370. H. Philips, Kommentierte Plinius-Auswahl, 1986, 45–51.
14 E. Lefèvre: Plinius-Studien III, in: Gymnasium 94, 1987, 247–262.
15 R. Förtsch: Archäologischer Kommentar zu den Villenbriefen des jüngeren Plinius, Mainz 1993. E. Lefèvre: Plinius-Studien I: Römische Baugesinnung und Landschaftsauffassung in den Villenbriefen (2, 17; 5, 6), in: Gymnasium 84, 1977, 519–541.
16 E. Lefèvre: Plinius-Studien V, in: Gymnasium 96, 1989,113–128. H. Offermann: Offenheit oder Maskierung: Plinius, in: Anregung 39, 1993, 88.
17 K. Büchner: Römische Literaturgeschichte, Stuttgart 1957, 441. E. Lefèvre: Plinius-Studien V, in: Gymnasium 96, 1989, 113–128.
18 W. Heilmann: Interpretation im Rahmen eines lateinischen Literaturunterrichts, in: AU 36, 4/5, 1993, 14–21. H. E. Herkendell: Überlegungen zu Textverstehen und Übersetzen, in: AU 38, 1, 1995, 29–32. H. Offermann: Bemerkungen zu den Sklavenbriefen des Plinius, in: MDAV 23, 4, 1980, 7–12.
19 N. Wilsing: Die Praxis des Lateinunterrichts. Bd. 2, Stuttgart ²1964, 100 f.
20 E. Lefèvre: Plinius-Studien V, in: Gymnasium 96, 1989, 113–128.
21 H. Philips, Kommentierte Plinius-Auswahl, 1986, 100–107. U. Prutscher: Der Brief als Medium der persönlichen Mitteilung. Eine lernzielorientierte Auswahl aus Cicero und Plinius, in: AU 19, 2, 1976, 26 f.
22 E. Bury: Humanitas als Lebensaufgabe, in: AU 32, 1, 1989, 56 f.
23 E. Lefèvre: Plinius-Studien IV, in: Gymnasium 95,1988, 236–269.

## EINFÜHRUNG

Tuscien)²⁴; 8 (Biographisches: Plinius als Geschichtsschreiber?); 16 (Tod eines vierzehnjährigen Mädchens); 18 (Schreiben und/oder Jagen); 19 (Der Freigelassene Zosimos)²⁵
Buch 6: 4 (Brief an Calpurnia)²⁶; 7 (Brief an Calpurnia); 10 (Erinnerung an Verginius Rufus); 11 (Stolz über zwei tüchtige Schüler); 16 und 20 (Vesuvausbruch)²⁷; 32 (Eine Mitgift für die Tochter Quintilians)
Buch 7: 5 (Brief an Calpurnia)²⁸; 9 (Die Studien des Fuscus); 19 (Fannia); 24 (Tod der Ummidia Quadratilla); 25 (Terentius Iunior); 26 (Glückliche Krankheit)²⁹; 27 (Gespenster)³⁰; 28 (Lob der Freunde)

24 E. R. Curtius: Europäische Literatur und lateinisches Mittelalter, Bern ²1954, 481. E. Lefèvre: Plinius-Studien I, in: Gymnasium 84, 1977, 519–541.
25 M. Lausberg: Cicero – Seneca – Plinius. Zur Geschichte des römischen Prosabriefes, in: Anregung 37, 1991, 96 f. – Interpretation bei H. Offermann: Bemerkungen zu den Sklavenbriefen des Plinius, in: MDAV 23, 4, 1980, 7–12. U. Prutscher: Der Brief als Medium der persönlichen Mitteilung. Eine lernzielorientierte Auswahl aus Cicero und Plinius, in: AU 19, 2, 1976, 27 f. V. Schiff: Die Behandlung der Sklavenfrage anhand lateinischer Quellen, in: AU 25, 1, 1982, 4–24.
26 U. Prutscher: Der Brief als Medium der persönlichen Mitteilung. Eine lernzielorientierte Auswahl aus Cicero und Plinius, in: AU 19, 2, 1976, 28 f.
27 G. Binder: Originaltext und Bearbeitung. Wieviel Veränderung verträgt ein Originaltext?, in: Gymnasium 92, 1985, 132–150. G. Binder / P. Wülfing u. a.: Vom Vesuvausbruch des Jahres 79 n. Chr., Frankfurt 1979. U. Eco: A Portrait of the Elder as a Young Pliny, in: ders.: The Limits of Interpretation, Bloomington/Indianapolis 1990, 123–136. E. Lefèvre: Plinius-Studien VI, in: Gymnasium 103, 1996, 193–215. F. Lillge: Die literarische Form der Briefe Plinius' des Jüngeren über den Ausbruch des Vesuvius, in: Sokrates 6, 1918, 209–234; 273–297. E. Römisch: Der Mensch in einer Katastrophensituation. Plinius ep. VI 20, in: H. Krefeld (Hg.): Impulse für die lateinische Lektüre von Terenz bis Thomas Morus, Frankfurt 1979, 124–137. K. Sallmann: Quo verius tradere posteris possis. Plin. epist. 6, 16, in: Würzburger Jahrbücher NF. 5, 1979, 209–218. O. Schönberger: Die Vesuv-Briefe des jüngeren Plinius (VI 16 und 20), in: DASIU 26, 1, 1979, 6–28. W. Suerbaum: Aktualisierte Plinius-Briefe, in: H.-J. Glücklich (Hg.): Lateinische Literatur, heute wirkend. Bd. 2, Göttingen 1987, 94–116.
28 E. Bury: Humanitas als Lebensaufgabe, in: AU 32, 1, 1989, 56 f. U. Prutscher: Der Brief als Medium der persönlichen Mitteilung. Eine lernzielorientierte Auswahl aus Cicero und Plinius, in: AU 19, 2, 1976, 28 f.
29 H. Philips: Ein lesenswerter Brief. Interpretation von Plinius, Epist. VII 26, in: Anregung 30, 1984, 184–180. H. Philips, Kommentierte Plinius-Auswahl, 1986, 114–117.
30 H. Butz, in: R. Nickel (Hg.): Aditus, Freiburg/Würzburg 1975, Lehrerhandbuch, 85–87. H. Offermann: Offenheit oder Maskierung: Plinius, in: Anregung 39, 1993, 83–85; 90. F. Römer: Vom Spuk zur Politik. Der Gespensterbrief des Jüngeren Plinius, in: Wiener humanistische Blätter 29, 1987, 26–36.

Buch 8: 4 (Epos über den Daker-Krieg?); 7 (Plinius dankt Tacitus); 8 (Clitumnus-Quelle)[31]; 9 (Pflichten der Freundschaft); 10 (Enttäuschter Wunsch nach einem Urenkel); 11 (Fehlgeburt); 16 (Behandlung der Sklaven)[32]; 17 (Überschwemmungen); 20 (Der Vadimonische See)[33]; 22 (Vergebung); 23 (Die Klugheit des Iunius Avitus); 24 (Die Größe Griechenlands)[34]

Buch 9: 3 (Unsterblichkeit); 6 (Zirkusspiele)[35]; 7 (Die beiden Villen)[36]; 10 (Minerva und Diana)[37]; 12 (Vater und Sohn); 13 (Die Zeit nach Domitian)[38]; 14 (Literarischer Nachruhm); 22 (Ein Nachkomme des Properz); 23 (Prominente); 32 (Der Faulpelz); 33 (Der Delphin)[39]; 36 (Tagesablauf auf dem Lande)[40]; 40 (Winter in Tuscien)

---

[31] G. Hagenow: Humanitas (Plinius Sec. Epistula Lib. VIII 8), in: MDAV 1/1991, 1 f. E. Lefèvre: Plinius-Studien IV, in: Gymnasium 95, 1988, 236–269.

[32] H. Offermann: Bemerkungen zu den Sklavenbriefen des Plinius, in: MDAV 23, 4, 1980, 7–12.

[33] E. Lefèvre: Plinius-Studien IV, in: Gymnasium 95, 1988, 236–269.

[34] W. Plankl: Roms geistiges Verhältnis zu den Hellenen. Plin. ep. VIII 24 (an Maximus) übertragen von Wilhelm Plankl, in: Gymnasium 62, 1955, 108 f. F. Zucker: Plinius, Epist. VIII 24 – ein Denkmal antiker Humanität, in: Philologus 84, 1929, 206–323.

[35] M. Lausberg: Cicero – Seneca – Plinius. Zur Geschichte des römischen Prosabriefes, in: Anregung 37, 1991, 97 f. H. Philips, Kommentierte Plinius-Auswahl, 1986, 128–131.

[36] H.-J. Glücklich / H. Holtermann / W. Zapfe: Fontes, Göttingen 1979, 92–95.

[37] E. Lefèvre: Plinius-Studien II, in: Gymnasium 85, 1978, 37–47.

[38] W. Suerbaum: Aktualisierte Plinius-Briefe, in: H.-J. Glücklich (Hg.) Lateinische Literatur, heute wirkend. Bd. 2, Göttingen 1987, 84–88.

[39] F.-F. Lühr: Res inauditae, incredulae. Aspekte lateinischer Unterhaltungsliteratur bei Petronius, Plinius dem Jüngeren und Gellius, in: AU 19, 1, 1976, 5–19. C. L. Miller: The Younger Pliny's Dolphin Story (Ep. IX 33): An Analysis, in: Classical World 60, 1966, 6–8.

[40] E. Lefèvre: Plinius-Studien III, in: Gymnasium 94, 1987, 247–262. H. Philips, Kommentierte Plinius-Auswahl, 1986, 132–138. U. Prutscher: Der Brief als Medium der persönlichen Mitteilung. Eine lernzielorientierte Auswahl aus Cicero und Plinius, in: AU 19, 2, 1976, 23 f.

# ERLÄUTERUNGEN

## 1. ÜBER DIE ENTSTEHUNG DER BRIEFSAMMLUNG

**Brief 1, 1**
Adressat des Briefes ist der römische Ritter C. *Septicius* Clarus, dem von 119–121 n. Chr. die Leibwache des Kaisers Hadrian unterstand. Sueton widmete ihm seine Kaiserbiographien. Plinius lobt ihn in einem anderen Brief (2, 9, 4) als den aufrichtigsten, anständigsten und zuverlässigsten Mann, den er kenne; er nennt ihm die Motive und Prinzipien, die für die Veröffentlichung seiner Briefe maßgebend waren.

## 2. WOHNEN UND UMWELT

**Brief 1, 3**
*Caninius* Rufus ist ein Landsmann und Nachbar des Plinius aus Comum. Mehre Briefe sind an den literarisch interessierten Freund gerichtet (u. a. 2, 8; 3, 7). Von Plinius ermuntert versuchte er, ein Epos über Trajans dakischen Krieg zu verfassen (vgl. Plinius 8, 4). Plinius vermittelte ihm Stoff für eine weitere Dichtung (9, 33).
*Der angrenzende, zweckmäßige See:* Gemeint ist der Comer See, der zur Bewässerung des Landgutes genutzt wurde.
„*einer von vielen*": Sprichwörtliche Redensart; gemeint ist ein gewöhnlicher, nicht herausragender Mensch. Vgl. A. Otto: Die Sprichwörter und sprichwörtlichen Redensarten der Römer, Leipzig 1890, 358.

**Brief 1, 24**
Baebius *Hispanus* war römischer Stadtpräfekt im Jahr 117 n. Chr.
*Tranquillus:* Gemeint ist Gaius Suetonius Tranquillus (etwa 70–140 n. Chr.), der Kaiser Hadrian als Privatsekretär diente; er war der Verfasser der Kaiserbiographien und der Biographien berühmter Männer des Geisteslebens.

**Brief 2, 17**
An *Gallus* schrieb Plinius auch den Brief 8, 20 über den Vadimonischen See. Der Adressat ist nicht weiter bekannt.
*Laurentinum:* Landgut des Plinius bei Laurentum in Latium südöstlich der Tibermündung bei Ostia. Ein Grundriß der Villa findet sich bei Helmut Kasten in der Tusculum-Ausgabe, S. 708.
*Via Laurentina ... Via Ostiensis:* Es handelt sich um Straßen von Rom nach Laurentum und nach Ostia.

*Saturnalien:* Die Saturnalien wurden zu Ehren des Gottes Saturn am 17. Dezember gefeiert. Es handelte sich um eine Art Karneval, an dem der Standesunterschied zwischen Sklaven und Herren aufgehoben war. Man beschenkte sich gegenseitig mit Kerzen und tönernen Puppen.

### Brief 5, 6
*Apollinaris* war ein hoher römischer Beamter; er wird auch von dem Dichter Martial in mehreren Epigrammen erwähnt (z. B. 4, 86; 7, 26).
*zu meinen Tuscern:* Die Tuscer sind die Einwohner von Etrurien; Plinius meint mit seinen Tuscern sein Landgut in Etrurien. Es lag etwa 20 km von Rom entfernt bei Tilfernum Tiberinum. Grundriß der Villa bei Helmut Kasten, Tusculum-Ausgabe, S. 709.
*wogender Akanthus:* Acanthus mollis ist eine Pflanze, die aufgrund ihres schön gewundenen Stiels zur Einfassung von Gartenbeeten diente und auch auf Kunstwerken und Säulen abgebildet wurde.
*vier carystische Säulen:* Seit Cäsars Zeit benutzten die Römer den grüngeäderten Marmor aus Karystos auf Euboia für Säulen und Verkleidungen (vgl. Plinius, Nat. hist. 36, 48).
*Homer ... Vergil:* Ilias 18, 478–613 ... Aeneis 8, 620–731.
*Arat:* Der griechische Autor Aratos verfaßte im 3. Jh. v. Chr. ein astronomisches Lehrgedicht, die Phainomena („Himmelserscheinungen").
*„Kleines mit Großem" vergleichen:* Eine sprichwörtliche Redensart. Vgl. A. Otto: Die Sprichwörter und sprichwörtlichen Redensarten der Römer, Leipzig 1890, 204 f.

### Brief 9, 7
Voconius *Romanus*, ein enger Freund des Plinius, ist auch der Adressat anderer Briefe: z. B. 1, 5; 8, 8.
*Lariner See:* Der Larius lacus ist der heutige Comer See.
*Baiae:* Baiae (Bajä) war ein luxuriöser Badeort in der Nähe von Neapel; hier besaßen viele reiche Römer vornehme Landhäuser. Lucullus, Pompeius und Cäsar hatten hier Villen. Horaz zog Bajä allen anderen Kurorten vor. Von den antiken Bauten sind nur noch Reste erhalten.
*auf Kothurnen:* Kothurne sind die besonders hohen Stiefel der Schauspieler in der Tragödie. Die Schauspieler in der Komödie trugen dagegen nur flache Schuhe.

## 3. CHARAKTERBILDER

### Brief 1, 5
Voconius *Romanus* s. den Hinweis zu Brief 9, 7.
Marcus Aquilius *Regulus* (gest. um 105 n. Chr.) war ein berüchtigter Ankläger unter Domitian (reg. 81–96). Um 93 veröffentliche er eine

Schrift über das Leben seines Sohnes, dessen Tod er unmäßig betrauerte (vgl. 4, 2).
*Rusticus Aurulenus* opponierte als stoischer Philosoph gegen die Herrschaft der römischen Kaiser. Domitian ließ ihn im Jahre 93 hinrichten, nachdem er Thrasea Paetus und dessen Schwiegersohn Helvidius Priscus in einer Schrift verherrlicht hatte. Thrasea Paetus war Stoiker und Republikaner. Er schrieb eine gegen Cäsar gerichtete Biographie des Cato Uticensis. Im Jahr 66 wurde er unter Nero wegen Hochverrats angeklagt. Nach seiner Verurteilung beging er Selbstmord. Helvidius wurde wegen seiner oppositionellen Haltung unter Vespasian um 75 relegiert und getötet. Vgl. auch Plinius 7, 19.
*Brenneisen des Vitellius:* Rusticus hatte im Auftrag des Vitellius mit der Armee des Vespasian verhandelt. In einem Handgemenge war er verwundet worden; die Wunde bezeichnete Regulus in seiner Schmähschrift als Brandzeichen, das man verbrecherischen Sklaven einbrannte, um sie für immer kenntlich zu machen.
*Herennius Senecio:* Auch er war im Jahre 93 wegen einer Schrift über Helvidius Priscus auf Betreiben des Mettius Carus hingerichtet worden.
*Crassus oder Camerinus:* Beide wurden unter Nero hingerichtet, nachdem sie von Regulus wegen eines Majestätsverbrechens angeklagt worden waren.
*Zentumvirn:* Sie bildeten das ursprünglich aus 105, seit Trajan aus 180 Mitgliedern bestehende Zentumviralgericht, vor dem zivilrechtliche Prozesse vor allem über Familien-, Eigentums- und Erbrechtsfälle geführt wurden.
*Fabius Iustus,* um 65 bis nach 109 n. Chr., war ein Freund des Plinius und bekleidete verschiedene höhere Ämter und hatte u. a. 106/107 ein Truppenkommando inne. Tacitus widmete ihm seinen Dialogus de oratoribus. Vgl. 1, 11.
*Spurinna,* um 24 bis nach 106 n. Chr., war u. a. Statthalter in Germania inferior; Plinius schätzte ihn sehr. Vgl. 3, 11.
*Halle der Livia:* Von Augustus zu Ehren seiner Frau Livia errichtet.
*Mauricus,* der Bruder des Rusticus Aurulenus, kehrte 97 aus der Verbannung zurück, die offensichtlich in Zusammenhang mit der Verurteilung seines Bruders stand.
*Satrius Rufus:* Anwalt vor Gericht, der im Gegensatz zu Plinius kein Nachahmer Ciceros sein wollte.
*Ich messe mich nämlich tatsächlich mit Cicero:* Plinius sah in Cicero sein großes Vorbild als Redner – und als Autor von Briefen.

## Brief 1, 10
*Clemens* war ein enger Freund des Plinius. Er stammte wahrscheinlich aus Padua. Vgl. das Martial-Epigramm 10, 93.
*jetzt ganz besonders:* Gemeint ist die Zeit des Domitian-Nachfolgers Nerva (reg. 96–98 n. Chr.).

*Euphrates aus Tyros* war Schüler des Stoikers Musonius Rufus und ein bedeutender stoischer Philosoph, der zur Zeit des Vespasian (reg. 69–79) in Rom lebte und von Domitian (reg. 81–96) im Jahre 93/94 im Zuge der allgemeinen Vertreibung der Philosophen aus Rom dazu veranlaßt wurde, sich nach Syrien zurückzuziehen. Unter Nerva kehrte Euphrates nach Rom zurück. Plinius lernte ihn dort um 80 n. Chr. während seiner Dienstzeit als Militärtribun kennen. Im Jahre 118 nahm er sich das Leben.
*der erste Mann in der Provinz:* Pompeius Iulianus lebte in Syrien.
*von einem ... äußerst lästigen Amt:* Plinius bekleidete zahlreiche öffentliche Ämter; er war Quästor, Volkstribun, Prätor, Leiter der Kasse, aus der die Pensionen ehemaliger Soldaten bezahlt wurden, Leiter der Staatskasse, Konsul (i. J. 100 n. Chr.), Augur, Aufseher über das röm. Abwasserwesen und schließlich Statthalter in Bithynien und Pontus (111–113).

## Brief 1, 12
*Tiro* war hoher römischer Beamter und diente u. a. als Statthalter in der Provinz Baetica (Südküste Spaniens mit der Hauptstadt Corduba).
*Corellius Rufus,* der prominente Rechtsgelehrte, war ein Freund der Kaiser Vespasian und Titus und ein Gegner Domitians.
*Strolch:* Gemeint ist der Kaiser Domitian (reg. 81–96).
*als er ihn erfüllt sah:* Domitian fiel am 18. 9. 96 in Rom einem Mordanschlag zum Opfer.
*Calvisius,* ein Jugendfreund des Plinius, ist der Adressat mehrerer Briefe: u. a. 3, 1.

## Brief 1, 22
*Catilius* war u. a. Statthalter von Kappadokien und Syrien.
*Titus Aristo* war Anwalt und Berater des Kaisers Trajan (reg. 98–117).
*Erscheinungsbild:* Philosophen unterschieden sich von „gewöhnlichen" Menschen durch Kleidung und Aussehen; sie trugen Bart und lange Haare.

## Brief 2, 3
*Nepos* ist auch der Adressat von 3, 16.
*Isaeus,* berühmter griechischer Redner aus Syrien, erfolgreicher Improvisationskünstler, Vertreter der sog. Zweiten Sophistik, lebte zur Zeit des Kaisers Hadrian (reg. 117–138) im Rom.
*Enthymeme und Syllogismen:* Formen der Beweisführung und der Schlußfolgerung im Rahmen der rhetorischen Argumentation.
*Mann aus Gades:* Gades liegt in Südspanien, von Rom aus gesehen also sehr weit entfernt.
*Titus Livius,* der berühmte Historiker der augusteischen Zeit, ver-

# ERLÄUTERUNGEN

faßte ein monumentales Geschichtswerk, das von der Gründung der Stadt (Ab urbe condita, so auch der Titel des Werkes) bis in das erste vorchristliche Jahrhundert reichte.
*Aeschines ... Demosthenes:* Die athenischen Redner Aeschines (389 bis um 314 v. Chr.) und Demosthenes (384–324 v. Chr.) waren erbitterte politische Gegner.

**Brief 3, 5**
Baebius *Macer* war Mitglied des römischen Senats zur Zeit des Domitian (reg. 81–96).
*Schwadronschef:* Plinius der Ältere, der Onkel des Briefschreibers (22/23–79 n. Chr.), diente vor 50 n. Chr. als röm. Kavallerieoffizier in Germanien. Vgl. auch die Briefe 6, 16 und 6, 20 über den Ausbruch des Vesuv.
*Pomponius Secundus* war 50–51 n. Chr. röm. Statthalter in Obergermanien; als Dichter röm. Tragödien wurde er von dem Rhetoriklehrer Quintilian und dem Historiker Tacitus hoch geschätzt.
*Kriege in Germanien:* Tacitus benutzte das Werk als Quelle.
*Drusus Nero*, ein Stiefsohn des Augustus und sehr erfolgreicher Feldherr, starb während des Rückmarsches von der Elbe im Jahre 9 n. Chr. an den Folgen eines Sturzes vom Pferd.
*Der Student in drei Büchern:* Es handelt sich um ein Lehrbuch der Rhetorik mit dem Titel „Studiosus" (Der Student).
*Acht Bücher zweifelhafte Sprachformen:* Das Werk handelte vermutlich über unregelmäßige Flexionsformen.
*Fortsetzung des Aufidius Bassus:* Plinius begann sein Geschichtswerk dort, wo Aufidius Bassus abschloß, also wohl beim Sturz Sejans im Jahre 31 n. Chr. Die „Historiae" des Aufidius begannen mit den Bürgerkriegen nach Cäsars Ermordung.
*Siebenunddreißig Bücher Naturgeschichte:* Die große enzyklopädische Naturgeschichte ist das einzige erhaltene Werk des Älteren Plinius. Es behandelt Themen der Kosmologie (Buch 2), Geographie (B. 3–6), Anthropologie (B. 7), Zoologie (B. 8–11), Botanik (B. 12–19), Medizin und Pharmakologie (B. 20–32), Metallurgie und Mineralogie (B. 33–37).
*dringende Amtsgeschäfte:* Der Ältere Plinius war für die Finanzverwaltung der kaiserlichen Provinzen verantwortlich.
*Vulcanalien:* Die Vulcanalia waren das Fest zu Ehren des Gottes Vulcanus am 23. August: Der Gott wurde angerufen, um das in den Scheunen liegende Getreide vor Feuer zu schützen.
*um der guten Vorbedeutung willen:* Nach röm. Auffassung sollte es Glück bringen, wenn man an den Vulcanalien mit seiner Arbeit vor Sonnenaufgang begann.
*Larcius Licinus* war Jurist und Statthalter in Spanien. Plinius diente unter diesem als Prokurator (Finanzverwalter).

## Brief 3, 7

*Caninius:* An diesen Freund aus Comum schrieb Plinius u. a. folgende Briefe: 2, 8; 8, 4; 9, 33.

*Silius Italicus* (25/26–101) war hoher röm. Beamter und schrieb die „Punica", ein historisches Epos in 17 Büchern über den 2. Punischen Krieg (218–201 v. Chr.).

*Vitellius* war röm. Kaiser vom 19. 4. bis zum 21. 12. 69 n. Chr. und Vorgänger des Vespasian.

*das Eintreffen des neuen Prinzeps:* Gemeint ist Vespasian, der im Jahre 99 aus Pannonien nach Rom zurückkam.

*Konsulat:* Silius Italicus war im Jahre 68 n. Chr. Konsul.

*Piso,* Konsul des Jahres 57 n. Chr., wurde von Valerius Festus hingerichtet, weil er angeblich Vespasian verraten hatte.

*Xerxes,* der persische Großkönig, soll geweint haben, als er mit seinem Heer im Jahr 480 v. Chr. den Hellespont überschritt (vgl. Herodot 7, 45), um Griechenland zu erobern.

*das davon zeugt, daß wir gelebt haben:* Vgl. die Briefe zum Thema „Vergänglichkeit und Unsterblichkeit".

*„Edel ist der Wettstreit":* Vgl. Hesiod, Erga 24.

## Brief 4, 2

*Clemens:* Plinius schrieb diesem Freund auch den Brief 1, 10.

*Regulus:* Vgl. Brief 1, 5.

*„Mancipatus":* Man nannte ihn den „Verkauften", weil er von Regulus für mündig erklärt bzw. aus der väterlichen Gewalt entlassen wurde, damit er (dafür) die Erbschaft seiner Mutter antreten konnte.

## Brief 5, 16

*Marcellinus* ist auch der Adressat des Briefes 8, 23.

*Fundanus:* Marcus Fundanus war hoher röm. Beamter und Freund auch des Plutarch. Plinius schreibt u. a. den Brief 1, 9 an Fundanus. – Die Tochter hieß Minicia Marcella, wie der Inschrift auf einer Graburne zu entnehmen ist (CIL VI 16631).

*noch nicht ganz 14 Jahre alt:* Laut Inschrift (CIL VI 16631) starb sie allerdings mit 12 Jahren, 11 Monaten und 7 Tagen.

## Brief 7, 19

*Priscus* war 120/121 n. Chr. Statthalter der Provinz Asia.

*Fannias Leiden:* Fannia war die Tochter des Thrasea Paetus (vgl. Brief 1, 5) und der jüngeren Arria und Frau des älteren Helvidius Priscus. Thrasea Paetus stand der stoischen Philosophenschule nahe. Seine gegen Caesar gerichtete Biographie des Republikaners Cato Uticensis trug im Jahre 66 unter Nero zu seiner Verurteilung wegen Hochverrats bei. Sein Schwiegersohn Helvidius Priscus wurde 66 nach Apollonia verbannt. Seine Frau Fannia folgte ihm zweimal ins Exil und wurde unter Domitian selbst verbannt.

ERLÄUTERUNGEN 229

*um ihres Gatten willen relegiert:* Die Relegation ist eine mildere Form der Verbannung; dem Verurteilten wird das röm. Bürgerrecht nicht aberkannt.

**Brief 7, 25**
*Rufus* ist zwar auch der Adressat weiterer Plinius-Briefe, aber sonst nicht weiter bekannt.

**Brief 8, 23**
*Marcellinus* ist auch der Adressat des Briefes 5, 16.

## 4. LITERATUR UND LEBEN

**Brief 1, 6**
*Tacitus* ist der bedeutendste röm. Geschichtsschreiber (etwa 57–120), der unter anderem die Geschichte des 1. Jahrhunderts n. Chr. beschrieb und analysierte: Die „Annalen" behandeln die Zeit vom Tod des Augustus bis zum Ende des julisch-claudischen Herrscherhauses (14–68); die „Historien" befassen sich mit der Zeit von 69–96. Erhalten sind außerdem der „Agricola", eine 98 n. Chr. publizierte Biographie seines Schwiegervaters, und die „Germania", eine Darstellung Germaniens und der Germanen. Der „Dialogus de oratoribus" setzt sich mit der Geschichte und der Situation der röm. Rhetorik auseinander. – In der Briefsammlung des Plinius befinden sich elf Briefe an Tacitus.
*Minerva ... Diana:* Minerva ist die Göttin der Weisheit und der literarischen Bildung, Diana die Göttin der Jagd. Minerva erhält den Vorrang vor Diana eingeräumt. Vgl. auch den Brief 9, 10.

**Brief 5, 18**
*Macer:* Capurnius Macer war römischer Beamter und Statthalter von Mösien, der röm. Provinz am Unterlauf der Donau.
*ein recht glücklicher Mensch:* Gemeint ist Nerva, der sich im Haus des Macer aufhielt, bevor er am 16. 9. 96 vom Senat zum Kaiser ausgerufen wurde.
*bei des Tuscern:* Plinius meint sein Landgut in Etrurien, das er in dem Brief 9, 7 ausführlich beschreibt.

**Brief 7, 9**
*Fuscus* ist auch der Adressat von 9, 36 und 9, 40. Er war ein prominenter Rechtsanwalt.
*Deine Studien:* Plinius meint die Ausbildung in der Redekunst.
*„Lies viel, nicht vielerlei!":* Auch Quintilian 10, 1, 59 hat diese Empfehlung ausgesprochen.
*Wer diese Autoren sind:* Plinius geht – von Quintilian beeinflußt –

offensichtlich von einem festen Kanon aus. Dazu gehören für die epische Dichtung u. a. Homer und Vergil, für die Geschichtsschreibung Thukydides und Sallust, für die Rede Demosthenes und Cicero.

## Brief 7, 24
*Geminus* ist der Adressat mehrerer Plinius-Briefe. An ihn ist z. B. auch 8, 22 gerichtet.
*Pantomimen* sind Darsteller von Handlungen, die allein durch Bewegungen des ganzen Körpers durchgeführt werden. Die Pantomime war ein beliebtes Schauspiel, das seine Stoffe vor allem aus dem Mythos bezog. Bei jeder Pantomime gab es in der Regel nur einen Darsteller, den Pantomimen.
*den letzten Priesterspielen:* Priester ließen anläßlich ihrer Amtseinführung Spiele und Wettkämpfe veranstalten.
*C. Cassius* Longinus, eine bedeutender römischer Rechtsgelehrter, war eigentlich nicht der Begründer einer neuen Schule der Rechtswissenschaft. Er führte nur die Schule des C. Ateius Capito aus der Zeit des Augustus und des Tiberius fort. Im Gegensatz zu den rechtskonservativen nach dem Rechtsgelehrten Proculus benannten Proculianern, die das Recht der republikanischen Epoche durchzusetzen versuchten, vertraten die Cassianer eine liberalere Auffassung vom Recht.

## Brief 8, 4
*Caninius:* Plinius schrieb mehrere Briefe an Caninius: u. a. 2, 8; 3, 7; 9, 33.
*Dakerkrieg:* Domitian führte einen Krieg (85–88) gegen Decebalus, den König der Daker. Trajan unterwarf die Daker in zwei Feldzügen (101–102 und 105–106). Auf der Trajanssäule in Rom sind die Feldzüge dokumentiert: Ein Relief erzählt die Taten des Kaisers Trajan.
*Brauch der Dichter:* Das ist seit Homer der Fall (am Anfang der Ilias und der Odyssee).
*unter den Göttern ihn selbst:* Gemeint ist der Kaiser Trajan.

## Brief 9, 6
*Calvisius* Rufus stammte wie Plinius selbst aus Comum.
*Zirkusspiele:* Gemeint sind die Wagenrennen im Circus Maximus, einer großen Rennbahn zwischen den Hügeln Palatin und Aventin mit anfangs 60 Tausend Sitzplätzen. Vgl. auch Karl-Wilhelm Weeber: Alltag im Alten Rom. Ein Lexikon, Zürich 1995, s. v. Massenunterhaltung.
*die Farben:* Die Rennfahrer trugen verschiedenfarbene Hemden, mit denen ihre Zugehörigkeit zu verschiedenen Rennställen gekennzeichnet wurde. Nach den (vier) Farben der Hemden unterschied man vier Rennställe bzw. Parteien (die weiße, rote, grüne und blaue Partei). Jede Partei hatte unter dem Publikum ihre Anhänger.

ERLÄUTERUNGEN                231

**Brief 9, 10**
*Tacitus* ist wieder der berühmte Historiker. Vgl. die Anmerkungen zu Brief 1, 6.
*Minerva* und *Diana:* Vgl. die Anmerkungen zu Brief 1, 6.
*im Reisewagen:* Die Reisegeschwindigkeit mit dem Reisewagen, der von zwei oder mehr Pferden gezogen wurde, betrug pro Tag durchschnittlich 70 km. – Über die Schwierigkeiten des Reisens berichtet Plinius an anderer Stelle: 10, 15; 10, 17a.

**Brief 9, 22**
*Severus:* Vielleicht ist mit Severus der Consul suffectus des Jahres 107 gemeint.
*Passenus Paulus* war – wie der Brief zeigt – ein römischer Dichter, der sich Properz (geb. um 50 v. Chr.) in der Elegiendichtung und Horaz (65–8 v. Chr.) in der Odendichtung zum Vorbild nahm.

**Brief 9, 23**
*Maximus:* Plinius schreibt an mehrere Personen mit dem Namen Maximus. Vielleicht ist dieser Maximus identisch mit dem Adressaten des Briefes 6, 11.
*Zentumvirn:* Vgl. die Anmerkungen zu 1, 5
*Cornelius Tacitus:* Vgl. die Anmerkungen zu 1, 6.
*Demosthenes:* Es handelt sich um den in Ciceros und auch Plinius' Augen größten und berühmtesten griechischen Redner (384–322 v. Chr.).

## 5. LEBENSQUALITÄT UND LEBENSSTIL

**Brief 1, 9**
*Fundanus:* Minicius Fundanus war nicht nur philosophisch gebildet und mit dem griechischen Schriftsteller Plutarch (um 45–125 n. Chr.) befreundet, der ihn in seinen Schriften erwähnt; er bekleidete auch hohe politische Ämter; so war er im Jahr 107 Konsul und später Prokonsul in der Provinz Asia.
*Mündigkeitserklärung:* Mit 16 Jahren wurde der junge Römer volljährig und erhielt als äußeres Zeichen seiner Mündigkeit die Männertoga (*Toga virilis*).
*Verlobungs- oder Hochzeitsfeier:* Vielleicht nahm Plinius als einer der zehn Zeugen an dieser Feier teil.
*Rechtsgutachten:* Als Jurist wurde Plinius von Privatleuten und Magistraten zur Begutachtung von Rechtsfällen herangezogen; diese Tätigkeit konnte sehr zeitraubend sein.
*Landgut bei Laurentum:* Das Landgut beschreibt Plinius in seinem Brief 2, 17.
*heimlicher Ort der Musen:* Im Text steht das griechische Wort „Mu-

seion" (ursprünglich ein Musenheiligtum mit einem Altar). Nach diesem Vorbild wurde im Jahre 280 v. Chr. das berühmte Museion gegründet, wo zahlreiche Gelehrte und Künstler forschen und arbeiten konnten. Hier wurden u. a. intensive philologische Studien betrieben, die für die Überlieferung der antiken Texte von größter Bedeutung waren.
*Atilius:* Der Ausspruch des Atilius geht wohl auf den berühmten römischen Feldherrn und Politiker Scipio Africanus zurück. Vgl. Cicero, De officiis 3, 1: Niemals sei er, Scipio, weniger untätig, als wenn er untätig sei, und nie weniger allein, als wenn er allein sei.

### Brief 2, 6
*Avitus* war römischer Ritter und diente 97 n. Chr. als Militärtribun in Germanien.

### Brief 2, 8
*Caninius:* Der Freund des Plinius stammt aus Comum. Mehrere Briefe der Sammlung sind an Caninius gerichtet: 1, 3; 2, 8; 3, 7; 7, 25.
*Larius-See:* Gemeint ist der Comer See, an dessen Ufern Plinius mehrere Villen besaß.

### Brief 3, 1
*Calvisius* wird auch in Brief 1, 12 erwähnt.
*Spurinna* war wahrscheinlich Konsul im Jahr 100.
*um die zweite Stunde:* In der römischen Antike wurde der Tag von Sonnenaufgang bis Sonnenuntergang in zwölf Stunden eingeteilt, so daß die Stunden im Sommer deutlicher länger, im Winter deutlich kürzer als 60 Minuten waren. Im Frühjahr und im Herbst begann der Tag etwa um 6 Uhr: Die zweite Stunde begann dann um 7 Uhr (MEZ).
*Spaziergang von drei Meilen:* Eine Meile entspricht etwa 1,5 km.
*korinthisches Geschirr:* Es handelt sich wohl nicht um keramische Gefäße, wie sie seit dem 7. Jh. v. Chr. in Korinth in Massenproduktion hergestellt wurden, sondern vielmehr um kunstvoll verarbeitete und kostbare Gefäße (z. B. Teller) aus Bronze.
*Schauspieler:* Der Schauspieler könnte Ausschnitte aus römischen Komödien vorgetragen haben.

### Brief 7, 26
*Maximus:* Dieser (jüngere) Maximus ist wohl identisch mit dem Adressaten des Briefes 8, 24.

### Brief 9, 32
*Titianus* ist nicht weiter bekannt.

### Brief 9, 36
*Fuscus* war zusammen mit Hadrian im Jahre 118 Konsul.

ERLÄUTERUNGEN 233

*in Tuscien:* Plinius beschreibt sein Landgut in Tuscien in Brief 5, 6.
*um die erste Stunde:* Vgl. die Anmerkungen zu Brief 3, 1.
*ein Spaziergang mit meinen Leuten:* Plinius meint die Angehörigen seines Hausstandes, d. h. seine Sklaven.
*nicht ohne Schreibtafel:* Vgl. Brief 1, 6.

**Brief 9, 40**
*Mein Brief* ist Brief 9, 36.
*Laurentinum:* Das ist das Landgut in Laurentum bei Ostia, das Plinius in 2, 17 ausführlich beschreibt.

## 6. FREUNDSCHAFT UND MENSCHLICHKEIT

**Brief 1, 11**
*Iustus* war Konsul und Statthalter in Syrien; ihm widmete Tacitus seinen Dialogus de oratoribus.

**Brief 1, 14**
*Mauricus* war ein prominenter Jurist und Freund der Kaiser Nerva und Trajan.
*Deines Bruders:* Der Bruder des Mauricus war der stoische Philosoph Arulenus Rusticus, der von Domitian im Jahre 93 zum Tode verurteilt wurde, weil er eine Lobschrift auf Thrasea Paetus verfaßt hatte. Vgl. Brief 1, 5 mit Anmerkungen.
*Briscia* ist das heutige Brescia.
*Tätigkeit als Proprätor:* In der röm. Kaiserzeit waren die Prätoren u. a. Träger der Gerichtsbarkeit, die zu Beginn ihrer Amtszeit ihre Rechtsgrundsätze zu verkünden hatten. Diese „Edikte" blieben Grundlage der Rechtssprechung. Ein Prätor konnte als Proprätor („ehemaliger" Prätor) z. B. Statthalter in einer Provinz werden.
*Patavium* heißt heute Padua.
*Quästur, Tribunat:* Römisch-republikanische Staatsämter, die normalerweise nur ein Jahr bekleidet wurden und die auch noch in der Kaiserzeit die Voraussetzung für die Aufnahme in den Senat bildeten.

**Brief 2, 2**
*Paulinus* ist Adressat mehrerer Briefe: u. a. 5, 19; 9, 3.

**Brief 3, 21**
*Priscus* war 104 Konsul.
*Valerius Martialis* (40–103) stammte aus Bilbilis in Spanien und wurde der berühmteste römische Epigramm-Dichter. Seine Epigramme in 15 Büchern sind erhalten. Vgl. die zweisprachige Tusculum-Ausgabe von P. Barié und W. Schindler, Düsseldorf/Zürich 1999. Im Jahre 98 kehrte er nach Spanien zurück.

*Verse, die er auf mich gedichtet hat:* Die Epigramme 5, 80 und 10, 20 sind Plinius gewidmet. Für 10, 20 erhielt Martial sein Reisegeld nach Spanien. – Der Brief 3, 21 ist das wichtigste Dokument für Leben und Charakter des Dichters.
*Du fragst nach den Versen:* Die zitierten Verse sind 10, 20, 12–21. Die Übersetzung stammt von P. Barié und W. Schindler.

## Brief 5, 19
*Paulinus:* Plinius schrieb auch 2, 2 und 9, 3 an seinen Freund Paulinus.
*Deine Leute:* Gemeint sind die Sklaven in der *familia*.
*Homer:* Odyssee 2, 47, wo Telemachos seinen Vater Odysseus als einen König bezeichnet, der so freundlich war wie ein Vater.

## Brief 7, 28
*Septicius:* An Septicius schrieb Plinius schon den Einleitungsbrief zu seiner Briefsammlung (1, 1).

## Brief 8, 7
*Tacitus:* Vgl. die Hinweise zu Brief 1, 6.
*hast Du mir Dein Buch geschickt:* Um welches Buch es sich handelt, ist nicht sicher; vielleicht handelt es sich um Teile der Historien, von denen auch in 7, 20 und 7, 33 die Rede ist.
*Saturnalien:* Mehrtägiges Fest zu Ehren des Gottes Saturnus und zur Erinnerung an das „Goldene Zeitalter". Die Saturnalien waren ein fröhliches, ausgelassenes Fest vom 17. Dezember an, während dessen ausgiebig gegessen und getrunken wurde und soziale Unterschiede vorübergehend aufgehoben waren: Die Sklaven mußten von ihren Herren bedient werden. Es herrschte völlige Arbeitsruhe.
*Hyperbaton:* Trennung grammatisch zusammenhängender Rede durch einen Einschub, hier: die Parenthese.

## Brief 8, 9
*Ursus* ist auch der Adressat anderer Briefe, die nicht in die vorliegende Auswahl aufgenommen wurden.

## Brief 8, 16
*Paternus* war ein einflußreicher Bürger in Comum.
*unter meinen Leuten:* Damit meint Plinius seine Sklaven.
*Leichtigkeit der Freilassung:* Zur Zeit des Plinius konnten Sklaven ohne besondere Probleme freigelassen werden.

## Brief 8, 22
*Geminus:* Plinius schrieb auch 7, 24 an Geminus.
*Thrasea:* Thrasea Paetus war führender Vertreter der stoischen Opposition gegen Kaiser Nero. Vgl. Brief 1, 5 mit Anmerkungen.

ERLÄUTERUNGEN 235

**Brief 8, 24**
*Maximus:* Es handelt sich wohl um den jüngeren Maximus, dem Plinius auch den Brief 7, 26 schrieb. Quintilius Valerius Maximus wurde im Jahre 108 von Kaiser Trajan als außerordentlicher Gesandter (legatus Augusti pro praetore) in die Provinz Achaia geschickt, um dort Mißstände zu beheben.
*Dich aber doch zu ermahnen:* Plinius ahmt in diesem Brief Ciceros Brief an seinen Bruder Quintus (1, 1) nach, mit dem dieser den Bruder zu besonnener Amtsführung als Statthalter in der Provinz Asia (in den Jahren 61-59 v. Chr.) ermahnt.
*Achaia:* Die römische Provinz Achaia umfaßt große Teile von Griechenland. Maximus wurde als als kaiserlicher Gesandter nach Achaia geschickt, um dort die Verhältnisse im Sinne Roms zu ordnen.
*das wahre, unverfälschte Griechenland:* Gemeint ist das griechische Mutterland im Gegensatz zu dem griechisch besiedelten Süditalien, zu Makedonien oder dem hellenisierten Nordafrika.
*auf unsere Bitte hin geliefert:* Nach Livius (Ab urbe condita 3, 31-36) basiert das Zwölftafelgesetz auf athenischem Recht, das die Römer von den Griechen übernahmen.
*in einer Provinz vor den Toren Roms:* Achaia ist in den Augen des Plinius Rom ungleich viel näher als Bithynien, wo Maximus als Quästor tätig gewesen war.

**Brief 9, 12**
*Iunior* wird in Brief 7, 25, 2 ff. erwähnt. Er habe sich nach Ableistung seines Dienstes bei der Kavallerie, und nachdem er sich als Prokurator der Narbonensischen Provinz bewährt habe, auf seine Güter zurückgezogen und auf alle Ehrenämter verzichtet, um seine Ruhe und Abgeschiedenheit zu genießen.

## 7. PARTNERSCHAFT UND LIEBE

**Brief 4, 19**
*Hispulla* war die Tante der Calpurnia, der dritten Frau des Plinius.

**Brief 6, 4**
*Calpurnia* wird in Brief 4, 19 an Hispulla charakterisiert.

**Brief 6, 7**
*Trennung von mir:* Plinius hat seine Frau offensichtlich nicht nach Campanien (6, 4) begleitet.

**Brief 7, 5**
*nicht eingelassen:* Plinius spielt hier auf einen bestimmten Typus des Liebesliedes an, das vor der verschlossenen Tür der Geliebten gesungen wurde. Ein römisches Beispiel ist die Ode 3, 10 des Horaz.

**Brief 8, 10**
*Fabatus* war der Großvater der Calpurnia, der dritten Frau des Plinius.

**Brief 8, 11**
*Hispulla* war auch die Adressatin des Briefes 4, 19.

## 8. VERGANGENHEITSBEWÄLTIGUNG

**Brief 9, 13**
*Quadratus* war Schüler und Freund des Plinius.
*Helvidius* war ein Sohn des Helvidius Priscus, der wegen seiner oppositionellen Haltung unter Vespasian (reg. 69–79) ums Leben kam. Der jüngere Helvidius, von dem hier die Rede ist, war ein Freund des Plinius und wurde als Anhänger der stoischen Opposition gegen Domitian im Jahre 93 getötet. Plinius verfaßte nach dem Tod des Domitian (96) eine nicht erhaltene Schrift über den jüngeren Helvidius.
*In den ersten Tagen der wiedergewonnenen Freiheit:* Gemeint ist die Zeit unmittelbar nach der Beseitigung des Kaisers Domitian am 18.9.96.
*Verlust meiner Frau:* Es handelt sich um die zweite Frau des Plinius, die im Jahr 96/97 gestorben war.
*Arria und Fannia:* Arria war die Frau des Thrasea Paetus, Fannia die Tochter der beiden und die Frau des Helvidius Priscus. Mutter und Tochter waren im Jahre 93 verbannt worden.
*Corellius Rufus:* Plinius schreibt über den Freund anläßlich seines freiwilligen Todes nach schwerer Krankheit einen Brief an Calestrius Tiro (1, 12).
*Alles nahm ich vorweg und erwog es früher im Herzen:* Zitat aus Vergil, Aeneis 6, 105.
*Wahrlich, Greis ...:* Zitat aus der Ilias 8, 102.

## 9. VERANTWORTUNG FÜR DIE JUGEND

**Brief 2, 18**
*Mauricus:* Plinius schrieb auch den Brief 1, 14 an Mauricus.
*die Kinder Deines Bruders:* Der Bruder des Mauricus war Arulenus Rusticus, der 93 unter Domitian hingerichtet worden war, weil er die wegen ihrer kaiserfeindlichen Haltung verurteilten Thrasea Paetus und Helvidius Priscus in einer Schrift gerühmt hatte.

**Brief 4, 13**
*Tacitus:* Vgl. die Anmerkungen zu Brief 1, 6.
*Landgut bei Tusculum:* Ausführlich beschrieben in Brief 5, 6.

ERLÄUTERUNGEN                                    237

**Brief 6, 1**
*Maximus:* Der Adressat mehrerer Briefe könnte der ältere Maximus sein.
*Fuscus* ist Adressat der Briefe 9, 36 und 9, 40. An Quadratus schrieb Plinius 9, 13.

**Brief 6, 32**
*Quintilianus* ist nicht der berühmte Rhetorikprofessor und Verfasser der Institutio oratoria.

## 10. UNGEWÖHNLICHES HANDELN UND VERHALTEN, SELTSAME ERSCHEINUNGEN

**Brief 3, 14**
*Acilius* ist nicht weiter bekannt.
*Formiae* ist eine Küstenstadt in Latium.
*auf den glühend heißen Fußboden:* Wahrscheinlich wurde der Fußboden durch die darunter liegende Heizung erhitzt.

**Brief 3, 16**
*Nepos:* Der Adressat ist nicht weiter bekannt. Plinius schrieb ihm z. B. auch den Brief 2, 3 über Isaeus.
*Arria* ist die Frau des Caecina Paetus, der an dem Aufstand des Statthalters von Illyrien, Scribonianus, gegen Kaiser Claudius beteiligt war und im Jahre 42 nach dem Scheitern des Unternehmens Selbstmord beging. Arria tötete sich noch vor ihrem Mann.

**Brief 4, 11**
*Minicianus* wird von Plinius in 7, 22 als ein Mann aus vornehmer Familie mit großem Vermögen erwähnt, der als Richter und Anwalt tätig war.
*Inzest:* Er hatte ein Verhältnis mit einer Vestalin, was hart bestraft wurde.
*Regia:* Amtssitz des Oberpriesters.
*anständig zu fallen:* Zitat aus der Hekabe des Euripides (569).
*Comitium:* Versammlungsplatz in Rom, der nördlich an das Forum Romanum angrenzte.
*Herennius Senecio:* Vgl. die Anmerkungen zu 1, 5.

**Brief 7, 27**
*Sura* stammte aus Bilbilis in Spanien und unterstützte deshalb auch seinen Landsmann, den Dichter Martial, der ihn mehrfach in seinen Epigrammen erwähnt (1, 49, 40; 6, 64, 13; 7, 47). Er bekleidete hohe Staatsämter und nahm an Trajans Krieg gegen die Daker teil.
*Curtius Rufus* war Konsul um 45 n. Chr.

238   ERLÄUTERUNGEN

*die Manen* sind die Seelen der Verstorbenen, die keine Ruhe geben, wenn kein ordnungsgemäßes Begräbnis stattgefunden hat.

**Brief 9, 33**
*Caninius* ist der Adressat mehrerer Briefe: u. a. 3, 7 und 8, 4.
*mit ungewöhnlichen Ausgaben:* die Beamten mußten angemessen untergebracht und bewirtet werden.

## 11. BEMERKENSWERTE NATURERSCHEINUNGEN

**Brief 4, 30**
*Sura:* vgl. die Anmerkungen zu Brief 27.
*Problem:* Vgl. dazu E. Lefèvre: Plinius-Studien IV: Die Naturauffassung in den Beschreibungen der Quelle am Lacus Larius (4,30), des Clitumnus (8,8) und des Lacus Vadimo (8,20), in: Gymnasium 95, 1988, 236–269, bes. 242 f.
*Larius-See:* Es handelt sich um den Comer See.

**Brief 6, 16**
*Tacitus:* Vgl. die Anmerkungen zu Brief 1, 6.
*meines Onkels:* Plinius schildert in Brief 3, 5 die Persönlichkeit seines Onkels, des Älteren Plinius (22/23–79 n. Chr.).
*viele bleibende Werke:* Vgl. Brief 3, 5.
*Deine Schriften:* Die berühmtesten Werke des Tacitus sind die Annalen und die Historien; auf Wunsch des Historikers liefert Plinius mit seinem Bericht über den Ausbruch des Vesuvs Informationsmaterial. In welchem Umfang Tacitus den Bericht – gegebenenfalls am Ende des 6. Buches der Historien – benutzt hat, ist nicht bekannt. – Plinius schildert Ereignisse, die fast 30 Jahre zurückliegen.
*in Misenum:* Misenum war ein wichtiger römischer Flottenstützpunkt am Golf von Neapel.
*Am 24. August etwa um die siebte Stunde:* 79 n. Chr. (im ersten Regierungsjahr des Kaisers Titus); wenn man davon ausgeht, daß der Tag am 24. August gegen 5.30 Uhr begann, dann dauerte die „siebte Stunde" von 12.30 bis 13.40 Uhr.
*Dem Mutigen hilft das Glück:* Das Sprichwort ist z. B. durch Terenz, Phormio 203 oder Cicero, Tusc. 2,11 bekannt.
*Pomponianus:* Wer Pomponianus war, läßt sich wohl nicht mehr ermitteln. Es handelt sich um einen Angehörigen der Gens Pomponia, die zum engsten Freundeskreis des Plinius gehört.
*Stabiae:* Oberhalb des heutigen Castellamare gelegene Stadt am Golf von Neapel, die während des Vesuvausbruchs ebenso wie Pompeji und Herculaneum zerstört wurde. Hier befanden sich Villen prominenter Römer.

ERLÄUTERUNGEN 239

**Brief 6, 20**
*Wenn auch Schauer mich faßt ...:* Zitat aus Vergils Aeneis 2, 12. Mit diesen Worten beginnt Aeneas seine Erzählung vom Untergang Trojas.
*Titus Livius* (59 v. Chr. – 17 n. Chr.) ist der berühmte Historiker der augusteischen Zeit. Vermutlich beschäftigte sich Plinius mit einer Buchrolle aus dem Werk des Livius *Ab urbe condita*.
*Da bat und drängte meine Mutter ...:* Die Stelle ist mit Aeneis 2, 638 ff. vergleichbar, wo Anchises seinen Sohn Aeneas auffordert, ohne ihn aus dem brennenden Troja zu fliehen; Plinius kann sich in diesem Zusammenhang als Aeneas gesehen haben und den Brief im Blick darauf gestaltet haben.

**Brief 8, 8**
*Romanus* ist auch Adressat z. B. des Briefes 9, 7 über die beiden Villen des Plinius.
*Clitumnus* ist ein kleiner Flußlauf in Umbrien, der in der Nähe von Spoleto entspringt und unterhalb von Perugia in den Tiber mündet.
*geschmückt mit der Prätexta:* Die Toga praetexta war eine mit Purpurstreifen verzierte Toga, die von Priestern und anderen Magistraten, aber auch von den jungen Römern getragen wurde, bevor sie berechtigt waren, die Toga virilis (Männertoga) zu tragen.

**Brief 8, 17**
*Macrinus:* Mehrere Briefe der Sammlung sind an diesen Freund des Plinius gerichtet.
*der Kaiser in weiser Voraussicht:* Kaiser Trajan (reg. 98–117) hatte den Kanal anlegen lassen.

**Brief 8, 20**
*Gallus* ist auch der Adressat des Briefes 2, 17.
*Ameria* liegt etwa 85 km nördlich von Rom.
*einen See mit Namen Vadimo* (Vadimonis lacus): Der See (heute: Laghetto di Bassano) liegt in Etrurien bei Ameria; es ist berühmt durch die Siege, die die Römer in seiner Umgebung über die Gallier und Etrusker erfochten haben (vgl. Livius 9, 39, 5 ff.). Wichtig: E. Lefèvre: Plinius-Studien IV. Die Naturauffassung in den Beschreibungen der Quelle am Lacus Larius (4,30), des Clitumnus (8,8) und des Lacus Vadimo (8,20), in: Gymnasium 95, 1988, 236–269.

## 12. VERGÄNGLICHKEIT UND UNSTERBLICHKEIT

**Brief 5, 5**
*Maximus* war ein von Plinius sehr geschätzter Schriftsteller (vgl. 4, 20).

*Fannius* war ein vielbeschäftigter Anwalt und der Verfasser einer Monographie über die Opfer Neros; bei seinem Tod hatte er drei Bücher abgeschlossen (vgl. Schanz-Hosius 2, 691).

### Brief 5, 8
*Capito* wird von Plinius in Brief 8, 12 als Förderer der Wissenschaften und als Erneuerer der Literatur rühmend erwähnt. In Brief 1, 17 wird er als Verfasser von Gedichten erwähnt, der zudem gute Beziehungen zum Kaiser hatte.
*wie auch ich mich vom Boden erheben könnte:* Zitat aus Vergil, Georgica 3, 8 f.
*siegreich weiterzuleben:* Zitat aus Vergil, Aeneis 5, 195.
*Mein Onkel:* Vgl. Brief 3, 5.
*beabsichtige aber doch, sie zu überarbeiten* (retractare, rescribere): Das hat Plinius offensichtlich auch mit seinen Briefen getan. Das Ergebnis ist die vorliegende Briefsammlung in zunächst neun und später zehn Büchern.
*Thukydides:* Peloponnesischer Krieg 1, 22, 4, wo der Historiker sein Werk als einen „Besitz für immer" bezeichnet.

### Brief 6, 10
*Albinus* war ein angesehener Anwalt, der in mehreren Prozessen mit Plinius zusammen auftrat.
*Alsium:* Stadt in Etrurien, nördlich von Rom.
*Verginius Rufus* (14–97) war mehrfach Konsul. Als Statthalter von Germania superior schlug er 68 n. Chr. den Aufstand des Iulius Vindex gegen Kaiser Nero nieder.

### Brief 9, 3
*Paulinus* ist der Adressat mehrerer Briefe: z. B. 5, 19.

### Brief 9, 14
*Tacitus:* Vgl. Brief 1, 6 mit Anmerkungen.

# LITERATURHINWEISE

M. v. Albrecht: Geschichte der römischen Literatur, München ²1994, 909–917.

M. v. Albrecht: Meister römischer Prosa. Von Cato bis Apuleius, Heidelberg ³1995 190–196 (zu Brief 1, 6).

H.-P. Bütler: Die geistige Welt des jüngeren Plinius. Studien zur Thematik seiner Briefe, Heidelberg 1970.

E. Bury: Humanitas als Lebensaufgabe. Prolegomena zu einer Neukonzeption der Lektüre der Plinius-Briefe, in: Der altsprachliche Unterricht 32, 1, 1989, 42–64.

M. Fuhrmann: Geschichte der römischen Literatur, Stuttgart 1999, 337–340.

P. Gamper: Kurzreferat über methodisch-didaktische Fragen der Pliniuslektüre am Gymnasium, in: Didactica Classica Gandensia 20, 1980, 96–107.

H. Krasser: Plinius der Jüngere, in: O. Schütze (Hg.): Metzler Lexikon antiker Autoren, Stuttgart / Weimar 1997, 555–559.

M. Lausberg: Cicero – Seneca – Plinius. Zur Geschichte des römischen Prosabriefes, in: Anregung 37, 1991, 82–100.

E. Lefèvre: Plinius-Studien I: Römische Baugesinnung und Landschaftsauffassung in den Villenbriefen (2, 17; 5, 6), in: Gymnasium 84, 1977, 519–541.

E. Lefèvre: Plinius-Studien II: Diana und Minerva. Die beiden Jagd-Bilette an Tacitus (1, 6; 9, 10), in: Gymnasium 85, 1978, 37–47.

E. Lefèvre: Plinius-Studien III: Die Villa als geistiger Lebensraum (1, 3; 1, 12; 2, 8; 6, 31; 9, 36), in: Gymnasium 94, 1987, 247–262.

E. Lefèvre: Plinius-Studien IV. Die Naturauffassung in den Beschreibungen der Quelle am Lacus Larius (4, 30), des Clitumnus (8, 8) und des Lacus Vadimo (8, 20), in: Gymnasium 95, 1988, 236–269.

E. Lefèvre: Plinius-Studien V: Vom Römertum zum Ästhetizismus. Die Würdigung des älteren Plinius (3, 5), Silius Italicus (3, 7) und Martial (3, 21), in: Gymnasium 96, 1989, 113–128.

E. Lefèvre: Plinius-Studien VI. Der große und der kleine Plinius. Die Vesuv-Briefe (6, 16; 6, 20), in: Gymnasium 103, 1996, 193–215.

E. Lefèvre: Plinius-Studien VII. Cicero das unerreichbare Vorbild, in: Gymnasium 103, 1996, 333–353.

M. Lobe: Das Motiv der poetischen Jagd bei Martial, Plinius und Roda Roda, in: DASIU 46, 2, 1990, 20–28 [zu Plin. 1, 6].

F. Lühr: Res inauditae incredulae. Aspekte lateinischer Unterhaltungsliteratur bei Petronius, Plinius d. J. und Gellius, in: AU 19,1, 1976, 5–19 [u. a. zu Plinius 9, 33].

G. Merwald: Die Buchkomposition des Jüngeren Plinius (epist. 1–9), Diss. Erlangen 1964.

K.-H. Niemann: Elemente erzählerischer Gestaltungskunst bei Plinius d. J. Ein Beispiel für Interimslektüre auf der Sekundarstufe I, in: Alte Sprachen in Rheinland-Pfalz und im Saarland 28, 1, 1982, 9–16 [vor allem zu 6, 16 und 1, 6].

H. Offermann: Offenheit oder Maskierung: Plinius, in: Anregung 39, 2, 1993, 83–92 und 162–171.

H. Pflips: Ciceronachahmung und Ciceroferne des jüngeren Plinius, Diss. Münster 1973.

U. Prutscher: Der Brief als Medium der persönlichen Mitteilung. Eine lernzielorientierte Auswahl aus Cicero und Plinius, in: Der altsprachliche Unterricht 19, 2, 1976, 5–34.

W. Rieks: Homo, humanus, humanitas. Zur Humanität in der lateinischen Literatur des ersten nachchristlichen Jahrhunderts, München 1967.

E. Römisch: Der Mensch in einer Katastrophensituation. Plinius ep. VI 20, in: H. Krefeld (Hg.): Impulse für die lateinische Lektüre, Frankfurt a. M. 1979, 124–137.

R. Sauer: Der Ausbruch des Vesuvs. Zur Lektüre und Interpretation von Plinius ep. VI 16, in: Anregung 29, 1983, 167–170.

O. Schönberger: Die Vesuv-Briefe des jüngeren Plinius, in: DASIU 26, 1, 1979, 6–28.

M. Schuster: Plinius, in: RE 21, 1, Stuttgart 1951, 439–456.

A. N. Sherwin-White: Pliny, the Man and his Letters, in: Greece & Rome 15, 1969, 76–90.

W. Suerbaum: Aktualisierte Plinius-Briefe, in: H.-J. Glücklich (Hg.): Lateinische Literatur, heute wirkend. Bd. 2, Göttingen 1987, 74–116.

R. Syme: Correspondents of Pliny, in: Historia 34, 1985, 324–359.

A. Weische: Plinius d. J. und Cicero. Untersuchungen zur römischen Epistolographie in Republik und Kaiserzeit, in: ANRW 2, 33, 1, 1989, 375–386.

P. Wülfing: Die Briefsammlung Plinius' des Jüngeren, in: W. Höhn / N. Zink (Hg.): Handbuch für den Lateinunterricht. Sekundarstufe I, Frankfurt 1987, 308–309.

K. Zelzer: Zur Frage des Charakters der Briefsammlung des jüngeren Plinius, in: Wiener Studien 77, 1964, 144–161.

F. Zucker: Plinius, Epist. VIII 24 – ein Denkmal antiker Humanität, in: Philologus 84, 1929, 209–232.

## Textausgaben

Der lateinische Text der vorliegenden Auswahl wurde der zweisprachigen Tusculum-Ausgabe von H. Kasten, Zürich ⁷1995 entnommen.

A.-M. Guillemin. 3 Bde., Paris 1927–1967.
R. A. B. Mynors, Oxford 1963.

LITERATURHINWEISE 243

H. Philips, Paderborn [u. a. O.] 1986 (Auswahl: 1,1; 1, 6; 1, 9; 1,10; 1, 1115; 2, 6; 2, 11; 2, 14; 4, 13; 5, 19; 7, 26; 8, 24; 9, 6; 9, 36).
M. Schuster / R. Hanslik, Leipzig / Stuttgart ³1958, Nachdr. 1992.
A. N. Sherwin-White, Oxford ²1969 (Auswahl von 50 Briefen).

### Kommentare

A. N. Sherwin-White: The Letters of Pliny. A Historical and Social Commentary, Oxford 1966.
R. C. Kukula: Briefe des jüngeren Plinius, Wien ⁴1916.
H. Philips, Paderborn 1986 (Auswahl von 14 Briefen).

### Übersetzungen

A. Kabza, München (Goldmann) 1960 (Auswahl: 60 Briefe aus den Büchern 1-9 und 11 Briefe aus Buch 10).
H. Kasten, Zürich (Artemis & Winkler) ⁷1995 [Gesamtausgabe: lat.-dt.].
W. Krenkel, Berlin/Weimar 1984.
A. Lambert, Zürich/Stuttgart 1969.
C. Loehning, München (dtv) 1987 [Auswahl: lat.-dt.].
H. Philips / M. Giebel, Stuttgart (Reclam) [Gesamtausgabe: lat.-dt.].
M. Schuster, Stuttgart (Reclam) 1957 [Auswahl: 33 Briefe aus den Büchern 1-9, 14 Briefe aus Buch 10. „Die vorliegende Auswahl ... berücksichtigt in erster Linie jene Stücke, die dem heutigen Leser von Interesse sein können ... Die übrige Auslese hebt vor allem jene Stücke heraus, die geeignet erscheinen, das Bild vom Alltagsleben und von den zivilisatorischen und kulturellen Bestrebungen jener Zeit zu vervollständigen."].

### Schulausgaben

K. Benedikter, Bamberg (Buchner: ratio 9) 1982 [Auswahl von 21 Briefen mit Begleittexten].
H. Bengl, Bamberg (BVB) ⁸1980.
E. Bury, Stuttgart (Klett) [Auswahl von 45 Briefen].
H. Butz: Gaius Plinius Caecilius Secundus: Weissagungen, Träume, Erscheinungen, in: Nickel, R. (Hg.): Aditus. Neue Wege zum Latein. Lese- und Arbeitsbuch für die ersten Lektürejahre, Freiburg/Würzburg 1975. Teil I: 34-44; Teil III: 83-94.
K. H. Eller: Humanitas in einer Welt des Friedens. Der Mensch der Kaiserzeit nach den Briefessays Plinius' des Jüngeren, Frankfurt (Diesterweg) 1977 [Auswahl von 16 Briefen aus den Büchern 1-9].

H. Jörder / D. Meyer: Gaius Plinius Secundus: Katastrophen, in: R. Nickel (Hg.): Aditus. Neue Wege zum Latein. Lese- und Arbeitsbuch für die ersten Lektürejahre, Freiburg/Würzburg 1975. Teil I: 84–102. Teil III: 181–209.

K. Karl / J. Lühr, Bamberg (BVB) 1992.

Kölner Arbeitskreis „Lateinische Anfangslektüre": Vom Vesuvausbruch des Jahres 79 n. Chr., Frankfurt a. M. 1979 [adaptierte Fassung der Briefe 6, 16 und 6, 20].

W. Kempkes, Velbert (Bastian) 1987 [Auswahl von 17 bzw. 7 Briefen aus den Büchern 1–9 bzw. 10].

H. Königer, Frankfurt a. M. (Cornelsen/Hirschgraben) 1990.

H. Philips, Paderborn (Schöningh) 1975 [thematisch geordnete Auswahl von 19 bzw. 11 Briefen].

F. Römer, Wien (HPT: Orbis Latinus 14) 1991.

G. Scheda, Münster (Aschendorff) [15]1985 [Auswahl von 91 Briefen aus den Büchern 1–9 und 33 Briefen aus Buch 10].

N. Wilsing, Stuttgart (Klett) 1970.

www.ingramcontent.com/pod-product-compliance
Lightning Source LLC
Chambersburg PA
CBHW070841160426
43192CB00012B/2265